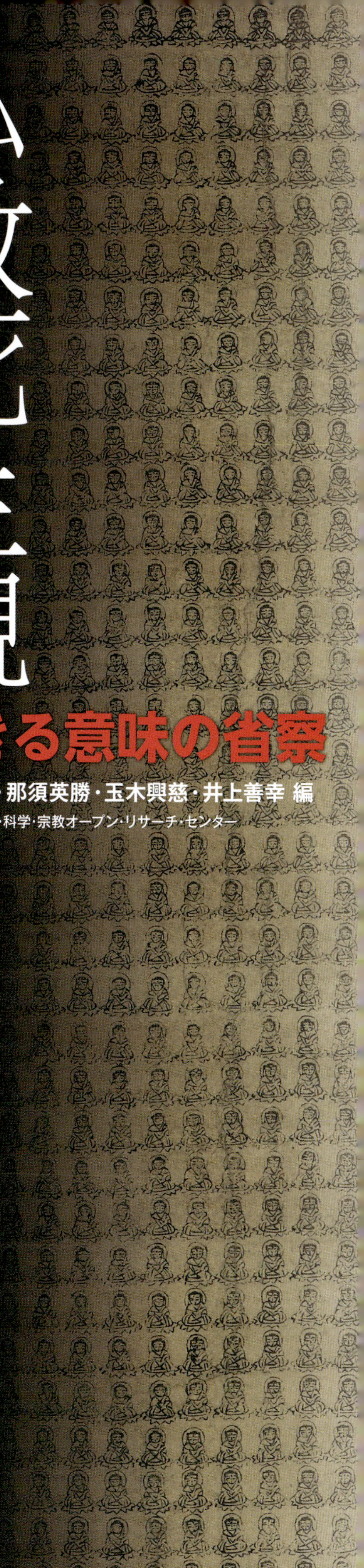

仏教死生観デジタルアーカイブ研究

Research on a Digital Archive of Buddhist Perspectives on Living and Dying : Reflection on the Meaning of Life

生きる意味の省察

文部科学省私立大学戦略的研究基盤形成支援事業

鍋島直樹・那須英勝・玉木興慈・井上善幸 編

龍谷大学 人間・科学・宗教オープン・リサーチ・センター

方丈堂出版 / Octave

1－1．仏陀涅槃図 (p.12)

インド式欄楯（仏塔を囲う玉垣）の下に涅槃図がある。上は涅槃図の拡大写真。横たわる仏陀。背後にその死を悲しむマッラ族の人々。左端がパジュラパーニ（執金剛神）。右端が第一弟子のマハーカーシャパ（大迦葉）。ベッドの前で禅定に入っているのが最後の弟子とされるスバッダ。

1－2．火から救われたジョーティシュカ (p.13)

下は拡大図。左側に、釈尊（ブッダ）、右側にビンビサーラ王。右下は、スバドラの妻が、荼毘にふされたようとしたときに、炎の中から釈尊に救い出され、ビンビサーラ王に育てられ、阿羅漢となったと伝えられるジョーティシュカが生まれたところ。

1－3．仏陀立像 (p.14)

仏が立ち姿であらわされた典型的なガンダーラ仏。頭光の一部と肘より先の両手が紛失されている。右手は手のひらをかかげ、左手は衣の一部をつかんでいたとされる。下は台座部分の拡大。中央が菩薩坐像。両側に供養者が合掌している。

1－4．仏陀坐像 (p.15)

ガンダーラ仏。手には説法印を結び、頭をほんの少しかしげて静かに微笑んでいる。この仏像の特徴は、偏袒右肩の姿をとっていること。

1－5．仏陀坐像　タルベラ出土
(p.15)

螺髪の美しい仏陀坐像。欠損している両手は、禅定印または説法印を結んでいたと考えられる。

1 － 6. 仏三尊像 (p.16)

中央の蓮華座に結跏趺坐（一部破損している）し、説法印を結ぶ仏陀、左右に蓮台に立つ菩薩立像。仏陀の右肩上に金剛杵を持つ帝釈天、左肩上には頭髪を結う梵天が上半身を現す。蓮華座の左右には、跪いて合掌する供養者の小像、パネルの四隅にも供養者や天人らしい人物が合掌している。

１－７．阿闍世王の帰依と釈尊の涅槃 (p.17)

上下２場面からなる。上段中央が仏陀。その左下に侍者の持つ傘蓋下で跪いて仏陀に合掌している王者風の男、右にはふりかえって二比丘を見つめる髯面の執金剛神。その上には４人の神々が讃嘆している姿がある。下段は釈迦涅槃の場面をあらわしたもの。横たわる釈尊の手前、後姿で坐しているのがスバッダ。向かって右の男女のペアは、魔王マーラとその娘。

(p.17)

1－8．蓮華座上仏陀 (p.18)

結跏趺坐している釈尊。その下の蓮池にいるのは、蓮華化生と考えられている。蓮華座を用意しているのが、龍王ナンダとウパナンダ。

1－9．仏陀頭部　タキシラ出土 (p.19)

漆喰で一つひとつ手作りによって製作されたストゥッコ。ローマ風の波状にカールした髪をし、人々の苦しみに耳を傾け、穏やかな微笑をたたえている貴重なストゥッコ。

1 － 10. 仏陀頭部　ハッダ出土 (p.19)

ストゥッコの技術は、ローマからガンダーラを経てハッダに伝わった。このストゥッコは典型的なハッダの美顔。表面の肌色は当事のままの色を残している。

1 − 12. 釈尊涅槃図　寛永期木版画 (p.21)

釈尊入滅の場面を表す涅槃図は、藤原時代以後、大画面の絵画に描かれた。中央の拡大写真は、横たわる釈尊の右上にいる阿修羅。手が６本、顔が三つあり、赤い玉と白い玉を持っている。下部中央で悲嘆にくれているのが阿難（下の拡大写真）。

1－13. 釈尊涅槃図　彩色画 (p.22-23)

中央は涅槃図右上部の拡大写真。3人の天女に付き添われ、忉利天からかけつけた釈尊の生母、麻耶夫人と一団を先導する、阿那律尊者（アヌルダまたはアヌルッダ）。ベッドの足元（下、拡大写真）には、釈尊の足をさすっているスバッダがいる。

1 − 14. 十三仏雲中図　木版彩色画
(p.24)

死者の追善供養のために、初七日から始まる七七日、百ヶ日、一周忌、三回忌、七回忌、十三回忌、三十三回忌の十三仏事にそれぞれわりあてられた仏、菩薩を十三仏という。最下段右から、不動明王、釈迦如来、文殊菩薩、その上の段は左から普賢菩薩、地蔵菩薩、その上はまた右から弥勒菩薩、観音菩薩、勢至菩薩、上から２段目は左から阿弥陀如来、阿閦如来、薬師如来、最上段は右から大日如来、虚空蔵菩薩。左下拡大写真は、阿弥陀如来。右下は、普賢菩薩。

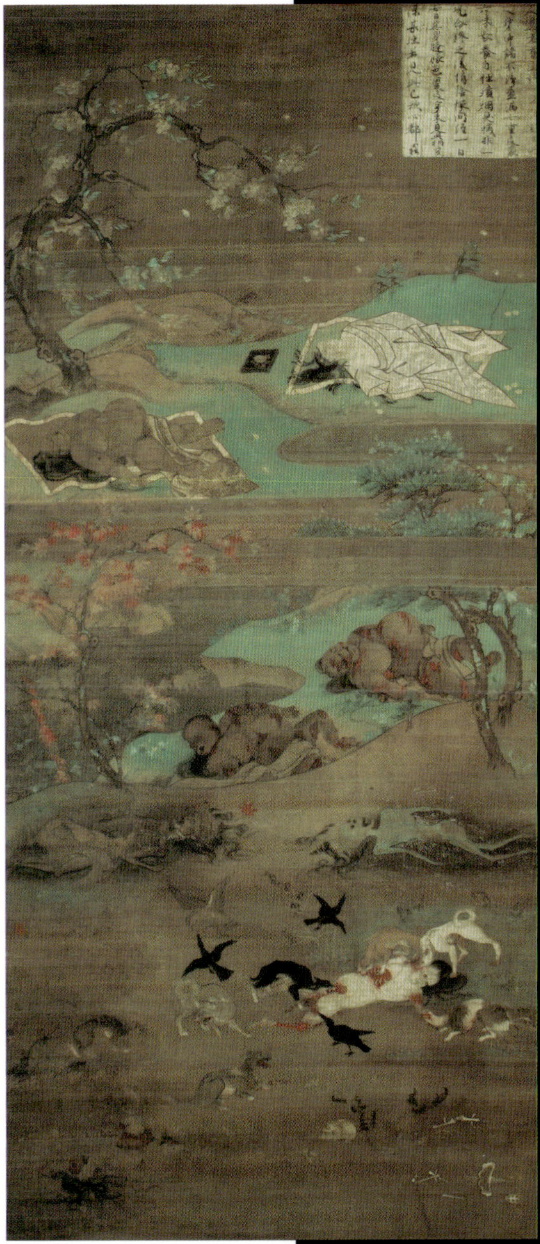

1－15. 国宝 六道絵「人道不浄相図」九相図（完全復元版）(p.25)

野に捨てられた死体が徐々に腐敗し、白骨となって朽ち果てていくという姿を写実的に九段階に描いた九相図。左下拡大写真は脹相。死体が腐敗によるガスで内部から膨張しているところ。右下は、噉相。死体に虫がわき、鳥獣に食い荒らされる。

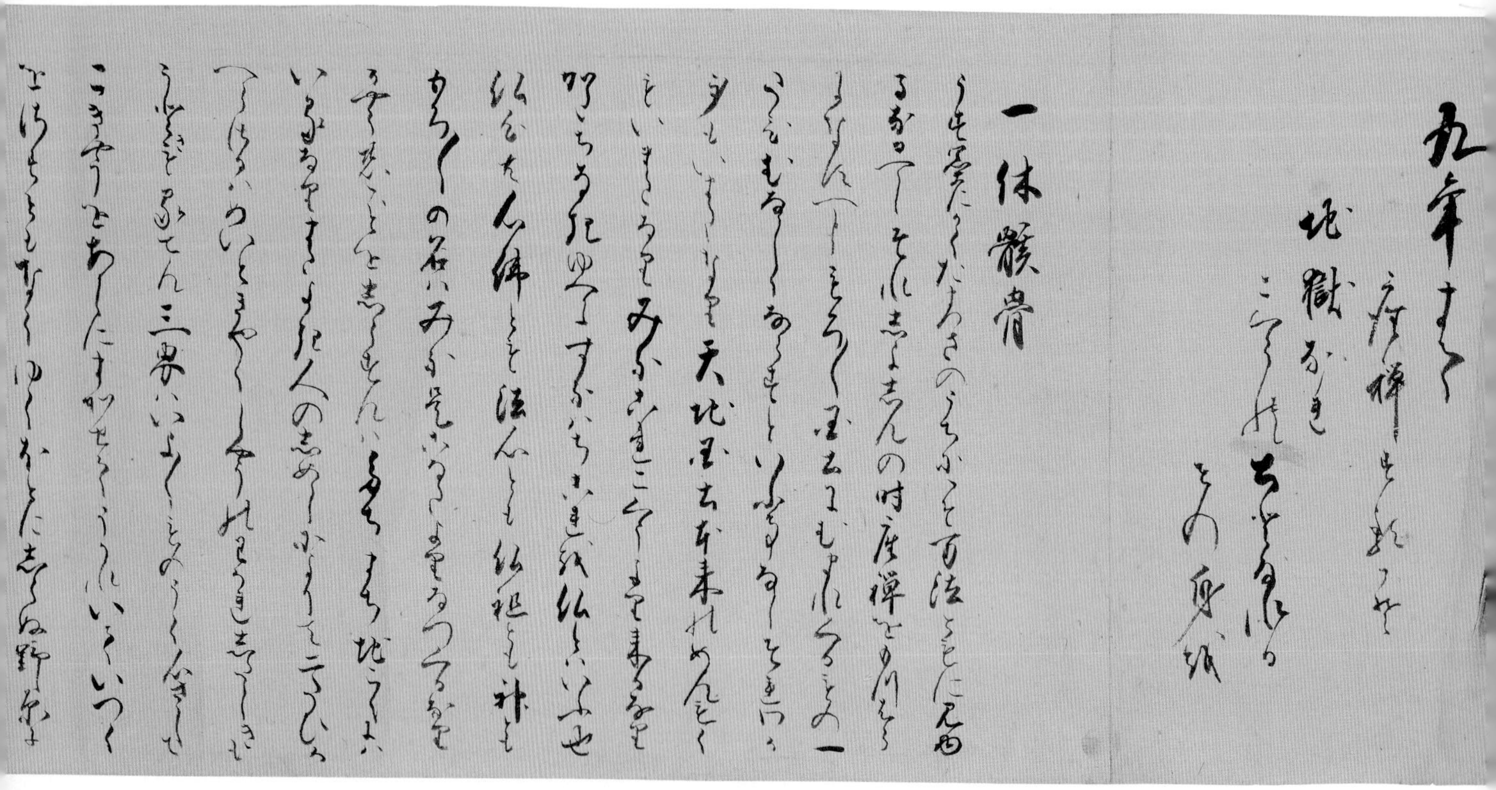

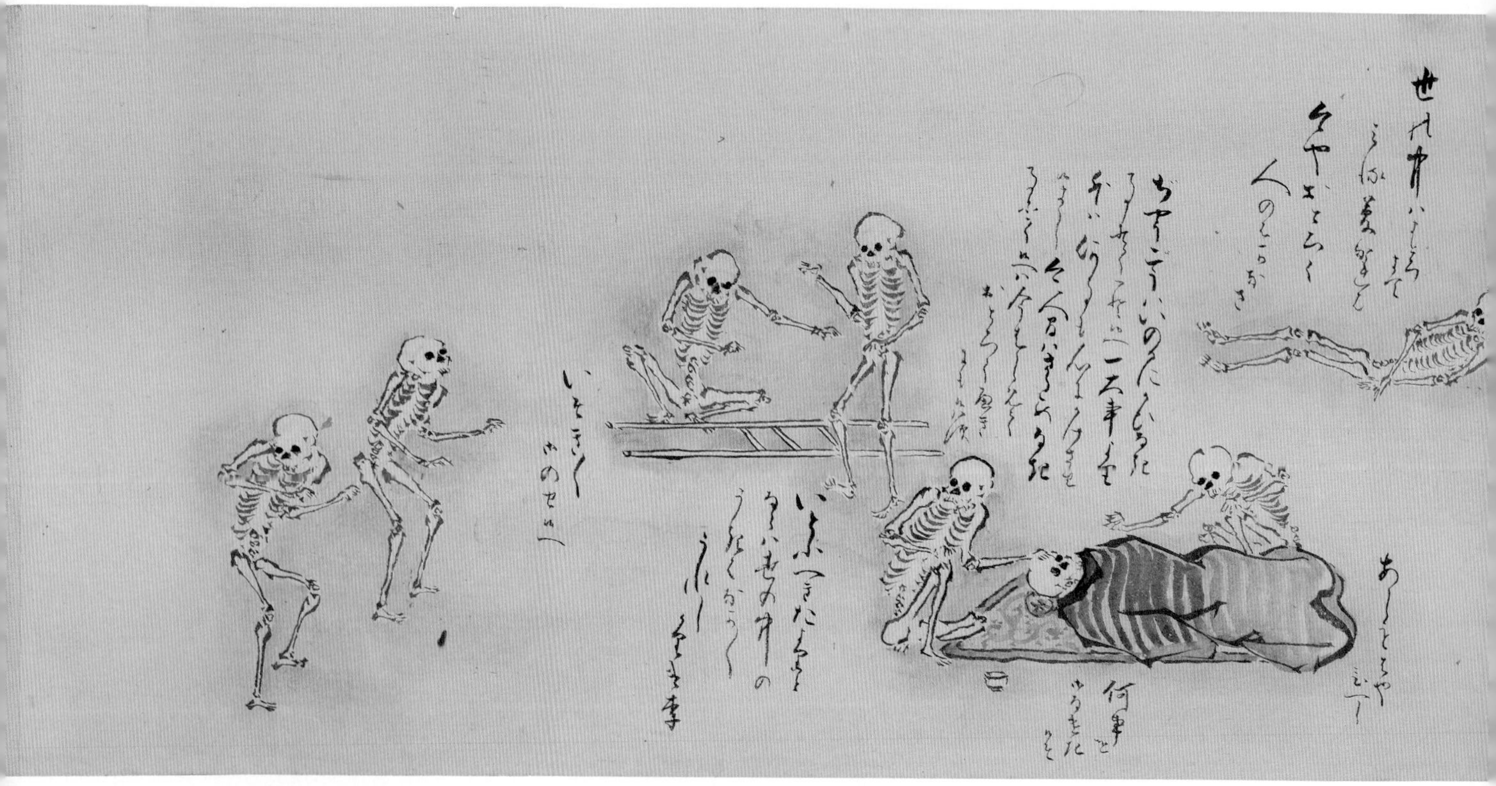

1 − 16. 一休骸骨 (p.26-31)

一休宗純による絵入り仮名法語。人々の生活を骸骨で描き表し、この世の無常を教えている。約８ｍの巻物の全容掲載はこれが初。右ページ上段より左方向へ、その後下段、観音開き中側右ページ上段右端へと続く。冒頭は、絵師、仙童によるもの。達磨の絵の後から、一休による言葉が始まる（本文 p.29-31 に全文解読掲載）。

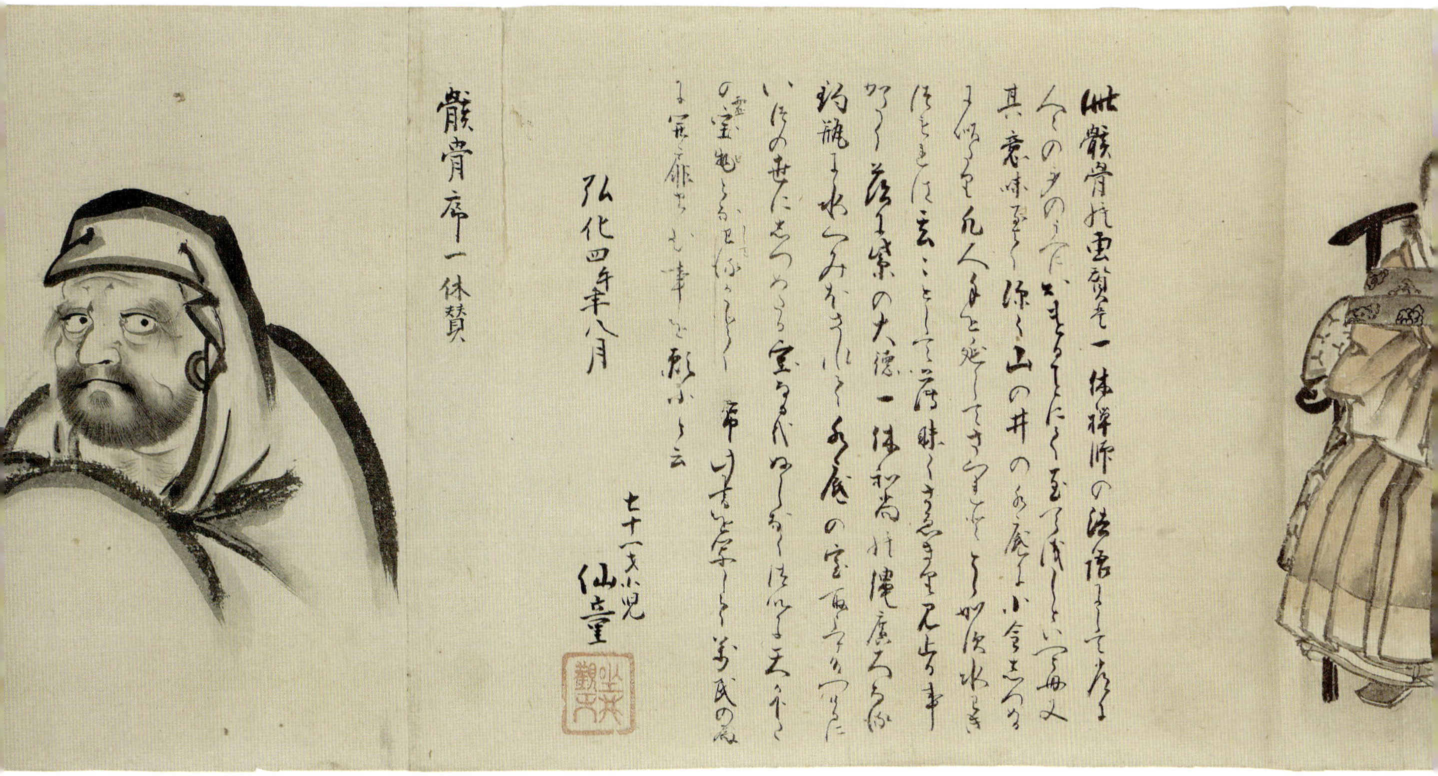
骸骨序一休賛
弘化四年未八月
七十一叟小児
仙堂

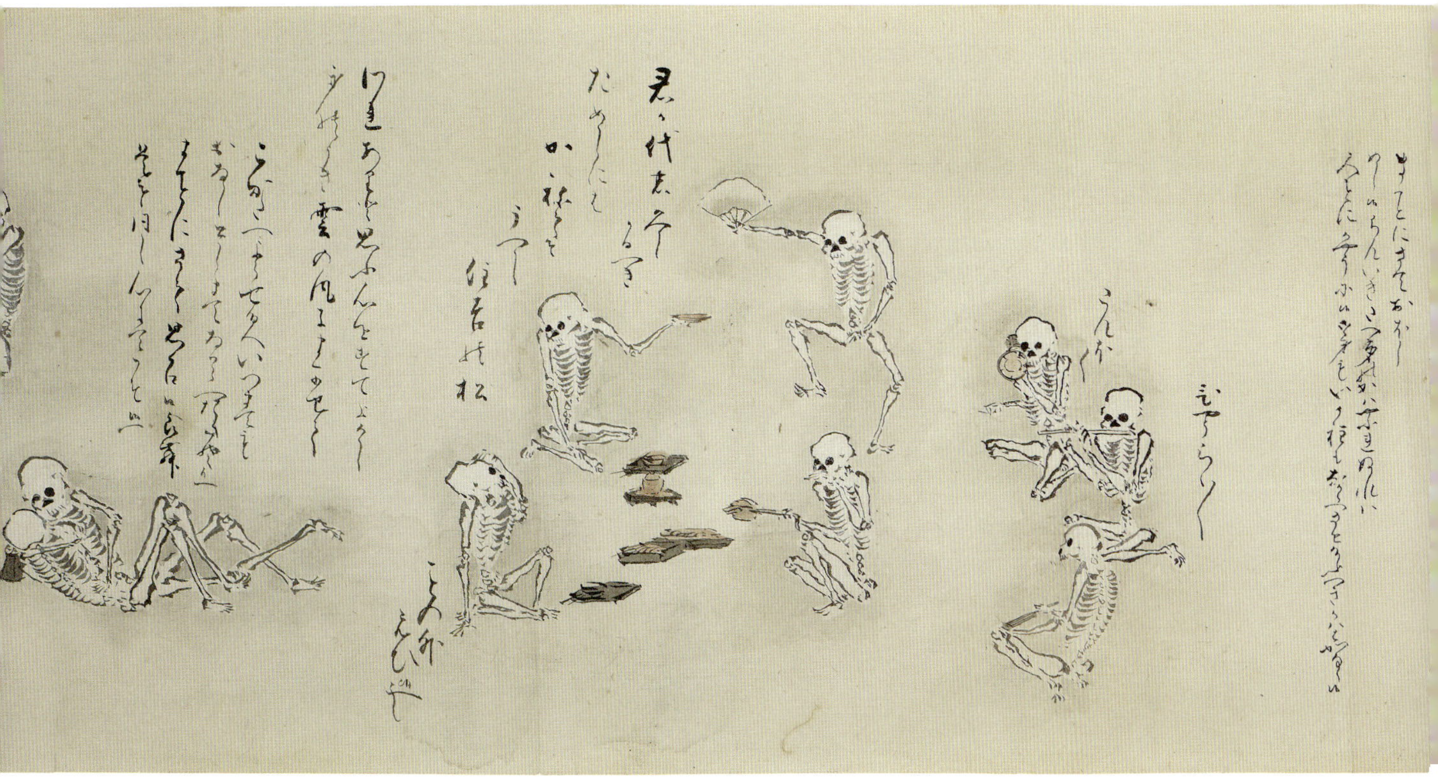

雨あられ雪やこほりとへたつれと
おつれはおなし
谷川の水

これはなき仏の道をならねとも
おなし雲雨のわかさりしとく

うきめなきあとを松の
庵まて人しも宿を
あらぬいまに

はかなしや鳥部の山の山おくり
おくる人とてとまるへきかは

[illegible]
ゆへに志やか牟尼せんとまれは、らてんさいこまのふや
うそしえるもつかくはいふ給まて一字もとかす
といひてうたいまつる花をさしあけさせ
迦葉を迦葉尊者にたまはりしかハ、しやかんのふ
申しけるにまさしき法のまたる人あるとて
花をゆるしけるといふ。それよりしやかのこゝろ
ふたりのふせうハ拈華微笑千年ものかたり
つはおさまれるものといふ、とまるは多れきよ
その代てはこいふくうさし四十年余年
のせかほハこのかせうをも拈くにゆるしこの迦
まそう色んといふらんゑをもふつたへらし
下の法をのおさめあるものはいふ経をたとへところせ
志るすこれ花ハ之をもつておしてあらはすにゆへん
人をもゆるん四よいひてしるしつるは付法
ともく伝へてもの志るしする人といへるなりとも
仏法者といふ事つうるに付花ハ三世の志ょ仏
の世まいる一宗の法をハこの花の中にある天
竺の二十八祖たいしの六祖をたとみるに然
それの田地をまこつたるのこのいなし一さいの
そのたしえなきゆて大といふこゝろを一つに花
の心しきをいふもなきたてる花のなかあ
きし宿草木のいろをこゝろよせあらはせる
四大といふハ地水火風の事なる人ことに
きまりて志らん いきハかせあつまるハ火身の

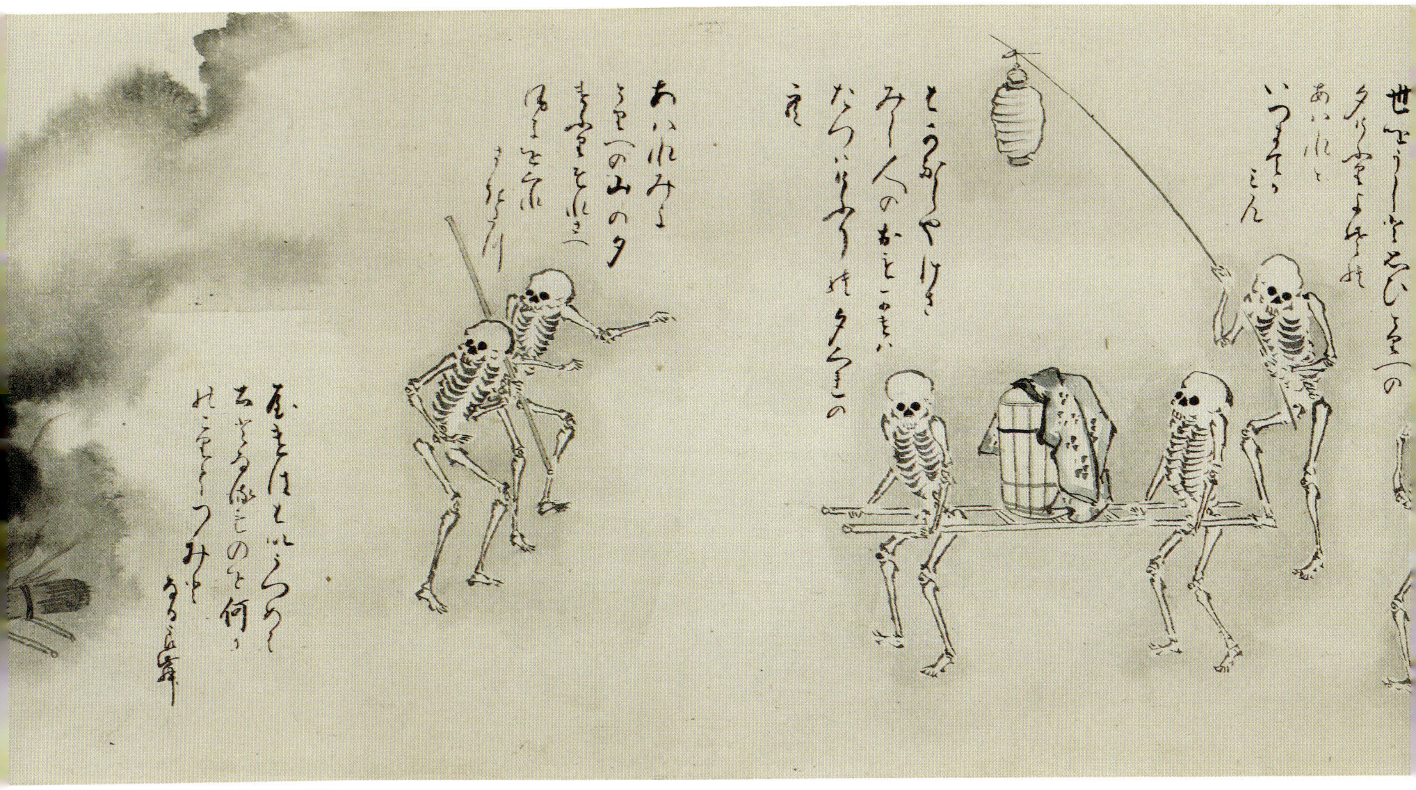

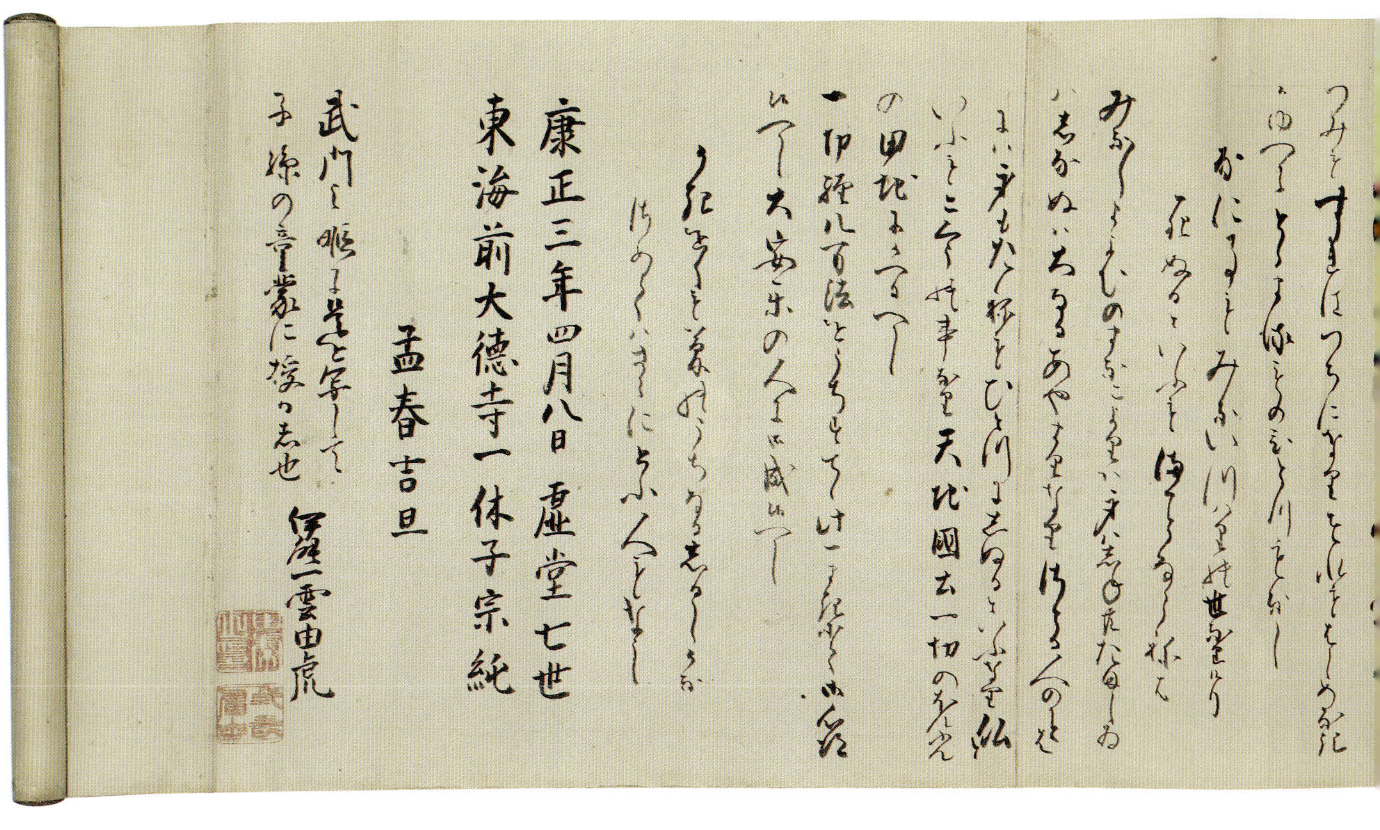
康正三年四月八日　虚堂七世
東海前大徳寺一休子宗純
孟春吉旦
一雲由虎

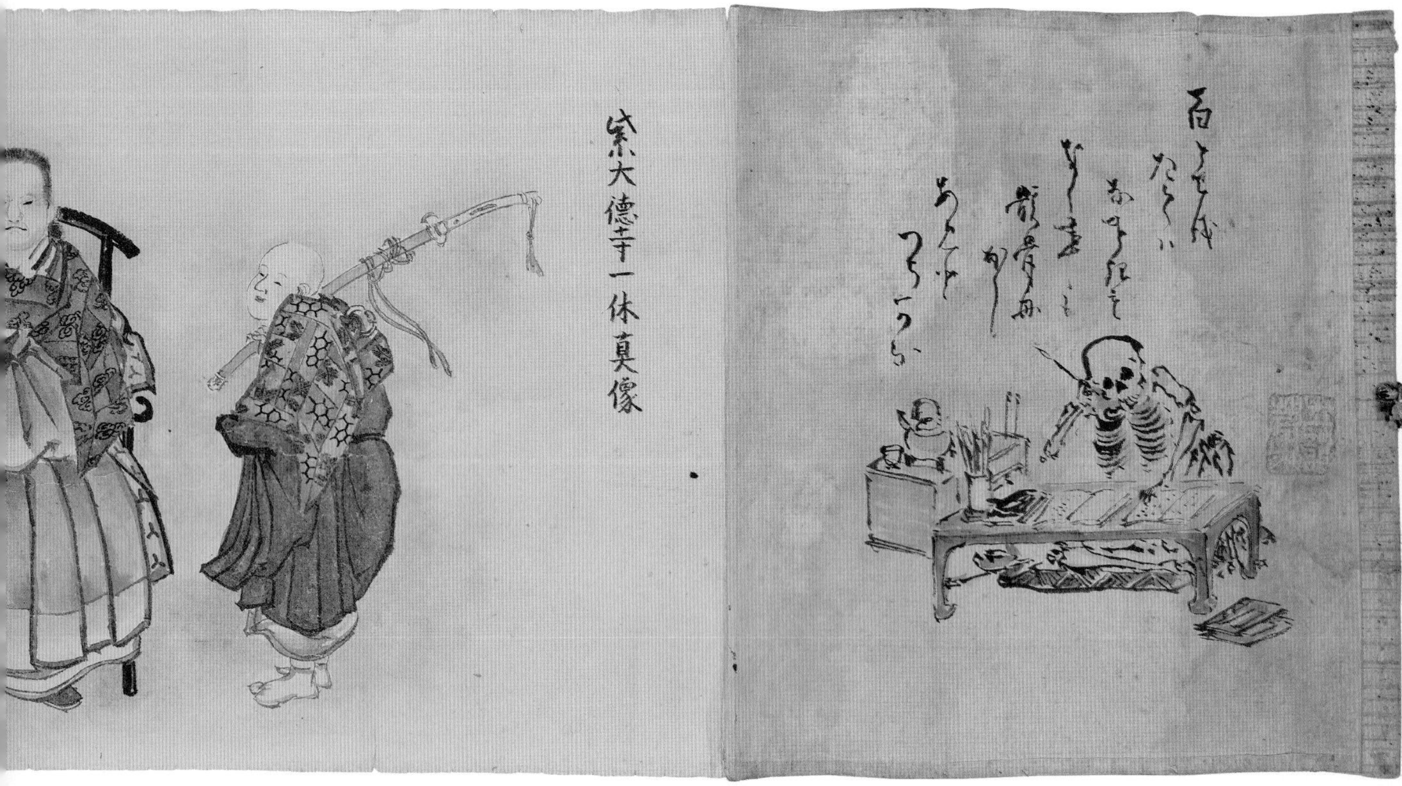

前大徳寺一休真像

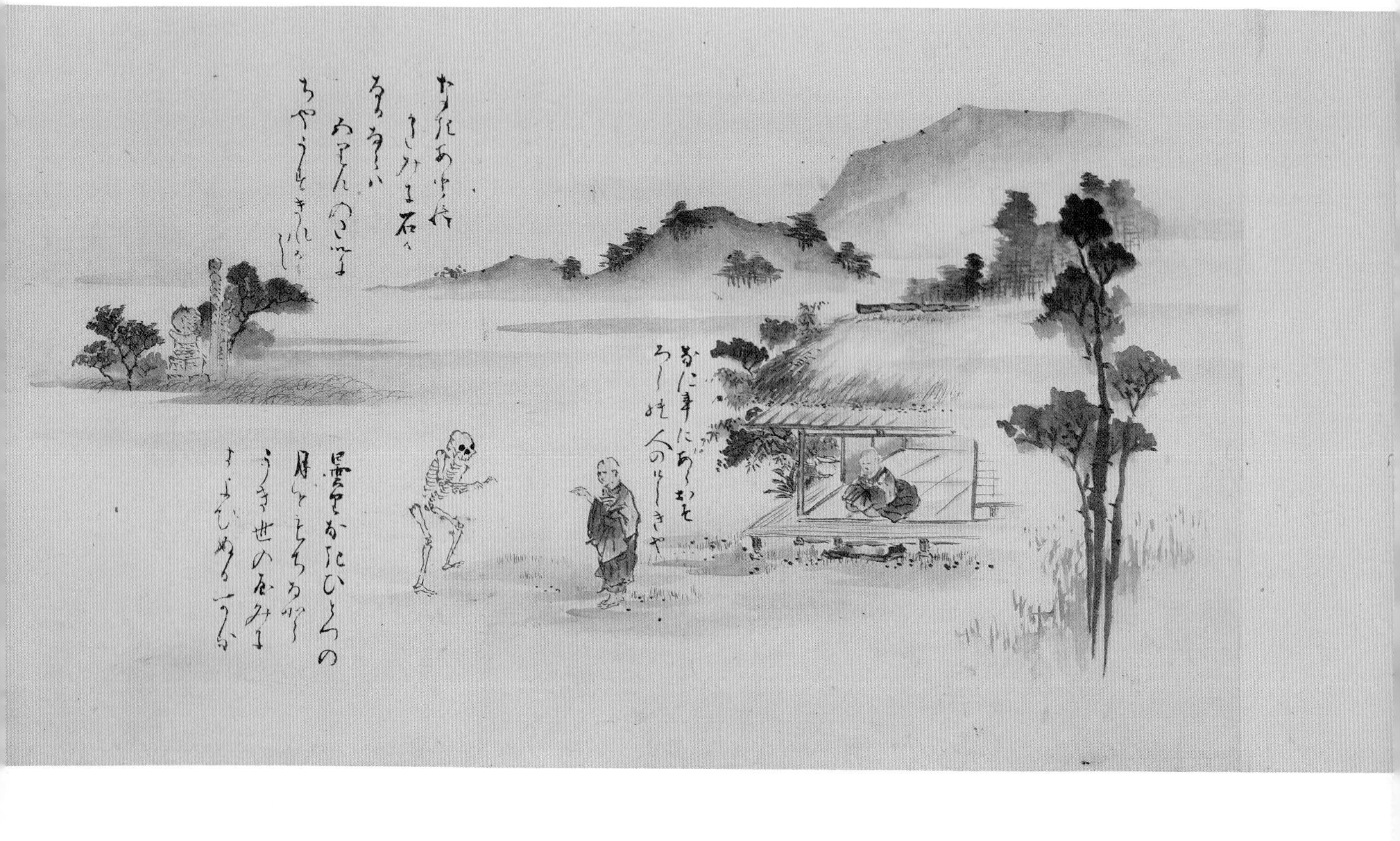

3 − 10. 二河白道図（『報恩列聖図画』より）(p.88)

二河譬に基づいた画。西の岸に僧姿の阿弥陀仏。水の河、火の河でおぼれている僧侶。白道を進む在家信者。今まさに白い道に向かおうとしている白衣の女性が描かれている。右、「如来大悲の恩徳は身を粉にしても報ずべし 師主知識の恩徳も骨をくだきても謝すべし」という恩徳讃の書。下が全体図（全長約８m）。右から、阿弥陀如来、釈迦如来、聖徳太子、七高僧、親鸞聖人、さらに歴代門主の画へと続く。

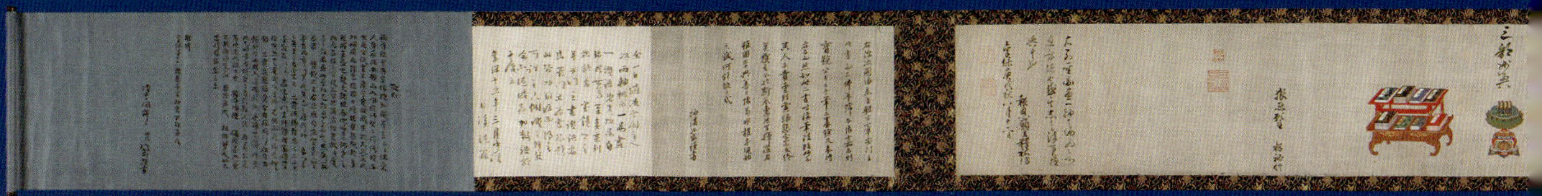

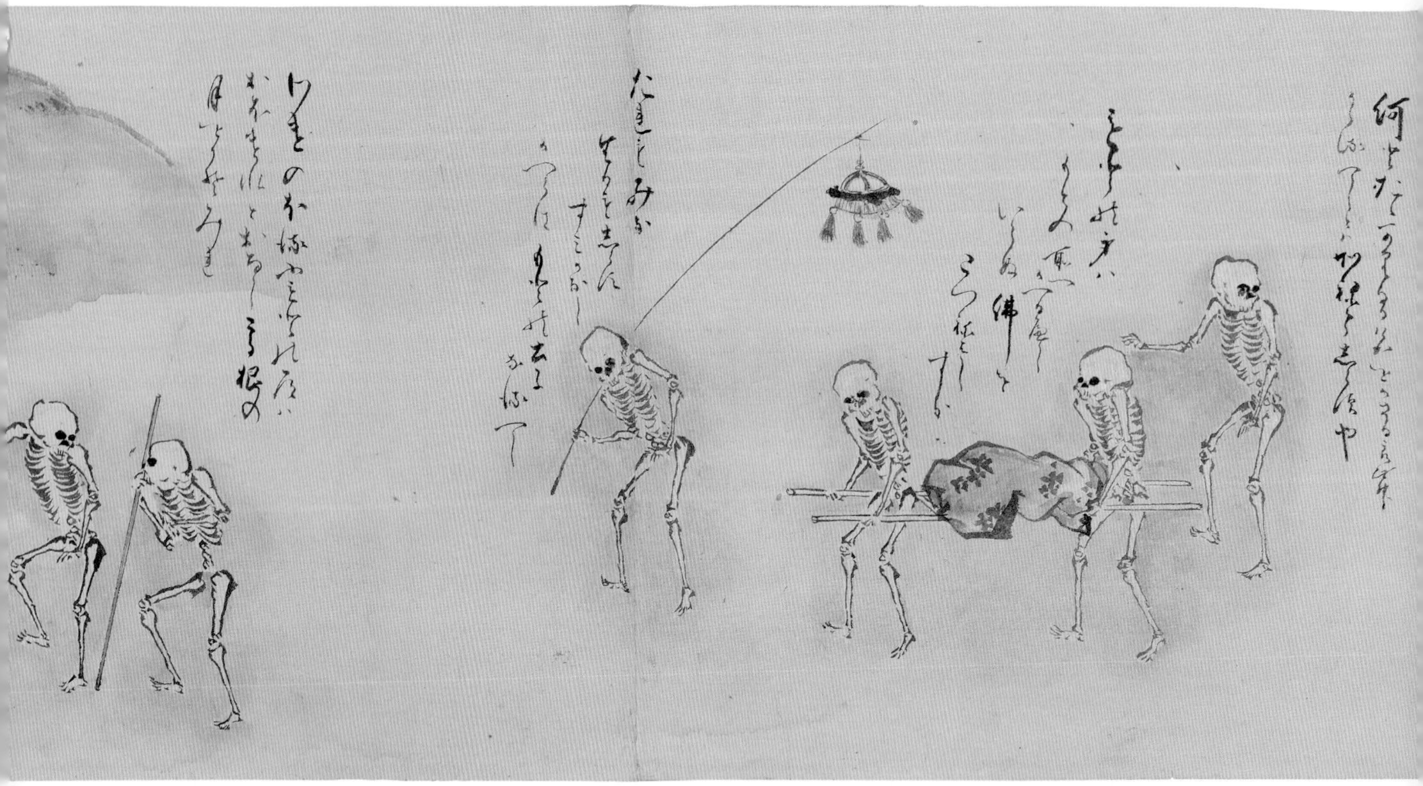

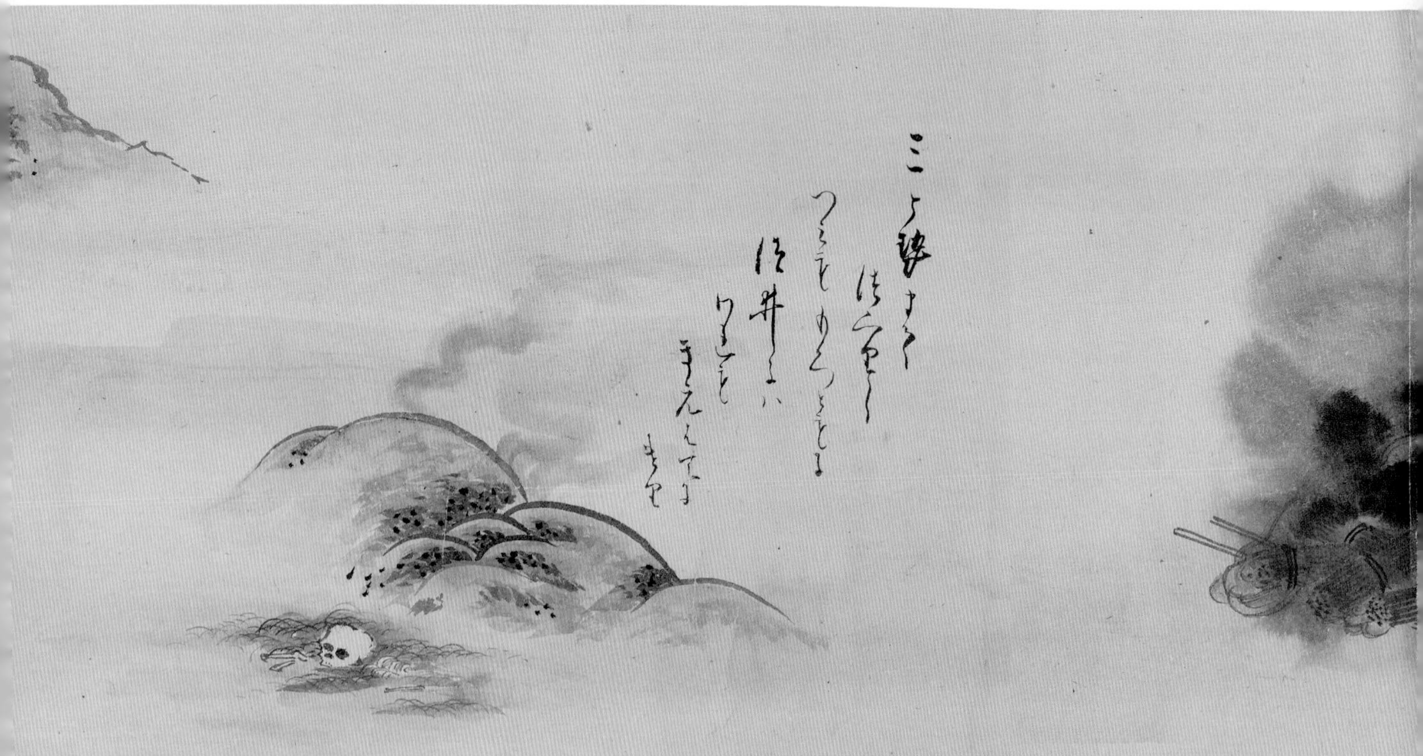

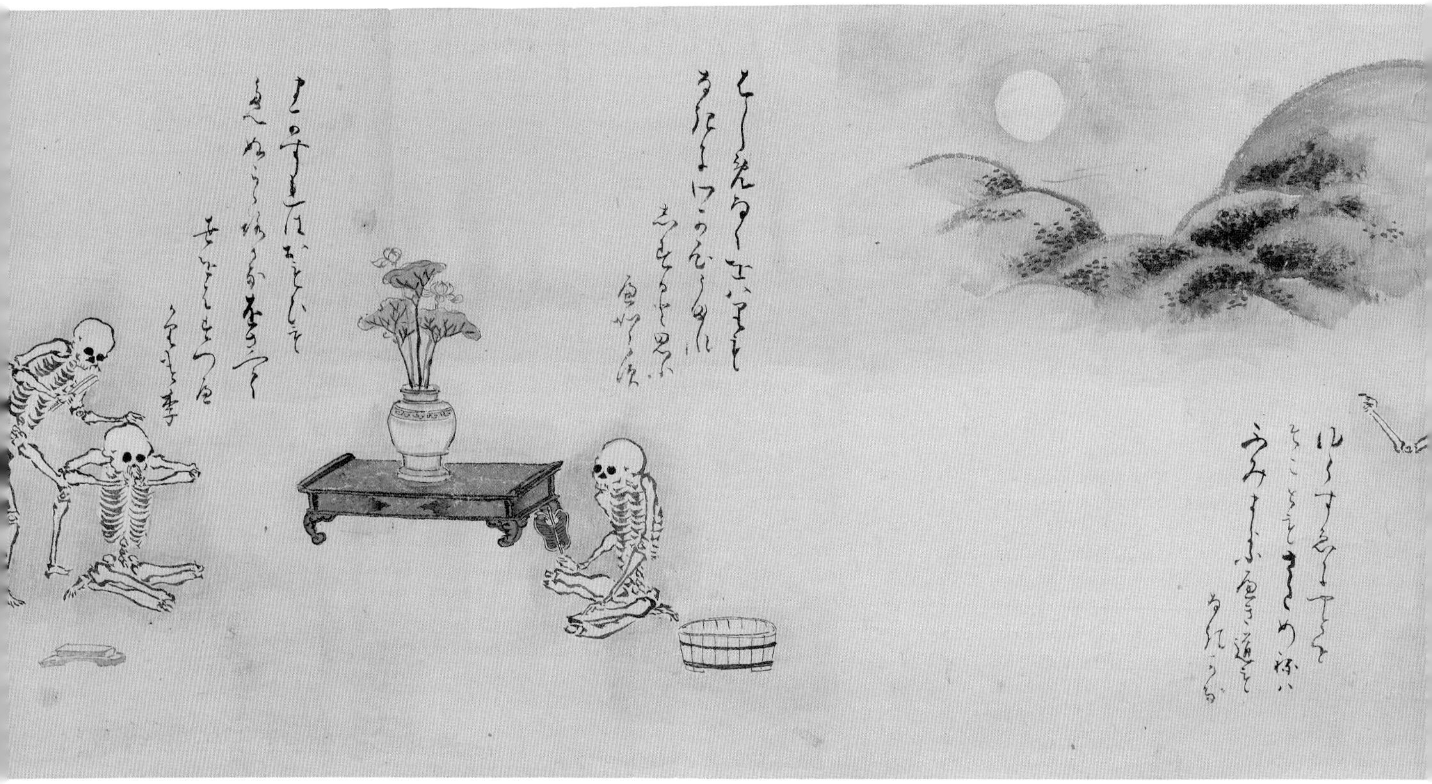

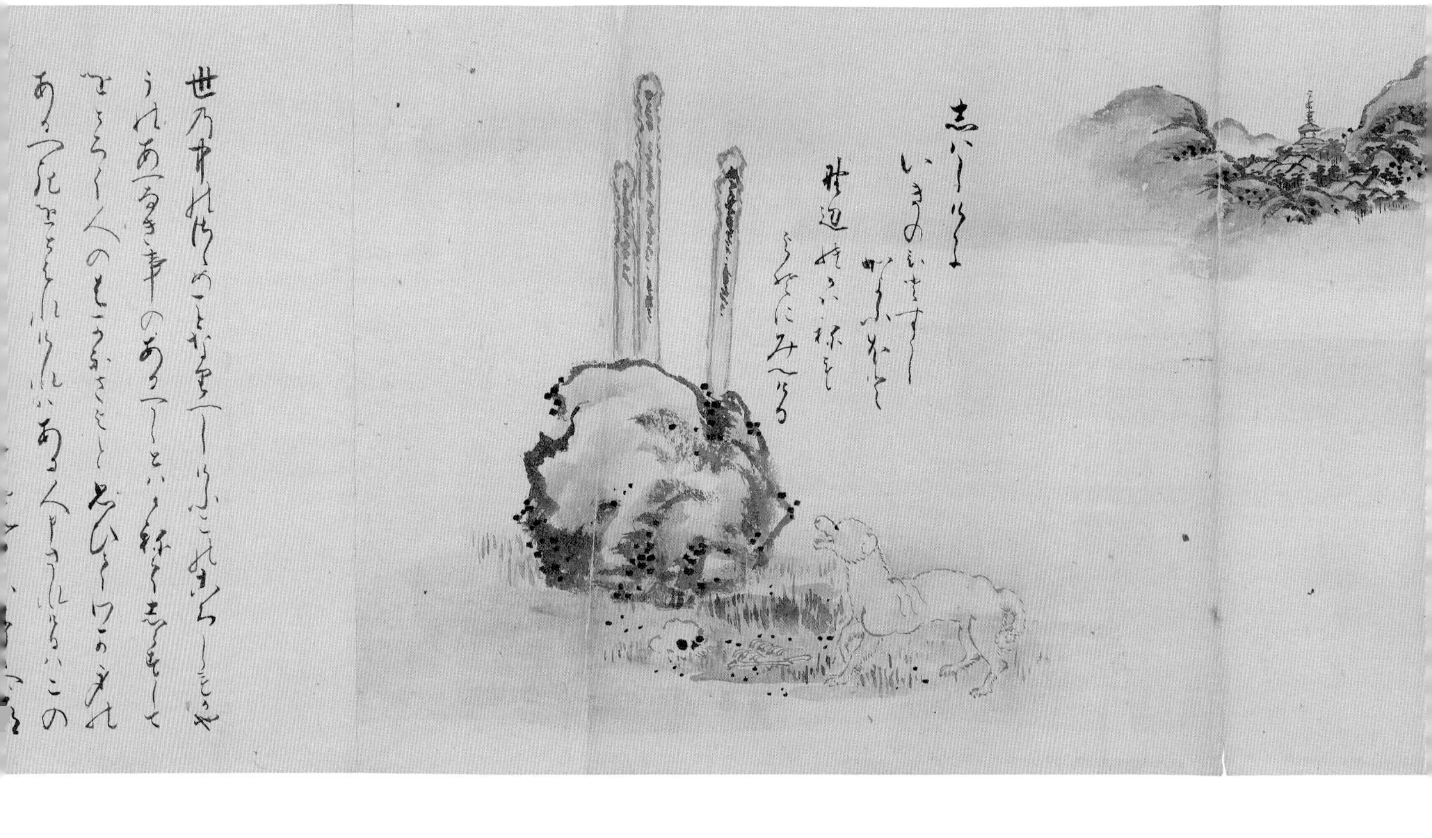
しはしけに
いきのひとすし
かよふほと
野辺にすてぬ骸も
よそにみへける

4．龍樹（りゅうじゅ）菩薩

5．天親（てんじん）菩薩

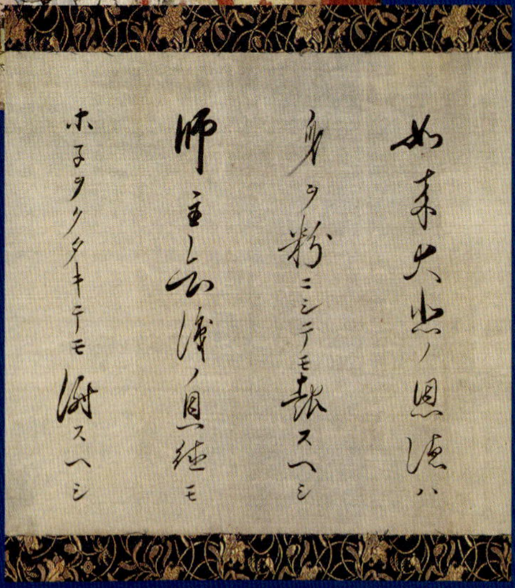

如来大悲ノ恩徳ハ
身ヲ粉ニシテモ報スヘシ
師主知識ノ恩徳モ
ホネヲクダキテモ謝スヘシ

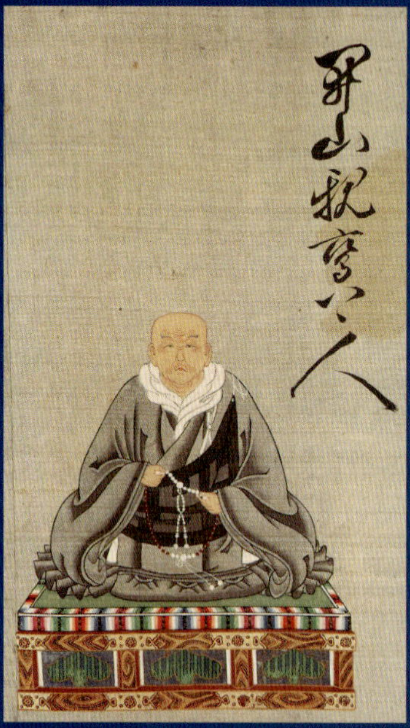

11．開山親鸞聖人

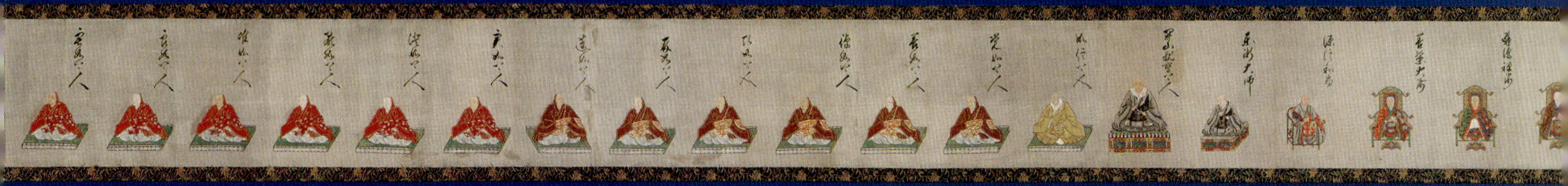

1．招喚善逝（阿弥陀如来）

2．発遣教主（釈迦如来）

3．聖徳太子

6．曇鸞大師

7．道綽禅師

8．善導大師

9．源信和尚

10．東漸大師（法然聖人）

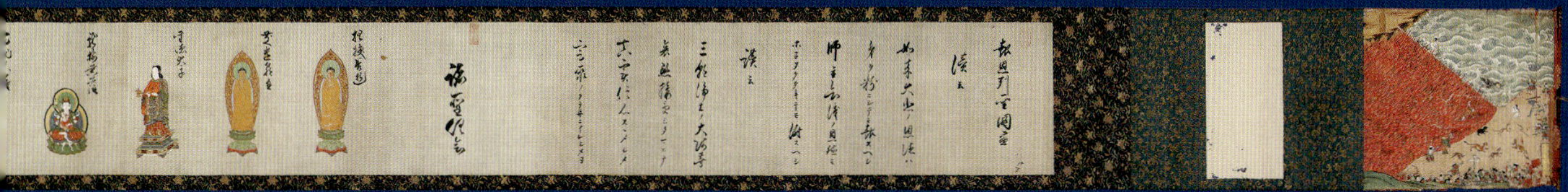

２－１．須彌山儀 (p.56-58)

仏教天文説を視覚的に表現したもの。須彌山の周りを月、太陽、星が運行する立体的な装置で、24 の季節と十二支を刻む時計になっている。季節を刻む時計は須彌山の上面に設置され、十二支を刻む時計は側面にはめこまれている。

2－4．天球図 (p.62)

司馬江漢により描かれた銅版の星座図。この天球図は、中国の天文図の上に西洋の星座絵が重ねて描かれており、中国古来の宇宙観と蘭学の影響が混在しているのが特徴。星座は、禽獣人物異形で表現されており、星座名は十二宮だけは日本の星座名になっているが、その他はすべてオランダ語で表記されている。彩色は後から施したもの。

２－６．阿修羅像ミニチュア (p.64-67)

興福寺の国宝、阿修羅像は、三面六臂（３つの顔に６本の腕）、上半身裸で常帛と天衣をかけ、腕飾りをつけ、裳をまとい、板金剛をはいている。正面左の顔は怒りや悔しい気持ちを表した幼いころの阿修羅、正面右の顔は自らの過ちを受け入れられず苦悩する阿修羅、正面の顔は罪を懺悔しひとすじの希望を見出した阿修羅の顔。上段の左右の手は月と太陽をかかげ、中段は弓で仏法を守る姿、下段は合掌している。

2－7. 三劫三千仏 (p.68)

縦 74 列、横 42 列の坐像、三千体が描かれた版画。上は縦 228cm、横 80.6cm の軸の全体図。仏像一体の大きさは、縦 1.6cm、横 1.3cm で、日本で最小の仏教版画。下は、中央の小坐像 36 体分の大きさの筆彩入仏像のひとつとその周りを拡大したもの。各像は通肩の法衣を着け、蓮台上に坐す如来形の姿。

3－4．阿弥陀如来二十五菩薩来迎図 (p.78)

今まさに死を迎えんとする人を、阿弥陀如来と二十五の菩薩が極楽浄土へといざなう臨場感を描き出した版画。一番下に描かれているのが、左から、善導大師、「南無阿弥陀仏」の文字、法然聖人、僧侶（善知識）と往生人。

3－5．當麻曼荼羅図平成本（精密複製）(p.79)

『観無量寿経』の内容を周縁部に図示した阿弥陀仏浄土変相図のひとつ。原本は當麻寺奥院蔵国宝本尊當麻曼荼羅。上は中央部分の拡大写真。中央に阿弥陀、左側に勢至菩薩、右側に観音菩薩の三尊を中心とした聖衆が描かれている。

3－7．国宝 山越阿弥陀図（原寸大復元屏風装）(p.82-83)

転法輪印を結んだ阿弥陀如来の上半身と、観音菩薩と勢至菩薩が、往生人に向かって今まさに来迎せんとする様子が描かれている。下の写真は、観音菩薩が往生人の乗る蓮台を両手で差し出しているところ。上の写真では、阿弥陀如来の白毫が深くえぐりとられているのがわかる。ここに水晶などの珠が差し込まれたか、裏から灯火をちらつかせて、ここから出る光線を表したのではないかと推察されている。

3－8．山越阿弥陀図と無常院ミニチュア再現 (p.84-85)

禅林寺永観堂の協力により完成したもの。山越阿弥陀図が、人生の終末においてどのように使われていたか、中世の日本人がどのように死を迎えていたかがわかる。

3－11. 御二河白道之柵（棟方志功画）(p.89-91)

善興寺 飛鳥寛栗師の依頼により『二河譬』をテーマに棟方志功が描いた作。左上に西岸上で迎え立つ阿弥陀如来の三尊仏（右、拡大写真）。中央に白い衣の行者、右端に東岸の白道を指し見守る釈迦如来三尊とその上を飛ぶ善知鳥（下、拡大写真）が描かれている。

3－12．光明本尊 (p.92)

中央に金箔で「南無不可思議光如来」の九字名号が蓮台に記され、名号から白色で三十四条の光明が放たれているのが特徴。右に「帰命尽十方无碍光如来」の十字名号。左に「南無阿弥陀仏」の六字名号が記され、三名号の間に阿弥陀如来（左）、釈迦如来（右）が描かれている。

3 − 13. 親鸞聖人安城御影 (p.93-94)

親鸞聖人 83 歳の寿像。黒衣黒袈裟に下は黒着物、茜根裏の下衣を着ている。襟元に薄茶色の帽子を着け、手には念珠。高麗縁上畳に狸皮を敷いて坐している。非僧非俗として仏道を歩んだ聖としての日常的な親鸞聖人の姿。掛軸の下部の書は『正信偈』(下はその拡大写真)。軸の書は蓮如上人の筆跡である。

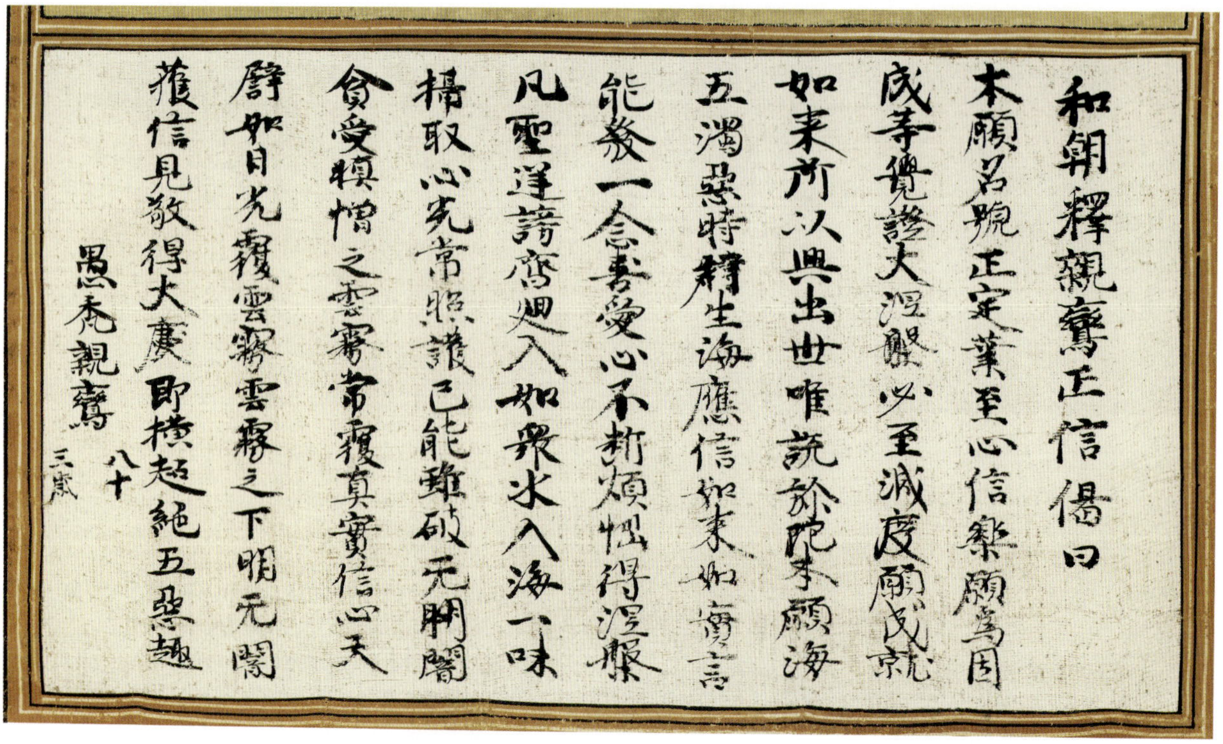

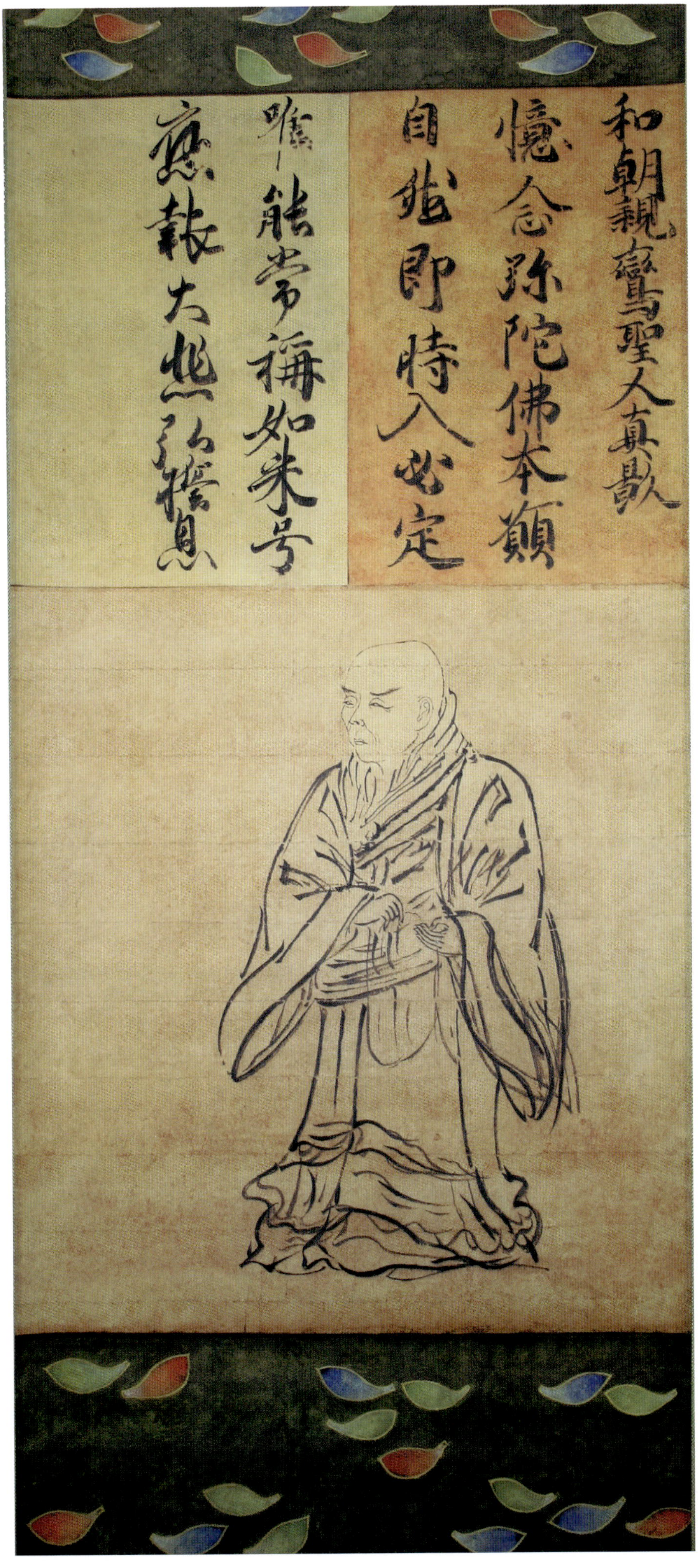

3－14. 国宝 親鸞聖人鏡の御影（精密複製）(p.95)

西本願寺に所蔵されている原本「親鸞聖人鏡の御影」（国宝）は、「安城御影」（国宝）、「熊皮御影」（重要文化財）と並び、親鸞聖人の三御影とされる。あたかも鏡に映したように描かれていることからこの名がついた。

3 − 15. 親鸞聖人御絵伝 (p.96)

第四軸第三図「洛陽遷化」。親鸞聖人のご往生とご葬送が描かれている。図、最上部中央は、親鸞聖人の御影像が安置された廟堂。親鸞聖人のご往生から 10 年後、大谷より西にあたる吉水の北あたりに建てられ、そのご遺骨がここに納められた。（下拡大写真）。

3 − 20. 中村久子〈関連作品〉(p.102-115)

●久子の作った日本人形

口を使って久子が縫い上げたもの。久子は多くの人達に人形を作っては贈った。つばでぬれないように縫うには、血のにじむ精進があった。

3 − 21. 妙好人石見の才市〈関連作品〉(p.116-129)

●才市の自宅

70 歳代、下駄職人の頃。

●安楽寺本堂

才市が毎日お参りに行っていた安楽寺の本堂。

●詩碑（安楽寺境内）
かぜをひけばせきがでる
さいちがごほうぎのかぜをひいた
ねんぶつのせきが でる でる
という才市の詩が記された碑。

●肖像画
皆から尊敬されるようになり、よき人として慕われた才市を描いた肖像画。才市自身が絵師に頼んで鬼の角を描きくわえてもらったという。よい人間に思われようとも、自分自身はあさましい嘘の皮で包まれている。鬼のような角をもっている。角がはえた鬼のまま仏にいだかれている。そうした才市の心境がここに表れている。

もくじ

仏教の死生観デジタルアーカイブ作品一覧

仏教の宇宙観デジタルアーカイブ作品一覧

浄土教の死生観デジタルアーカイブ作品一覧

ごあいさつ

仏教死生観デジタルアーカイブ研究閲覧システム

（愛称　Ron Ron Buddha）

はじめに、文部科学省ならびに関係各位に、この研究プロジェクト「死生観と超越」をご支援いただき、心より御礼申し上げます。

「仏教死生観デジタルアーカイブ研究閲覧システム」とは、仏教死生観に関連する仏教彫刻・書物・絵巻等の貴重な研究史料を高密度撮影でデジタル化し、32インチの大型マルチモニターによる指先だけの操作だけで、史料の細部まで美しい画像が閲覧できるシステムです。

この「仏教死生観デジタルアーカイブ」の目的は、文化的価値を保護し推進することにあります。文化的伝統の価値を学ぶことは、過去の人々の切なる願いを知り、長い歴史の中で自己をふりかえり、私たちがこの世界の安穏のために、どの方向にむかっていけばよいかを気づかせてくれます。

この研究装置には、三つの特徴があります。一つめの特徴は、この装置に美しいデジタル画像で保存された仏教死生観に関連する仏像彫刻・貴重書・絵巻等の貴重史料を、利用者はデータを自由に拡大して見ることができることです。展観では、書物や巻物の開かれた頁や断片しか見ることができません。そこで、この展観装置では、オリジナルの貴重史料を傷(いた)めることなく、それらを自由に見て、読み、研究できるようにしました。『往生要集（和字絵入本）』『解体新書』中村久子口書『歎異抄』などの書物、『釈尊涅槃図』『一休骸骨』『須彌三界図』『報恩列聖図画』などの巻物を広げることもできます。二つめの特徴は、ガンダーラ仏陀立像、須彌山儀、阿修羅像ミニチュアを、360度回転させて見ることができることです。三つめの特徴は、この展観装置で、一つひとつの貴重史料の解説とともに、仏教死生観に関する概説も閲覧できることです。この装置の導入によって、仏教死生観をより身近に親しんでいただき、生命の尊さを見つめる教育と研究に活用していただければ幸いです。

このプロジェクトのために、快く貴重史料をご提供いただいた方々に、深く感謝いたします。栗田功様（歐亜美術代表取締役）、浄土宗西山禅林寺派永観堂様、浄土真宗本願寺派善興寺様、中村久子女史顕彰会様、中村富子様（中村久子女史次女）、妙好人「石見の才市」顕彰会様、西本願寺様、ならびに龍谷大学図書館には格別のご協力をいただきました。

この装置製作に際しては、凸版印刷株式会社、ならびに、株式会社トータルメディア開発研究所の皆様にご協力いただきました。貴重史料の撮影と画像処理、システム作りのために、最先端の技術と労力を駆使していただきました。ここに厚く感謝いたします。

2011年4月現在、総合的なデジタルミュージアムとして、1台の中に研究閲覧システムを確立した技術は、世界最高水準です。この製作をご縁として、2500年受け継がれてきた仏教死生観の一端を、私たちの世代が受け継ぎ、次世代に伝えていくことができればと願っています。本書は、その研究閲覧システムの成果を出版物として、広く社会に還元するものです。

龍谷大学 人間・科学・宗教オープン・リサーチ・センター

センター長　鍋島直樹

副センター長　井上善幸

Greeting

We would like to express our sincere appreciation to the Ministry of Education, Culture, Sports, Science and Technology-Japan for supporting our research project, "Interdisciplinary Research in Buddhist Perspectives on Living, Dying, and Transcendence."

The research and browsing system we have developed for our "Digital Archive of Buddhist Perspectives on Living and Dying," equipped with a large 32-inch touch screen monitor, stores digitalized highly valuable and rare historical materials related to Buddhist perspectives on living and dying, including Buddhist sculptures, books, and picture scrolls. All digital images are taken using high density photographing technology and users are able to see the minute details of each historical material simply by enlarging it with their finger tips.

The aim of developing this digital archive system of "Buddhist Perspectives on Living and Dying" is to promote study and preservation of valuable cultural assets. Learning the values of our cultural tradition can help us understand the sincere hopes of people in the past, allowing us to reflect on ourselves within the continuum of human history and to become aware of what direction we should proceed for realizing peace and tranquility in the world.

There are three main features in this research and browsing system. First, users can view and examine all the archived historical materials on Buddhist perspectives on living and dying, including sculptures, books, and picture scrolls in beautiful digital images. In regular museum style exhibitions, we can only see a part of each scroll, opened pages of books, or just a fragment of archived material. This feature, however, enables us to see, read, and study these valuable historical materials freely without worrying about damaging them. In this digital archive, we can turn the pages of books such as Ōjōyōshū (Essentials for Attaining Birth, with Illustrations), Kaitai Shinsho (Translation of the Tafel Anatomie [Anatomical Tables]), the Tannishō transcribed by Hisako Nakamura who held her brush in her mouth, and roll out scrolls such as Ikkyū Gaikotsu (Ikkyū's Skeletons) and Houon Ressei Zuga.

The second feature is that there are many 3D images stored in this system such as Statue of Standing Buddha from Gandāhra, Shumisengi (Cosmological Model of Mt. Sumeru), and Miniature of Statue of Ashura that can be examined from any direction by rotating them through 360 degrees. The third feature is that users not only can view explanations attached to the images but can also read research papers discussing significant topics on Buddhist perspectives on living and dying related to the images.

We hope that by introducing this system people will become familiar with various Buddhist perspectives on living and dying and apply the knowledge for their education and research to understand the preciousness of life.

We wish to express our deep gratitude to those people who kindly offered the valuable, historical materials for this project. They are the CEO of Oa Museum, Mr. Isao Kurita; Jodoshu Seizan Zenrinji Eikando; Jodoshinshu Hongwanji-ha Zenkōji; Toyama-ken Takaoka-shi; Shinshu Otani-ha Shinrenji; Association in honor of Hisako Nakamura; Tomiko Nakamura of Gifu-ken Takayama-shi; Anrakuji; Shimane-ken Ota-shi. In addition, we received special cooperation from Nishi Hongwanji and Ryukoku University Library.

We would also like to thank the Toppan Printing Co., Ltd., and Total Media Development Research Co., Ltd., for their state-of-the-art technology and skilled labor for the digital picture processing of the historical materials and developing the archiving system.

As of April 2011, the advanced technology used in this stand-alone research and browsing system, the "Digital Archive of Buddhist Perspective on Living and Dying," is one of the most advanced systems in the world compared to other general purpose research equipment developed for digital museum systems. We hope that this system can help us to preserve these valuable Buddhist materials that have been created over the past 2500 years, and to transmit them to future generations. Publication of this book is a part of the research results derived from the "Digital Archive of Buddhist Perspectives on Living and Dying: Reflections on the Meaning of Life."

Naoki Nabeshima, Director
Yoshiyuki Inoue, Associate Director

Center for Humanities, Science and Religion (CHSR), Ryukoku University

一

仏教の死生観

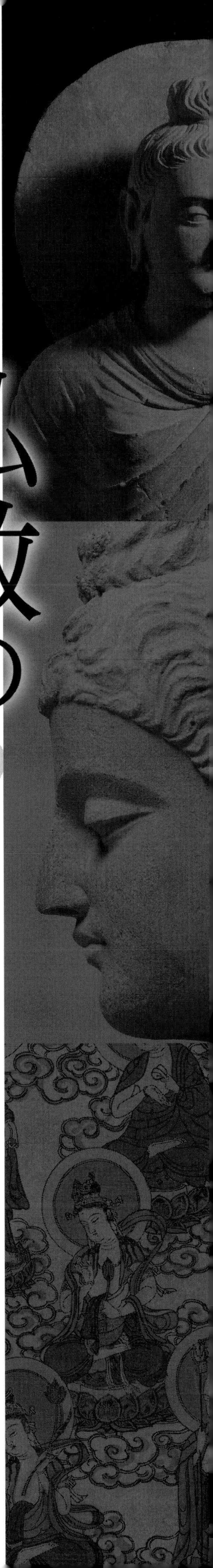

仏教の死生観と超越

鍋島直樹

死を見つめる意味

生老病死のありさまは、いのちの無常さを知らせ、本当の生き方とは何であるのかを問いかけてくる。釈尊の求道は、老病死の現実にであい、清らかな修行者の姿に胸を打たれたところに始まった。愛するものとの死別は受け入れがたく、後悔や悲しみを伴う。しかもまた、死別の悲しみを経験することを通して、他者や自然の中の小さないのちへの慈しみも生まれてくる。死は、仏教において、人に大切な何かを求めさせる縁として尊重されている。

釈尊の見開いた涅槃（ねはん）は、迷いからうまれる苦しみの消滅、無畏（むい）、無憂（むゆう）を意味する。また、迷いをくりかえさない不死の境地である。そして釈尊の入滅もまた、身体的な束縛からの解放を含め、あらゆる苦しみの消滅、寂静さを意味している。

釈尊最期の優しさ―ともしびのぬくもり

八十歳になった釈尊が、ヴァイシャーリー近くの竹林で、雨安居を過ごした時のことであった。釈尊は恐ろしい病にかかり、死ぬほどの激痛に襲われた。釈尊はその痛みを耐え、回復していった。その時、そばで仕えていた阿難（アーナンダ）は、心の底で、釈尊がもし死んでしまったら何を頼りにしたらいいのだろうと心配していた。すると、阿難に釈尊はこう語った。

「アーナンダよ。修行僧たちはわたしに何を期待するのであるか。わたしは内外の隔てなしにことごとく理法を説いた。完（まった）き人の教えには、何ものかを弟子に隠すような教師の握り拳は存在しない。……『わたしは修行僧のなかまを導くであろう』とか、あるいは『修行僧のなかまはわたしを頼っている』とか思うことがない。

アーナンダよ。わたしはもう老い朽ち、齢（よわい）をかさね老衰し、人生の旅路を通り過ぎ、老齢に達した。わが齢は80となった。……それゆえに、この世で自らを島とし、自らをたよりとして、他人をたよりとせず、法を島とし、法をよりどころとして、他のものをよりどころとせずにあれ。」

（『大パリニッバーナ経』第二章 25～26）

この言葉から大切なことを学ぶことができる。一つには、釈尊には、晩年までひそかに隠しているような秘密などなかった。折に触れ、一人ひとりに釈尊が説いてきたことが教えの全てだった。二つには、釈尊がいなくなっても、これからは、あなたを明かりとし、法を明かりとして生きていけばよいと説いたことである。阿難は25年もの間、釈尊のそばに仕え、釈尊が人々に教えを説くのを間近で聞いてきた。釈尊を頼っていた阿難にとって、釈尊の死が近いと感じるのは不安だったことであろう。だからこそ、釈尊は、阿難の気持ちを察して、師という人格にすがるのではなく、あなた自身とともに学んだ真の教法とを依りどころにすればよいと、説いたのである。支える阿難が、臨終に近い釈尊に支えられていた。

インドでは、大洪水になると、大地があたり一面水びたしになり、対岸が見えなく

なる。その中で、洪水にも流されずに残っている島が人々のよるべとなることから、自らを島とし、法を島とせよ、と説かれた。

中国や日本では、インドで起きるような大洪水はまれである。むしろ地域によっては、明かりのない暗闇がはてしなくつづく。灯明は、夜の闇を照らす灯りであり、心に希望をともしてくれる。闇夜に浮かぶ月の光が、そっと人に安らぎを与えるように、自らを灯とし、法を灯として大切にせよ、とも説かれた。

これに関して、親鸞聖人の和讃が思い起こされる。

無明長夜(むみょうじょうや)の灯炬(とうこ)なり
智眼(ちげん)くらしとかなしむな
生死大海(しょうじだいかい)の船筏(せんばつ)なり
罪障(ざいしょう)おもしとなげかざれ

(『正像末和讃(しょうぞうまつわさん)』(36)　浄土真宗聖典註釈版606頁)

「如来の本願が、闇を照らすかがり火である。己の智慧の眼ではよく見えないと悲しまないで。苦悩の大海に沈む人を救う船である。自らの罪が重いと歎かないで」という意である。さらに、親鸞聖人は、「常のともしびを弥陀の本願にたとへまうすなり。常のともしびを灯といふ。大きなるともしびを炬といふ」と左訓を施している。常灯明とは、消えることのない蝋燭の灯りではない。一人ひとりの心に確かにともっている阿弥陀如来の願いの明かりなのである。そこには釈尊の「自灯明、法灯明」に通じるものがあるだろう。

今ここに存在する人の姿形が見えなくなり、声が聞けなくなっても、その人がいなくなったのではない。愛する人は教えとしてあなたの心に生きている。形あるものから、形なきものへの想いの深まりが、み仏の真心に遇うために重要である。

常灯明、つねのともしびは、あなたの心にいつもともっている。

1. 仏陀涅槃図（ぶっだねはんず）

Relief of the Buddha Entering Parinirvāṇa

口絵 1－1参照

涅槃は、サンスクリット語のニルヴァーナ（nirvāṇa）、パーリ語では、ニッバーナ（nibbāna）の音写語である。涅槃とは、迷いの炎を吹き消した状態、生存に由来する苦の生滅を意味し、仏典中においては「平和」「不死」「無畏」「無憂」など、あらゆる否定的な観念から解放されたことばで形容されている。釈尊の生涯でいえば、釈尊の 35 歳の時にめざめた涅槃（ねはん、ニッバーナ）と、80 歳の時に入滅する般涅槃（はつねはん、パリニッバーナ（parinibbāna））の二つがあるとされ、また、それらは有余涅槃（うよねはん）と無余涅槃（むよねはん）としても説かれてきた。前者は根源的な迷いから生じる苦しみを滅して自由を得たことであり、後者は身体的な束縛から解放されて自由を得たことである。しかし、多くの場合、涅槃（ニッバーナ）と般涅槃（パリニッバーナ）の用法に大きな差異はなく、いずれも「苦の消滅」や「平安」、「再び迷いをくりかえさない」「不死」の境地を意味する。また仏陀とは、ブッダの音写語で、さとったもの、真理に目覚めたものを意味する。釈尊はさとりを開いた仏であることより、仏陀（Buddha）と呼ばれる。（下田正弘『パリニッバーナ　終わりからの始まり』NHK 出版、2007 年、10 頁）

この仏陀涅槃図は、ストゥーパの周りを荘厳していたものの一部であると考えられる。上段はインド式欄楯（らんじゅん）（仏塔を囲う玉垣）。下段に涅槃図。中央に北（インドでは北を左に表現する）を枕に横たわる仏陀。その背後に仏陀の死を悲しむマッラ族の人々。左端の人物は、通常この位置には、釈尊の死を悲しむバジュラパーニ（執金剛神（しゅうこんごうしん））が表現されるが、この手にバジュラ（金剛杵（こんごうしょ））をもっていない。悲しみのあまり手放してはいけないバジュラを地面に落とすという話が仏典にあるので、バジュラを落としたバジュラパーニかもしれない。右端の人物は、釈尊の涅槃を一週間後に聞いて急いで来た第一弟子のマハーカーシャパ（大迦葉）である。もう一人ベッドの前で、禅定（ぜんじょう）に入っているのは、釈迦入滅の間際に法を聞き、すべて理解し、最後の仏弟子と認められたスバッダが、火界定（かかいじょう）に入っている姿である。その右には皮袋に入った水が棒に釣り下がっている。背後両脇に沙羅双樹（さらそうじゅ）が表現されている。釈尊の上部にいる者達は、無常の理をさとり、仏法の真意を体得していたので、悲しまず静かに見守っている。（栗田・鍋島）

雲母片岩　ガンダーラ地方　スワート出土　2 世紀頃　高 34cm　横 23cm　厚 4cm
龍谷大学 人間・科学・宗教オープン・リサーチ・センター蔵
Gray schist, Region of Gandhāra, from Swāt, 2nd Century, h. 34cm w. 23cm d. 4cm,
Center for Humanities, Science and Religion, Ryukoku University

2. 火から救われたジョーティシュカ

Relief of Jyotiska Saved from the Pyre Gray Schist

口絵 1−2参照

ラージャグリハ（王舎城）にスバドラという男がいた。彼は異教徒で、裸体で修行していた。釈尊（ブッダ）は彼の家に托鉢（たくはつ）に行った。釈尊が異教徒の家に托鉢に出かけても、人々は釈尊をやさしくもてなしてくれたという。スバドラの妻は妊娠していた。そこで彼は、釈尊に男の子が生まれるか女の子が生まれるかを尋ねた。釈尊は今までの経験から、おそらく男の子が生まれ、きっと親の二人を助けてくれるだろうと話した。スバドラは、男の子が生まれると知り喜んで、釈尊へ布施をした。しかし、そのことを聞き知って、釈尊との関係をねたんだ異教徒たちは、スバドラに「恐ろしい子どもが生まれてくる」と告げた。そして彼らはその子を堕胎させようとして、出産直前だった妻を死なせてしまう。異教徒たちは、釈尊の予言を成就させないですんだことで、ブッダを打ち負かせたと勝ち誇った。彼女の死体は荼毘にふされた。しかしその時、燃え盛る炎の中から、釈尊の力により、男の子が無事に生まれた。しかしスバドラは、異教徒たちの反対を押し切ってまで、生まれた子どもを育てることはできなかった。こうして子どもは、マカダ国のビンビサーラ王に育てられたと伝えられている。その子は後に出家して阿羅漢になったとも伝えられている。

この彫刻の中で、火の中から生まれる子どもを見守っているのが、左側の釈尊（ブッダ）と右側のビンビサーラ王である。子どもは、炎の中から生まれたので、ジョーティシュカ（炎の中より得たるもの）と名づけられた。釈尊が生まれてきた子どもを優しく見守り、微笑みかけているのが印象的である。（栗田功『ガンダーラ美術』I、二玄社、1998 年、366 頁）

雲母片岩　ガンダーラ地方　サリバロール出土　2〜3 世紀頃　高 38cm
龍谷大学 人間・科学・宗教オープン・リサーチ・センター蔵
Region of Gandhāra, from Sahri-Bahlol, 2nd-3rd Century, h. 38 cm,
Center for Humanities, Science and Religion, Ryukoku University

3. 仏陀立像（ぶっだりつぞう）

Statue of Standing Buddha

仏が立ち姿であらわされた像である。釈尊が人間の姿をとって表現され始めたのは紀元 1 世紀頃で、インド西方のガンダーラ地域に多い。高さ 1 メートル弱のやや小型の仏立像で、顔や人体の表現に優美さが感じられる。頭光の一部と肘より先の両手を失うが、保存状態はよい。

少し斜めに向けた顔立ちは明晰な印象を与え、典型的なガンダーラ仏の特徴をそなえる。すなわち、顔のほりは深く、頭髪を結い上げ、口髭を生やし、静かな顔立ちである。大衣をゆったりと通肩にまとい、自然な衣の襞と人体表現が調和する。左足に重心をかけ、微妙に右足を遊ばせる。台座の正面に菩薩坐像を表し、その両側に二人ずつの供養者が合掌する。

両方の手は欠けているが、他のガンダーラ仏の姿から推察すると、右の手は手のひらをかかげ、左の手は、衣の一部をつかむ様式が多い。やがて後には、仏像の右手は、「施無畏」の印、仏像の左手は、「与願」の印を示すようになる。仏は、苦しみあえぐものに、畏れることはない、何も心配はいらない（施無畏）とさとすとともに、絶望して願いすらもてない人に、希望を与え（与願）たのである。願いを満たすという解釈もされている。仏の穏やかな表情は、見るものに安心を与える。仏の姿は、いかなるものも願われた存在であることを教え示しているのだろう。（宮地・鍋島）

口絵 1−3参照

片岩　ガンダーラ地方出土　2〜3 世紀頃　高 95cm
日本　個人蔵
Gray schist, Region of Gandhāra, 2nd-3rd Century, h. 95cm,
Private Collection, Japan

4. 仏陀坐像

Statue of Seated Buddha

口絵 1-4参照

手には説法印を結び、悩める者に静かに向き合った釈尊の姿がしのばれる。頭をほんのわずかにかしげて静かに微笑んでいる姿が印象的である。ガンダーラ仏の多くは、両肩をおおった衣をまとっている(通肩)。この仏像の特徴は、偏袒右肩（『観無量寿経』等）の姿をとっていることである。偏袒右肩とは、右肩をあらわにして、相手を尊敬し、真実の仏法に帰依する姿であり、多くの仏弟子たちは、仏の前に進む時、偏袒右肩の姿をとって、周りをめぐる。それでは、釈尊が右肩をあらわにしている姿はどういう意味であろうか。釈尊の偏袒右肩の姿には、釈尊自身が真実の仏法に帰依していることを意味するとともに、相手に敵意やおそれがないことを示し、どんな人にも尊敬の気持ちで接したことを意味しているだろう。死ぬことしか考えられないほどに追いつめられた人々にとって、仏の穏やかな微笑は心を慰めるものとなったことだろう。(鍋島)

雲母片岩　ガンダーラ地方　2～3世紀頃　高51.5cm
日本　個人蔵
Gray schist, Region of Gandhāra, 2nd-3rd Century, h. 51.5cm,
Private Collection, Japan

5. 仏陀坐像　タルベラ出土

Statue of Seated Buddha

口絵 1-5参照

螺髪の美しい仏陀坐像である。両手を欠損しているが、禅定印または説法印を結んでいたものと考えられる。彩色がパティナの下に残っている。当時は仏像の全面に彩色された、きらびやかなものだったようである。パキスタンのタルベラのコテラという村からは、美しいストゥッコの像が出土する。アフガニスタンのストゥッコ像の特徴は、うりざね顔であるが、パキスタンのタルベラ系、あるいはタキシラ系のストゥッコは、人間のプロポーションに近いリアルなものである。(栗田)

ストゥッコ　タルベラ・ガンダーラ地方　コテラ村出土　4世紀　高68cm　幅43cm
日本　個人蔵
Stucco, Region of Talbera, Gandhāra, Cotehra village, 4th Century, h. 68cm, w. 43cm
Private Collection, Japan

6. 仏三尊像

Buddha Triad

下端に蓮池を線刻で表し、中央の蓮華座には結跏趺坐して説法印（破損）を結ぶ仏陀、左右に蓮台に立つ菩薩立像を表す。向って右の菩薩は顔と右手を失う。左の菩薩はターバン冠飾をつけ、右手に花綱を握る。仏陀の頭上には花樹が表され、両肩部には向って右に金剛杵を持つ帝釈天、左には頭髪を結う梵天がそれぞれ上半身を現す。さらに蓮華座の左右に跪いて合掌する供養者の小像、パネルの四隅にも供養者、もしくはこの仏国土に生まれた天人らしい人物がみな合掌して表される（向かって左下は欠損）。仏陀の頭髪は螺髪となっており、菩薩や供養者の衣文には形式的な襞の表現が見られるところから、ガンダーラ後期のものだろう。おそらく大乗仏教と関わる仏国土の表現と見られる。

□絵 1–6参照

釈尊のめざした理想の境地は、涅槃といわれる平安な寂滅の世界である。苦悩のくりかえす輪廻転生から解き放たれて、不死にいたる道であり、無常なこの世界、此岸の向こうに広がる彼岸のイメージとしても求められた。

大乗仏教の交流とともに、菩薩の本願によって、苦悩する衆生を迎える理想の仏国土を建立する思想や、過去・現在・未来にわたって諸仏が出現して人々を救う教説などがふくらみ、仏陀の浄土世界が説かれるようになった。それらのなかでも特に、極楽浄土への往生という救済は、法蔵菩薩の志願と修行、その本願を成就した阿弥陀仏の救いの理想に表され、西方極楽浄土の世界が中央アジア、中国、韓国、朝鮮、日本に展開していった。

宮治昭氏の研究によれば、浄土図の祖形的な表現は、ガンダーラ美術の中にも見られる。ガンダーラの仏三尊像の多くは、主尊は蓮華座上に結跏趺坐し転法輪印を結ぶ仏陀、左脇侍にはターバン冠飾をかぶる観音菩薩立像、左脇侍には頭髪を束ねた弥勒菩薩である。しかし、ガンダーラの仏三尊像の中に、主尊に阿弥陀仏、左脇侍に観音菩薩の浮彫も発見されている（宮治昭『ガンダーラ仏の不思議』講談社選書メチエ、1996年、221頁）。ガンダーラの仏三尊像は、敦煌の莫高窟第57窟南壁の仏説法図（初唐）や、奈良の法隆寺の玉虫厨子（7世紀、飛鳥時代）に収められた、極楽浄土の阿弥陀仏、観音菩薩、勢至菩薩の三尊像のイメージと重なり合う。大きな蓮華座に結跏趺坐して説法印を結び、その両脇に菩薩をしたがえる仏三尊像の形式は、仏国土、極楽浄土を表現した原型であるといえるだろう。泥の中から、泥にまみれることなく美しく咲く蓮の花は、泥のような苦しみのなかから平安な花を開かせることができることを示しているだろう。（宮地・鍋島）

片岩　ガンダーラ地方　3世紀　高62cm
日本　個人蔵
Gray Schist, Region of Gandhāra, 3rd Century, h. 62cm,
Private Collection, Japan

7. 阿闍世王（あじゃせおう）の帰依（きえ）と釈尊（しゃくそん）の涅槃（ねはん）

Relief of King Ajātaśatru Taking Refuge in the Buddha and the Buddha Entering Parinirvāṇa

口絵 1-7参照

上下２場面からなり、保存状態もよく、作も優れている。上段の区画では中央に仏陀が立ち、その左下で、侍者の持つ傘蓋（さんがい）下で王者風の若者が跪（ひざまず）いて仏陀に向って合掌する。右には鬚面（ひげづら）の執金剛神がふりかえり、２比丘を見つめ、上方で４人の神々が讃嘆する。この場面は、他に類例がなく、その内容は明らかではない。しかし、下の涅槃の場面と関係すると考えるならば、父頻婆娑羅王（ビンバシャラ）を殺して王位についた悪逆の息子、阿闍世王（アジャセ）がその罪を慚愧（ざんき）して、仏陀に帰依するところを表した可能性が高い。大乗経典の『涅槃経』によれば、身も心も苦しみの消えない阿闍世を救うために、釈尊は涅槃に入るのを中止するくだりがある。

下段の区画は、釈迦涅槃の場面である。画面の両端に２本の沙羅双樹があらわされ、それぞれ樹女神が上半身を現して合掌する。釈尊は寝台に右脇を下にして、右手を頬に当て足を重ねて横臥（おうが）する。寝台の手前に後ろ姿であらわされるのは、最後の仏弟子となったスバッダである。向って右の男女のペアは魔王マーラとその娘で、釈尊に対し入滅を勧めたのである。左の釈尊の枕辺では、執金剛神が左手に金剛杵を持ち、右手を上げて悲嘆にくれる。釈尊の背後には、３人のクシナガラの人々が手を上げて嘆き悲しむ。その上には、飛天が散華し、讃嘆する。画面左端の裸の人物は、天から降り注いだ曼荼羅（まんだら）を手に持って、釈尊の入滅を大迦葉に告げる邪命外道（じゃみょうげどう）である。この浮彫は、小乗経典の『涅槃経』の伝承とよく合う図像である。（宮治）

片岩　ガンダーラ　マルダン近郊出土　2〜3世紀　高69cm　幅62cm　奥行11cm　日本　個人蔵
Gray schist, Region of Gandhāra, Mardan, 2nd-3rd Century, h. 69cm w. 62cm d. 11cm
Private Collection, Japan

8. 蓮華座上仏陀

れんげざじょうぶっだ

Relief of Seated Buddha on the Lotus Flower

蓮華座の上で釈尊が結跏趺坐している。手は説法印を結んでいる。蓮池には3人の人物がいる。蓮の花から身を出しているので、蓮華化生かと考えられる。また、「蓮池で蓮華座を用意するのは龍王ナンダとウパナンダであるから、蓮池から半身を出すのはナンダとウパナンダであろう。」（小谷仲男『ガンダーラ美術とクシャーン朝』同朋舎出版、1996年、120頁）という記述がある。上部が欠損しているが、下部の曲線から考えて、三葉形は通常ストゥーパの覆鉢部の両側に取り付けられている。様式からみて、最盛期を少し過ぎた2世紀後半から3世紀初頭かと思われる。

（栗田）

口絵 1-8参照

雲母片岩　ガンダーラ地方　2〜3世紀　高36cm
龍谷大学 人間・科学・宗教 オープン・リサーチ・センター蔵
Gray Schist, Region of Gandhāra, 2nd-3rd Century, h. 36cm
Center for Humanities, Science and Religion, Ryukoku University

9. 仏陀頭部（ぶっだとうぶ）　タキシラ出土

Head of the Buddha, from Taxila

ストゥッコとは、漆喰（しっくい）で一つひとつ手作りによって製作されたものをいう。ローマの漆喰方法がガンダーラにももたらされ、3世紀ごろからストゥッコ製彫刻が盛んに造られるようになった。アフガニスタンのハッダと並んで、パキスタン領のタキシラやタルベラがストゥッコ出土として世界に知られている。タキシラは、ガンダーラの東隣に位置し、1947年イギリス領インドからの独立前に、J. マーシャルによって都市遺跡と仏教寺院が多く発掘され、第二次世界大戦後、その報告書が刊行され、ガンダーラ編年に大きな指針を与えた。この仏陀頭部は、ローマ風の波状にカールした髪を有し、人々の苦しみに耳を傾けた穏やかな微笑をたたえた貴重なストゥッコである。(鍋島)

口絵 1-9 参照

ストゥッコ　パキスタン　タキシラ出土　4～5 世紀　高 23cm
龍谷大学人間・科学・宗教オープン・リサーチ・センター蔵
Stucco, from Taxila, Pakistan, 4th-5th Century, h. 23cm,
Center for Humanities, Science and Religion, Ryukoku University

10. 仏陀頭部（ぶっだとうぶ）　ハッダ出土

Head of the Buddha, from Hadda

ストゥッコの技術は、ローマからガンダーラに伝わり、3世紀にハッダで盛んに造られた。このストゥッコは、典型的なハッダの美顔で、表面に残っている肌色は当時の色である。(栗田)

口絵 1-10 参照

ストゥッコ　アフガニスタン　ハッダ出土　3～4 世紀　高 11cm
日本　個人蔵
Stucco, from Hadda, Afghanistan, 3rd-4th Century, h.11cm,
Private Collection, Japan

11. 釈尊涅槃図（しゃくそんねはんず） 江戸時代木版画

Printing of the Buddha Entering Parinirvāṇa

涅槃図は釈尊入滅の場面を表すもので、我が国では古くは法隆寺五重塔内塑像として作成されたものがある。藤原時代以後は大画面の絵画に描かれたものが多い。

江戸時代に入ると版画類も作成されたことにより、人々の眼に触れやすくなり、仏教信仰に親しみ深く関与するようになった。

この涅槃図は、長方形の画面中央にある沙羅双樹の下、金色に輝く釈尊が左手を伸ばし、頭北面西右脇を下に身を横たえ、眼を閉じている。枕頭では諸菩薩が釈尊の涅槃を見守り、阿修羅が太陽と月をかかげて悲しみ、脇や足元では、梵天・帝釈天をはじめとする仏弟子はもちろんのこと、動物までも悲嘆の表情を浮かべている。（大宮図書館）

紙本　木版画　著色　江戸時代後期
龍谷大学大宮図書館蔵（023・1_27）
Woodcut, Later Edo Era,
Ryukoku University Omiya Library

12. 釈尊涅槃図（しゃくそんねはんず）　寛永期木版画

Printing of the Buddha Entering Parinirvāṇa

涅槃図は釈尊入滅の場面を表すもので、我が国では古くは法隆寺五重塔内塑像として作成されたものがある。藤原時代以後は大画面の絵画に描かれたものが多い。

江戸時代に入ると版画類も作成されたことにより、人々の眼に触れやすくなり、仏教信仰に親しみ深く関与するようになった。

この涅槃図は、長方形の画面中央にある沙羅双樹の下、金色に輝く釈尊が左手を伸ばし、頭北面西右脇を下に身を横たえ、眼を閉じている。枕頭では諸菩薩が釈尊の涅槃を見守り、脇や足元では、梵天・帝釈天をはじめとする仏弟子はもちろんのこと、動物までも悲嘆の表情を浮かべている。阿修羅は画図の中央奥で悲しんでいる。釈尊の死を悲しんで集まってくる動物の数は、時代が下るほど、増えていく。（大宮図書館）

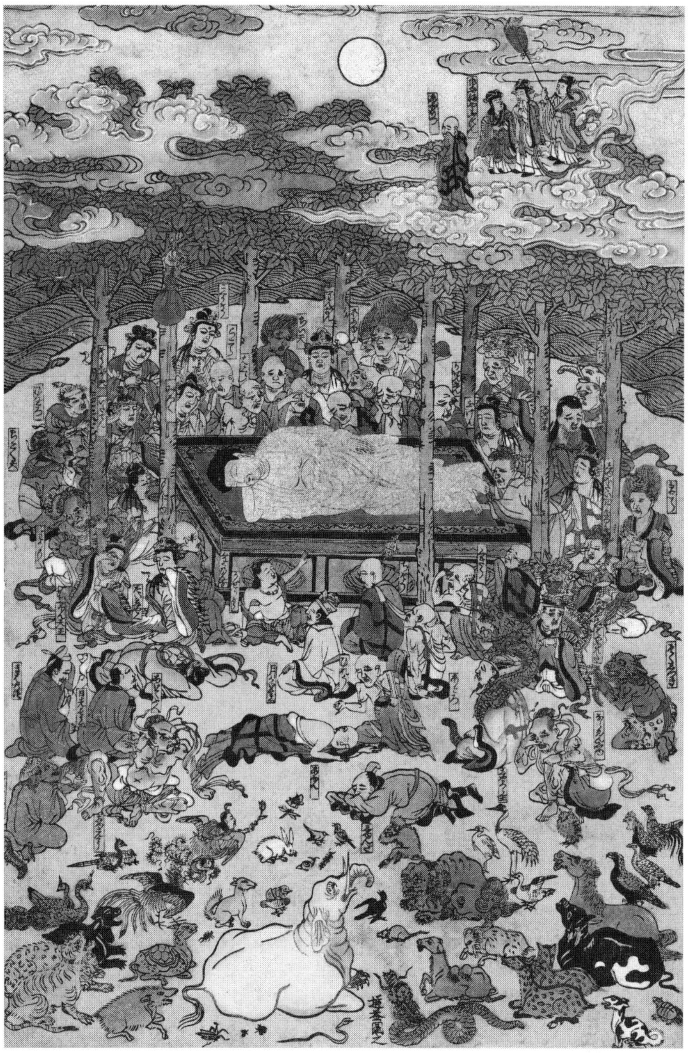

□絵 1−12 参照

道益筆　1枚　紙本　木版画　著色　江戸時代初期（寛永）頃　縦 45cm　横 30.7cm
龍谷大学大宮図書館蔵（024・301_17_4）
Drawn by Doyaku, Woodcut, Early Edo Era, h. 45cm w. 30.7cm
Ryukoku University Omiya Library

13. 釈尊涅槃図（しゃくそんねはんず）　彩色画

Painting of the Buddha Entering Parinirvāṇa

□絵 1-13 参照

涅槃図は、『大般涅槃経』（『マハー・パリニッバーナ・スッタンタ』）に説かれた釈尊の入滅に基づいて描かれている。中央にある沙羅双樹の下で、金色に輝く釈尊が左手を伸ばし、頭北面西右脇にして身を横たえている。沙羅双樹の間から見える波は跋提河（ばっだいが）で、空には満月が輝いている。釈尊入滅は2月15日であったから満月が描かれている。沙羅双樹は、常緑樹であるが、釈尊の臨終に際して、葉も白く変色したという。『平家物語』に、「沙羅双樹の花の色、盛者必衰（しょうじゃひっすい）の理（ことわり）をあらわす」と書かれているように、いのちのはかなさと悲しみを沙羅双樹は物語っている。

また、画面右上部には、雲に乗ってこの釈尊の涅槃の場面に訪れる一団が描かれている。3人の天女に付き添われる摩耶（まや）夫人である。摩耶夫人は釈尊の生母で、釈尊を出産して7日後になくなり、釈尊の死を聞いて、忉利天（とうりてん）からかけつけた。摩耶夫人を先導しているのは、釈尊の十大弟子の一人、阿那律尊者（あなりつそんじゃ）（アヌルダ、またはアヌルッダ）である。

横たわる釈尊の上段には、諸菩薩が釈尊の涅槃を見守っている。菩薩は、諸行無常の理をさとり、死を超えた真実の法（真理・規範）を体得し、悲しまずに静かに見守っている。仏弟子たちは、釈尊のまわりでその死を悲嘆し、声を上げて泣くもの、肩を落としてうなだれるものもある。釈尊の寝台（宝台）の前で、手を投げ出して倒れているのは、阿難尊者である。釈尊のそばで仕えていた阿難尊者は、釈尊の死をあまりに悲しみ、気を失ってしまった。釈尊の寝台（宝台）の足元で、釈尊の足をさすっているのは、須跋陀羅（スバッダ）である。『大般涅槃経』第26によると、年老いた須跋陀羅が、釈尊の説法を聞こうとして待っていたところ、釈尊は最後の力をふりしぼって、須跋陀羅に八正道の教えを説き、彼はそれを聞いて深く喜んだ。釈尊の死に際して、釈尊の45年にわたる伝道の苦労を偲び、釈尊の足をさすったと伝えられている。

釈尊の脇や足元では、梵天や帝釈天や阿修羅という須弥山にすむ神々をはじめ、仏弟子や動物までもが悲嘆の表情をあらわにしている。たくさんの種類の動物が描かれているのは、仏画の中で涅槃図だけに見られる特徴である。涅槃図に描かれる動物の種類は、時代を経るごとに増えていった。人間だけでなく、神々や動物など、生きとし生けるものが釈尊の死を悲しみ、死別を縁として、釈尊から聞いた真実の道を受け継いでいこうとする願いが込められている。（鍋島）

平成時代　縦 131.5cm　横 79.5cm
龍谷大学 人間・科学・宗教オープン・リサーチ・センター蔵
Heisei Era h. 131.5cm, w. 79.5cm,
Center for Humanities, Science and Religion, Ryukoku University

〈関連作品〉

日本では、高野山金剛峰寺所蔵の仏涅槃図（国宝、絹本著色、267.6cm×271.2cm、平安時代、応徳3年（1086）の墨書銘があり、多くの涅槃図の中で現存最古の作である。）東京国立博物館所蔵の仏涅槃図（重要文化財、絹本著色、155cm×202.8cm、12世紀、平安時代）、京都・正暦寺所蔵の仏涅槃図（絹本著色、121.8cm×120.6cm、14世紀、鎌倉時代）、奈良国立博物館所蔵の仏涅槃図（重要文化財、：絹本著色、陸信忠筆、一幅、金泥、157.1cm×82.9cm、南宋時代、13世紀、愛知・宝寿院旧蔵）、福井・剣神社所蔵の八相涅槃図（重要文化財、絹本著色、210.3cm×282.1cm、13世紀、鎌倉時代）、広島・浄土寺所蔵の八相涅槃図（重要文化財、絹本著色、174.5cm×133.4cm、1274年、鎌倉時代、文永11年[1274]）、広島・耕三寺所蔵の八相涅槃図（重要文化財、絹本著色、152.4cm×140.7cm、13世紀、鎌倉時代）、岡山・自性院・安養院所蔵の八相涅槃図（重要文化財、絹本著色、174.cm×164.8cm、13世紀、鎌倉時代）、本法寺所蔵の長谷川等伯筆による仏涅槃図（重要文化財、一幅、792.8cm×521.7cm、紙本着色　慶長4年（1599）、江戸時代）などがある。

14. 十三仏雲中図　木版彩色画

Painting of Thirteen Buddhas and Bodhisattvas

十三仏とは、死者の追善供養のために、初七日から始まる七七日（四十九日）、百ヶ日、一周忌、三回忌、七回忌、十三回忌、三十三回忌の十三仏事にそれぞれわりあてられた仏、菩薩をいう。掛け軸、塔婆(卒塔婆に同じ。墓)、版画、石仏、十三仏真言、十三仏巡りといった様々な形で信仰され、板碑や石仏として現在に遺っているものも数多くある。

十三仏思想は、中国の唐末（10世紀）の頃、道教との融合のもとに起こった十王思想から発展、成立したものといわれ、その成立は鎌倉末期から室町時代とされる。十王とは、冥界にて死者の生前の罪業を裁く王をいい、日本ではこの十王を受け入れていく過程で十仏が出来上がり、中世以降に三仏事が加わったことで十三仏思想が成立した。新たに加わった三仏事の仏と菩薩は、阿閦如来、大日如来、虚空蔵菩薩である。十三仏思想が成立した時代は、日本社会の変革期であり、同時に平安時代の浄土教の僧、源信和尚がその著『往生要集』で説き示したような地獄の思想が高まっていた。十王を供養することで死後の裁きが軽減されるという考え方が広く民衆に浸透していたと考えられ、こうした民衆の死生観が十三仏思想成立の背景にあると思われる。

この江戸時代に盛んになった木版彩色画は、庶民によって、仏画が身近に用いられるようになったことを示している。現代においても、真言宗、天台宗などの仏事で大切に用いられる仏画である。浄土真宗では、法事を、死者への追善供養として執り行うのではなく、長い年月のなかで、亡き人を偲び、仏徳を称える法事として行っている。

口絵 1−14 参照

十三仏とは、仏画の最下段右から順に（その上段左から、その上は右からと波線状に上がって)、不動明王、釈迦如来、文殊菩薩、普賢菩薩、地蔵菩薩、弥勒菩薩、観音菩薩、勢至菩薩、阿弥陀如来、阿閦如来、薬師如来、大日如来、虚空蔵菩薩である。(岡崎)

江戸時代初期　龍谷大学大宮図書館蔵（024・301_18_22）
Woodcut, Coloring Print, Early Edo Era, Ryukoku University Omiya Library

15. 国宝 六道絵「人道不浄相図」九相図（完全復元版）

Rokudo-e, Paintings of the Six Realms of Transmigration, Kusō-zu (Picture of the Nine Aspects after One's Death), Precise Reproduction, Japanese National Treasure

□絵 1-15 参照

この「六道絵」（鎌倉中期成立）は、恵心僧都源信（942-1017、浄土真宗では七高僧の第六祖にあたる）の著である『往生要集』の中の、六道（天上道、人間道、修羅道、畜生道、餓鬼道、地獄道）に関わる記述部分を絵画化したものである。また聖衆来迎寺の寺伝によるとこの九相図は、円融天皇の御代、源信に命じて巨勢金岡に『往生要集』を絵画化せしめたものであると言われている。

九相（想）図とは、野に捨てられた死体が徐々に腐敗し、白骨となって朽ち果てていくという姿を写実的に九段階に描く絵画である。この絵画の目的は、出家者が修行の妨げとなる、他者への性欲や自分の肉体を美しく見せたいなどの執着を除くためのもので、肉体というものは我々が執着すべき対象ではなく、不浄なものであるということを知るためのものである。そして九つの段階で、死体が腐敗し骨となって朽ち果てていく様相を、観想することを九相（想）観と言い、インドの龍樹菩薩（150-250 頃、浄土真宗では七高僧の第一祖にあたる）の著とされる『大智度論』、また中国の天台大師智顗（538-597）の『摩訶止観』等、多くの仏教論書等に説かれている。

日本での九相図の歴史は、奈良時代の伝来まで遡ることが出来、以降特に平安時代より江戸時代にかけて描かれた。特に江戸時代には、版本としても民衆にも広く流布した。

なお日本の九相図は、出家をしている男性僧侶の性的煩悩を抑制するために描かれたものであると考えられ、主に美しい女性の死体を題材としている。そしてそのモデルにも、小野小町（生没年未詳、平安前期の歌人）や檀林皇后（786-850、嵯峨天皇皇后の橘嘉智子）の名前が伝えられている。以下に九相のそれぞれの説明を挙げる。

1. 新死相…亡くなったばかりの死体
2. 脹相…死体が腐敗によるガスのため内部から膨張する
3. 壊相…死体の腐乱が進み皮膚が破れ壊れはじめる
4. 血塗相…死体の腐敗による損壊がさらに進み、溶解した脂肪・血液体液が体外に滲みだす
5. 膿爛相…死体が腐敗により溶解する
6. 青瘀相…死体が青黒くなる
7. 噉相…死体に虫がわき、鳥獣に食い荒らされる
8. 散相…以上の結果、死体の部位が散乱する
9. 骨相…血肉や皮脂がなくなり骨だけになる

（釋氏）

絹本著色　鎌倉時代　13 世紀後半　縦 152cm　横 67cm
原本　聖衆来迎寺蔵　奈良国立博物館寄託
Painting in a silk screen, Kamakura Era, the latter half of 13 century, h. 152cm w. 67
Shojuraikouji temple, Nara National Museum

16. 一休骸骨（いっきゅうがいこつ）

Ikkyū Gaikotsu (Ikkyū's Skeletons)

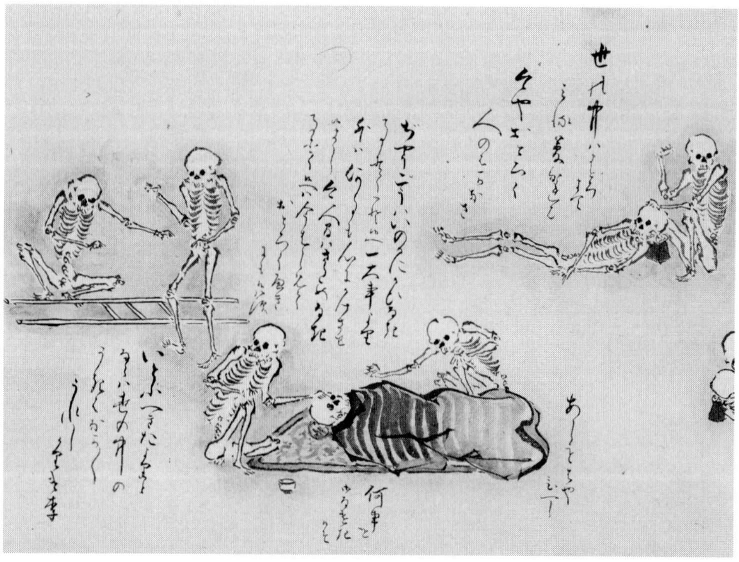

全体図は口絵 1-16～観音開き中側右ページまで参照

一休宗純（1394～1481）には『一休骸骨』（康正３年（1457））と呼ばれる仮名法語が遺されている。この書は、『仏鬼軍』と共に一休の手による絵入り法語の双璧である。仮名草紙にかたどり、平易な文章や歌によって、人々の日常生活を骸骨の姿で書き表して、挿入し、この世界の無常なる姿を知らせ、真実を求めて生きることを教えたものである。

「いずれの時か夢のうちにあらざる、いずれの人か骸骨にあらざるべし」『一休骸骨』

意訳　人生はつねに夢まぼろしのようなものである。いかなるひとも、服を脱ぎ、ひと皮むけば、骸骨でないものはない。

「道心をおこす人は寺に入りしが、今はみな寺をいづるなり」『一休骸骨』

意訳　かつて、真実の道を求める心をおこす人はお寺に入ったが、今の世は皆、寺から出て行ってしまう。

このように一休は述べて、人々に反省を求め、迷いを超えた真理の法を学ぶべきことを勧めている。また、一休には、次のような有名な歌がある。

「門松は 冥土の旅の一里塚 めでたくもあり めでたくもなし」『狂雲集』

一休はお正月に、頭蓋骨を杖にふりかざして街中を歩き、人のいのちのはかなさを説いたといわれている。人生の無常さに気づかず、夢によって浮かれていてはいけないというのであろう。これに関連して、源信和尚の『往生要集』人道にも、人間の無常さ、苦しみ、不浄さを喩えたものがある。だからこそ、仏法の宝の山に学ぶものは、手を虚しくして帰ってはならないと、源信和尚は教えた。一休もまた、骸骨の姿で人々を描くことによって、移ろいやすい世の中に流されているわが身をふりかえり、自らの人生の意味を考えよと呼びかけているように感じられる。

中世末期の14世紀から15世紀に、ヨーロッパにおいても、「死の舞踏（Dance of Death）」と呼ばれる骸骨画が、版画などに描かれ、葬儀に行われる聖堂や墓地に飾られた。その骸骨画が流行した背景には、ペストが流行して数多くの人々が亡くなった悲劇があるといわれる。日本の『一休骸骨』とヨーロッパの「死の舞踏」とは共通するものがある。死を思い起こすことを通して、人は大切な何かに気づくのであろう。

仙童書写筆１巻紙本　墨書　墨画　著色　原文　一休宗純作 室町時代　康正３年（1457）
巻物　江戸時代後期　弘化４年（1847）刊　縦 22cm　長 775cm
龍谷大学大宮図書館蔵（023・1_512）
This original essay and poems were written by Sojun Ikkyū in 1457, Muromachi Era.
This scroll with pictures are painted and copied by Sendo, in 1847, Edo era.
h. 22cm, w. 775cm, Ryukoku University Omiya Library

この『一休骸骨』（弘化４年刊（1847））は、色彩豊かで、８メートルに近い巻物であり、滑稽味や娯楽性もあわせもっているところに魅力がある。大衆に世間の無常を感じさせて、求道心を呼び起こそうとしたものであろう。（鍋島）

〈関連作品〉

『仏書解説大辞典』（大東出版社）の大久保堅瑞の解説によると、挿入の骸骨の種々なる姿は、室町時代の刻本が最も原型の面影を伝え、延宝３年、元禄５年、文化２年本に及び、漸次、草紙類の挿入絵に近似しているという。元禄５年(1692）刊（龍谷大学)、文化２年(1805)刊（駒澤大学)、大正 13 年(1924)刊(駒澤大学)、文政８年(1825)刊(大正大学)、弘化４年(1847)刊(龍谷大学）などがある。

音、眼に遮る物は、桂月の枕に
残る。抑何れの時か夢の中に
あらざる。何れの人か骸骨にあらざるべし。
それを五色の皮に包みて、もて扱ふ
程こそ、男女の色もあれ、息絶え、身
の皮破れぬれば、その色も無し。上下の
姿も分ず、只今かしづき、もてあそぶ
皮の下に、この骸骨を包みて持ちたり
と思ひて、このねんをよくよくこうしんすべし。

何事に、あら恐ろしの、人の気色や。

無き跡の
形見に石が
なるならば
五輪のたつに
茶臼きれかし

曇り無きひとつの
月を持ちながら
憂世の闇に
迷ひぬるかな

誠に、さぞ思し
召し候らん。息絶え、身の皮破れぬれば、
人毎に、かやうに候。御身も、いか程も
ながらへさせ

給ふべきかは。はかなく候。

ひゃうらく、ひゃうらく。

たんと、たんと。

君が代の久しかるべき
ためしには
かねてぞ
植へし
住吉の松

ことの外、
酔ひ申べし。

我有りと思ふ心を捨てよただ
身のうき雲の風にまかせて
こなたへ寄らせ給へ。いつまでも、
同じ歳までながらへたくこそ候へ。
誠に、さぞ思召候らん。
最も同じ心にてこそ候へ。

世の中はまどろまで
みる夢なれば
みてや驚く
人のはかなさ

定業は、祈る甲斐なき
事にて候へ。一大事より
外は、何事も心にかけさせ
まじく候。人間は定無き
事にて候へば、今始めて
驚くべき
にも候はず。

あしも早や候べし。

何事も御嘆き候ぞ。

厭ふべきたよりと
ならば世の中の
憂きは中々
うれしかりけり

急ぎ急ぎ、御乗せ候へ。

何と只仮なる色を飾るらむ
かかるべしとはかねて知らずや

本の身は
本の所に帰るべし
いらぬ仏を
尋ねばしすな

『一休骸骨』全文

一休宗純　作（一四五七）
仙童　墨絵著色（一八四七）

九年まて
　させんするこそ
地獄なれ
　こくうのつちとなれる
　　その身を

趣意
達磨大師のように、九年間も壁に向ってただ座禅するこそ地獄なれ、やがては虚空の土となっていくその身であるのに。

一休骸骨

薄墨に書く、章の中にこそ、万法共に見ゆるなるべし。夫れ初心の時、坐禅を専になすべし。諸国土に生来るもの、一度空しくならず、と云ふ事無し。夫れ我が身も未也。天地、国土、本来の面目も未也。皆な是れ、虚空より来る也。形無き故に、則ち是れを仏とは、云ふなり。仏心とも、心仏とも、法心とも、仏祖とも、神とも、諸の名は、皆な是れ、此方より、名付也。

かやうの事を知らずんば、忽ち地獄には入るなり。又、善き人の示しによりて、二度帰らざるは、冥土隔生の別れ、親しきも、疎きも、流転三界は、いよいよ物憂く心ざして、故郷を足に任せて浮かれ出で、何処を指すとも無く行く程に、知らぬ野原に入りかかり、袖も絞る藤衣、日も夕暮れなりぬれば、暫し仮寝の草枕、結ぶたよりも無きままに、あなたこなたを見回せば、道より遙かに引入りて、山本近く、三昧原と思しくて、墓共、其数あまた有る中に、殊の外にあはれなる骸骨、堂の後ろより立出て曰く、

世の中に秋風たちぬ花薄
　招かば往かん野へも山へも
いかにせん身を墨染めの袖ならん
　空しく過ごす人の心を

一切の物、一度空しくならずと云ふ事、有るべからず。空しくなるを、本分の所へ帰るとは云ふなり。壁に向ひて坐するとき、縁によりて起こる念、皆な真にあらず。人の心を知らん故也。

かやうの心を知る人や有るとて、仏堂に立寄りて、一夜を送るに、常よりも心細くして、うち寝る事無かりける。暁方になりて、少しまどろみたりし夢の中に、堂の後ろへ立出れば、骸骨多く群れ居て、其振るまひ、各同じからず。只世にある人の如し。「あな不思議の事や」と思ひて見る程に、或る骸骨、近く歩み寄りて曰く、

思ひ出の有るにもあらず過行けば
　夢とこそなれあぢきなの身や
仏法を神や仏に別なば
　真の道にいかが入べき

さて、親しみ寄りて慣れ遊ぶに、日頃我人隔てける心も失せ果てて、しかも常に相伴ひける骸骨、世捨て、法を求むる心有りて、あまたの別を尋ね、浅きより深きに入て、我心の源を明らむるに、耳に満てる物は松風の

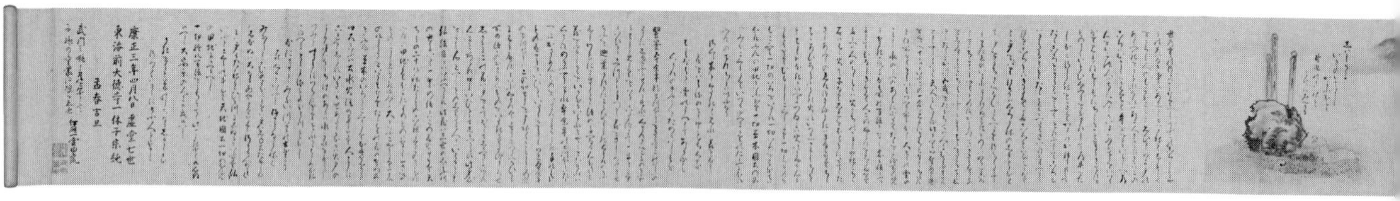

しなみ、座敷を飾り、我慢多くして、只衣を着たるを、明聞にして、衣は着たるとも、只取替へたる在家なるべし。袈裟・衣は着たるとも、衣は縄となりて身を縛り、袈裟は黒鉄の笞となりて身を打ち苛む、と見へたり。つらつら生死輪廻の謂はれを尋るに、物の命を殺しては地獄に入、物を吝みては餓鬼となり、物を知らずしては畜生となり、腹を立ては修羅道に堕つ。五戒を持ては人に生れ、十善を成じては天人に生る。この上に四聖有り。これを加え、十界と云ふ。この一念を見るに、形も無し、中間も、住所無く、嫌い捨つべき所も無し。大空の雲の如し。水の上の泡に似たり。只起こる所の念も無きが故に為す所の万法も無し。念と法と一つにして、空しき也も人、この不審を知らぬなり。譬へば、人の父母は、火打ちの如し。金は父、石は母、火は子なり。これは火糞に立て、薪油の縁尽くる時は消ゆるなり。父母相遊ぶ時、火の出るが如し。父母も始無き故に、終には、火の消ゆる心に失するなり。空しく虚空より、一切のものを育み、一切の色をいだす。一切の色をはなてば、本分の田地とは云ふなり。一切草木国土の色は、皆な虚空より出る故に、仮の譬へに、本分の田地とは云ふなり。

桜木を砕きて見れば花も無し
　花をば春の空ぞ持来る
端無くて雲の上まで上るとも
　瞿曇の経を頼みばしすな

瞿曇五十余年の説法を聞て、この教へのままに修行せんとすれば、瞿曇最後にの給ふやう、「始より終に至るまで、一字も説かず」と言ひて、却而手づから花をさしあげさせ給ふを、迦葉微かに笑ひし時、瞿曇の給ふやう、「我に正しき法の妙なる心あり」とて、花を許しけるを、「いかなる謂れぞや」と問ひければ、瞿曇、の給ふやう、「我、五十余年の説法は、譬へば幼い者を抱かんとする時、手の中に者有ることを言ひて、抱くが如し。我五十余年の説法は、此迦葉を招くが如し。この故に、方便と云ふ」。瞿曇、今迦葉に伝へ給ひし所の法、彼の幼い者を抱き取りたる所なり。しかるに、この花は、身をもてなして知るべきにも非、心にもあらず、口に言ひても知るべからず。此身心を善く心得べし。物知りたる人とは言はるとも、仏法者とは言ふべからず。この花は、三世の諸仏の世に出、一乗の法とは、この花の事也。
天竺の二十八祖、東土の六祖よりこのかた、本分の田地より外に余の物は無し。
一切のもの、始無き故に、大と云ふ。虚空より一切の八色を出すなり。只春の花の、夏秋冬、草木の色も、虚空より為す也。又、四大と云ふは、土水火風の事なり。人毎に是を知らず。息は風、温かなるは火、身の潤ひて血気の有るは水、これを焼きも埋みもすれば土になり、それも始無きが故に、住まる物一つも無し。

何事も皆な偽りの世なりけり
　死ぬると云ふも真ならねば

皆な皆な迷ひの眼よりは、身は死ねども、魂は死なぬは、大なる誤りなり。悟る人の言葉には、身も種も一つに死ぬると云ふ也。仏と云ふも、虚空の事なり。天地国土一切の、本分の田地に帰るべし。
一切経八万法を打捨て、此一巻にて御心得候べし。大安楽の人に御成候べし。

書き置くも夢の中なるしるしかな
　醒めては更に問ふ人も無し

康正三年四月八日　虚堂七世
東海前大徳寺一休子宗純

孟春吉丹

誰も皆な
生るも知らず
棲無し
帰らば本の土に
なるべし

分け登る麓の道は
多けれど同じ高嶺の
月をこそ見れ

行末に宿を
そことも定めねば
踏み迷ふべき道も
無きかな

始無く終も
無き我心生れ
死すると思ふ
べからず

まかすれば思ひも
絶ぬ心かなをさへて
世をば捨つ
べかりけり

雨霰雪や氷と
隔つれど解くれば同じ
谷川の水

説きをける心の道は変るとも
同じ雲井の法をこそ見れ

埋め只道をば松の
にて人住む宿と
知らぬ斗に

はかなしや鳥部の山の山送り
送る人とてとまるべきかは

世を憂しと思ひ鳥部の
夕煙よその
あはれと
いつまでか見ん

はかなしや今朝
見し人の面影は
立つは煙の夕暮れの
空

あはれ見よ
鳥部の山の夕
煙それさえ
風にをくれ
先立つ

焼ば灰埋めば
土となるものを何か
残りて罪と
なるらん

三年まで
作りし
罪ももろともに
終には
我も
消え果てに
けり

しばしげに
息の一筋
通ふ程
野辺の屍も
よそに見えけり

世の中の定異なるべし。今日この比しも、か様のあへなき事のあるべしとは、かねて知らずして、驚く人のはかなさよ、と思ひて、我身のあるべきを問はれければ、有人申されけるは、此比は、昔に変りて、寺を出、古は道心を起こす人は寺に入りしが、今は皆寺を出るなり。見れば、坊主に知識も無く、坐禅を物憂く思ひ、工夫をなさずして、道具をた

二

仏教の宇宙観と死生観

仏教の宇宙観 — 須彌山世界の真意

鍋島直樹

はじめに

仏教の死生観は、果てしなくつづく仏教宇宙観に支えられている。自らの死を一度かぎりの私の死として捉えるだけでなく、先祖代々からのいのちの継承と展開、さらには、同じ世界に住む生き物や自然とのつながりのなかで受けとめる。仏教の死生観は、死を考えることを通して生きる意味を見つめ直し、自己と他者の心の絆の大切さや、自己と宇宙のつながりに気づかせるものであった。その意味で、仏教の死生観を、より深くより広い視点から理解するためには、仏教の宇宙観を知ることが一つの鍵となるだろう。そこでこの論では、仏教の宇宙観について、科学的に評価するのではなく、仏教の根本教理に照らしながら再吟味してみたいと思う。

二つの宇宙観

仏教徒は、この広い宇宙を、およそ大きく二つの視座から見つめてきた。一つは、さとりの真理として見出された、縁起的な宇宙観である。もう一つは、さとりの視座からこの自分たちの住む世界をふりかえって洞察した、流転輪廻の宇宙観である。しかし両者は、別々の宇宙観として説かれたのではない。流転輪廻の宇宙観は、この人間世界が無常と不浄と苦しみをくりかえし、安らぐことのないことに気づかせるものであり、だからこそ、その迷いの境涯にとどまらず、輪廻の苦悩を超えて生きることを指し示している。そして、その迷いを超えた真実の宇宙観が、縁起的な宇宙観であるといってよいのではないだろうか。縁起のさとりの視座は、『華厳経』の蓮華蔵世界や浄土教の極楽浄土、密教の曼荼羅の世界としてさまざまに説かれてきた。それら仏の誓願に満ちた世界は、つねに苦しみ迷いつづけている現実世界を照らし護っている。浄土と穢土が互いに相反しながら、映しあっているように、縁起的な宇宙観と流転輪廻の宇宙観は、相互に照らしあっている。仏の大悲に、流転輪廻の世界に生きるものたちのすべての悲しみの情が包まれているといえるだろう。この世界に住むあらゆる生き物の深い悲しみがあるからこそ、それら一つひとつの悲しみを憐れみ、その苦しみを決して見捨てない浄土の慈悲が浸潤していくのだろう。

天動説から地動説へ転換した時代

須彌山説は、流転輪廻の宇宙観を立体的にあらわした天動説である。金輪際という大地の底から、須彌山が世界の中央に天空はるか彼方まで高くそびえたっている。その三界の地の果てから天の頂上までの間で、すべての存在はそれぞれ迷いながら生きているというものである。

世界に眼を転じると、ヨーロッパでは、17 世紀初めまでは天動説が主流であった。16 世紀中頃、コペルニクスが最晩年に『天体の回転について』（1543 年）という書を出版して、地動説を発表した。コペルニクスの没後に、ケプラーが地動説を支持し研究をつづけ、ガリレオ・ガリレイは、その地動説が決定的である論証を行い、太陽の黒点が動くことを観察して太陽が自転することなども発表した。しかし、ローマ教皇庁は、聖書に説かれた天動説を揺らぎないものして地動説を斥（しりぞ）け、1616年と、1633年の二度にわたって、ガリレオ・ガリレイを異端審問にかけて、地動説を唱えないように裁いた。それでも次第に、天文学者たちの間では、地動説が正しい真理として受け入れられていった。

一方、日本では、18世紀中ごろの江戸時代、八代将軍・徳川吉宗が、享保5（1720）年に、漢訳の洋書の禁を緩和するように命じ、その結果、コペルニクスの地動説が日本にも伝えられた。蘭学が盛んになり、なかでも、司馬江漢が銅版画で『天球図』（1796年）という星図を描き、西洋天文学を紹介したことは、それまでの須彌山説とは異なる地動説を強く印象づけるものとなった。西洋の地動説が日本に入り始めた18世紀中ごろ以降、天台宗の僧、圓通（えんつう）は、インド起源の須彌山宇宙説を正しいものとして、1815年に、『仏国暦象編』を著した。また、僧の圓通は、1813年に、『須彌山儀銘』と『縮象儀銘』を著し、須彌山説が正しいことを絵と解説で視覚的に表現した。圓通は、仏教天文説を立体的に表現した時計仕掛けの須彌山儀を初めて考案したのである。それとともに、インドを中心とする平面大地の一象限と日月との関係を示したのが、『縮象儀銘』である。圓通の仏教天文説はその弟子である環中禅機におよび孫弟子晃厳（こうごん）によって受け継がれた。そして、『須彌山儀』と『縮象儀』が、環中禅機と晃厳の依頼により、東芝の創設者でもある田中久重によって弘化4（1847）年着工、嘉永3（1850）年に完成したとされる。須彌山儀は、須彌山の周りを月や太陽、星が運行する立体的な装置であり、24の四季と十二支の時を刻む時計である。さらに、熊本出身の僧、佐田介石は、「視実両象の理」に基づく「視実等象説」を唱えて、これもまた田中久重に依頼して、天動地静説による「視実等象儀」という器機を製造した。こうして、日本でも、19世紀初めから幕末にかけて、僧侶らが地動説に反論し、天動説である須彌山宇宙の意義を明示しようと努力した。しかし、明治時代に入って、政府は、これら須彌山説を科学的に立証しようとする動きを鎮静化し、明治9（1876）年に議論は終息に向かった。

天動説としての須彌山世界は、地動説が証明された近代以降において、科学的合理性をもたない。しかし、本来、想像力と思索力をはたらかせて表現した須彌山説には、この世界を達観して、人々を真実の安らぎに導くという宗教的な意味が込められている。

この論では、はじめに、仏教のさとりの真理として見出された縁起的宇宙観を明らかにし、次に、三界と呼ばれる、須彌山説の宇宙観に新しい光をあてて、その真意に迫りたい。

一　仏教の理想 ― 縁起的宇宙観

仏教の宇宙観は、自然と人とは対立するものではなく、相互に関係し依存しあっているという縁起の世界観である。それは、外界の自然を唯の物質としてみなす宇宙観とは異なっている。縁起の世界観は、人間個人の利益よりもむしろ、あらゆる命全体の関係性とその調和的な共生を重視する。世界と自己とは分離されたものではなくて、本来一つであるものを分かちあったものである。自己は時間的にも空間的にも、周囲とつながっているのであり、そのつながりは無限である。自己と同じ存在が宇宙にいないように、一つの存在は他と区別される点で、特殊である。しかし同時に、個人は周囲とつながっていて、周囲のさまざまな力に支えられて個人が生存している。その意味で、一つの存在は普遍的なつながりのなかに生かされている。

このような縁起観について、『仏教聖典』にはこう説かれている。

「網の目が、互いにつながりあって網を作っているように、すべてのものは、つながりあってできている。一つの網の目がそれだけで網の目であると考えるならば、大きな誤りである。網の目は、ほかの網の目とかかわりあって、一つの網の目といわれる。網の目は、それぞれ、ほかの網が成り立つためにて役立っている。」（『和英対照　仏教聖典』83 頁、仏教伝道協会）

華厳教学には、因陀羅網、「インドラの網」という考え方がある。世界は網の目のようなネットワークになっていて、その結び目の一つひとつに水晶のような宝珠があり、それが互いに相手を映している。ちょうどそのように人間も宝の珠のように存在し、人間一人ひとりが世界を結ぶ網の目に位置していて、互いに照らし合っている。これを因陀羅網という。この華厳教学では、一つひとつの存在が、相互に呼応して融けあって世界を形成していることを、一即多、多即一と表現する。そして、華厳教学において「事事無碍」の思想が説かれている。それは、現象界の一切の事象は、個々一つひとつが相互に融けあって、互いにさまたげることがないことを意味している。宮沢賢治の『インドラの網』は、あらゆるものが相互に照らしあい、輝きあって一つの宇宙をなしている世界観を描いた作品である。

浄土経典においては、次のように説かれている。

「善く無畏の網を学して、あきらかに幻化の法を了す。魔の網を壊裂し、もろもろの纏縛を解く」（『無量寿経』、大正蔵 12 巻 266b、浄土真宗聖典註釈版 6 頁）

「善く因陀羅網を学し、能く魔網を破し」（『無量寿如来会』、大正蔵 11 巻 92a）

何ものも畏れることのない縁起の宝網を学ぶならば、すべての事物が因縁によって生起したものであり、そのものに固有の本性はないことを知る。そして、あらゆるものは夢幻のごときものであるという幻化の法を了解すれば、魔の網を破り、束縛から解放されるというのである。すなわち、あらゆるものが支え支えられているという縁起の宇宙観に気づくことによって、魔の網、煩悩のしがらみから自由になれるという意である。

このように、あらゆるいのちは、異なっていて、一つであり、互いに関係しあっている。そのため、縁起は怨敵と味方という対立を破って、自他のとらわれのないつながりを尊重したのである。

二　仏教の宇宙観 ― 須彌山の世界

仏教の死生観の背景には、この世界を深く内省した仏教の宇宙観が広がっている。

仏教の「生死」の意義は、人間をはじめとするすべての生き物が、須彌山宇宙において、曠劫より輪廻し、迷い・苦しみを繰り返しているという反省を促した。しかも、生死輪廻のまなざしは、あらゆるいのちが時空を超えて相互に関係しあっている一体感も育んでいる。たとえば、奈良時代の行基（668–749）の歌に、

「ほろほろと　鳴く山鳥の声きかば　父かとぞ思う　母かとぞ思う」(『玉葉和歌集』)

という有名な歌がある。山に住む鳥の声を聞くと、いまは亡き父や母が、鳥となって、息子の私を心配して呼びかけてくれているかのように、行基は受けとめているのである。

また、親鸞（1173–1262）の言葉として伝えられているものに、

「一切の有情はみなもって世々生々の父母兄弟なり。いづれもいづれも、この順次生に仏に成りてたすけ候べきなり。」(『歎異抄』第５章、浄土真宗聖典註釈版834頁)

というものがある。命あるものはすべてみな、これまで何度となく生まれ変わり死に変わりしてきたなかで、父母であり兄弟・姉妹であった。この世の命を終え、浄土に往生してただちに仏となり、どの人をもみな救わなければならない、という意である。このように仏教の生死観は、生きとし生けるものが生まれ変わり死に変わりしながら親や家族であるという一体感を生み出していることがわかる。その意味で、仏教の死生観は、生死輪廻の思想に基づく宇宙観と深く関わっている。

宇宙の「宇」は、空間を、「宙」は、時間を意味する。

〈宇〉

５世紀に世親（Vasbandhu）が著した『倶舎論』に、代表的な仏教の宇宙観が説かれている。

まず、仏教の宇宙空間論では、虚空に巨大な風輪がうかび、厚さは160万由旬(ヨージャナ。１ヨージャナは約７キロ。牛車の１日の旅程とされる)、周囲は10の59乗ある。風輪の上に水輪が、水輪の上に金輪がのっている。「金輪際」という副詞は、この大地の最も深い底、際を示す「金輪」に由来する言葉である。金輪の上に水の層があり、大海の中心に、須彌山（Sumeru mountain）がそびえ、その高さは８万由旬あって、その周りを日月がめぐり、九山八海が取り巻いている。須彌山とは、「妙高山」という意味である。須彌山の下半分に相当する８万由旬は、水中に没し、須彌山の頂上には、帝釈天の宮殿があり、帝釈天を筆頭とする33天（忉利天）が住んでいる。須彌山の中腹には、四天王の住居がある。須彌山の下方には、七金山と八大海がめぐり、その外側に、四大洲と呼ばれる、四つの大陸がある。

四つの大陸とは、半円形の東勝身洲、逆台形の南贍部洲、円形の西牛貨洲、正方形の北倶盧洲である。私たちの住む南贍部洲は、閻浮提とも呼ばれ、天人から地獄の世界まですべて迷いの世界である。

南贍部洲

閻浮提。Jambūdvīpa　須彌山の南に位置する。その洲の南は狭く北は広い。逆台形をしていて、人面もまたそのような形である。この世界に閻浮提という大樹がある。世界の色は「天琉璃」(『長阿含経』巻18の世記経、閻浮提洲品)「天青琉璃」(『起世経』) とあるように、天が瑠璃色であるので、その光に照らされて大地も海も

瑠璃色である。閻浮提は人間の住む世界であり、地獄・餓鬼・畜生・人間・阿修羅・天人の六道を輪廻する迷いの世界である。しかし閻浮提は仏が出現した世界である。その閻浮提の姿について、『長阿含経』世記経と『起世経』にこう説かれている。

> 須彌山南有天下。名閻浮提。其土南狭北広縦広七千由旬。人面亦爾像此地形。(『長阿含経』世記経、大正蔵 1 巻 115b)

> 南面有洲。名閻浮提。其地縦広。七千由旬。北闊南狭。如婆羅門車。其中人面。還似地形。……中略……南面天青琉璃所成。照閻浮提洲。……中略……此閻浮洲。有一大樹。名曰閻浮。其本縦広。亦七由旬。乃至枝葉垂覆。五十由旬。於此樹下。有閻浮那檀金聚。(『起世経』大正蔵 1 巻 311c)

この閻浮提の洲が他の三つの洲よりも勝れている点については、『長阿含経』世記経、忉利天品によれば、次の通り説かれている。

> 閻浮提有三事勝欝単日。何等為三。一者勇猛強記能造業行。者勇猛強記能修梵行。三者勇猛強記仏出其土。以此三事勝欝単日。(大正蔵 1 巻 135c)

すなわち、閻浮提は、そこに住む人々が勇猛で記憶力がよく、日々の仕事をする能力にたけ、清浄な修行を修め、その世界に仏が出世するという。

また、閻浮提だけにある特質について、『俱舎論』巻 11 にはこう説かれている。

> 南贍部洲北広南陋。三辺量等。……中略……唯此洲中有金剛座。上窮地際下據金輪。一切菩薩将登正覚。皆坐此座上起金剛喩定。以無余依及余處所有堅固力能持此故。(大正蔵 29 巻 58a)

すなわち、四洲のうち閻浮提の世界にのみ金剛座があり、すべての菩薩が正覚をめざす時には、この金剛座に座って禅定してさとりに至ると説いている。したがって、釈尊がこの世界に仏と成って真実の法を説いたように、この閻浮提、贍部洲にのみ、諸仏が出現するところが、この世界の特質である。

さらに、『大方等大集経』によれば、四つの天下のなかで、南の閻浮提がもっとも勝れている。なぜなら閻浮提の人は勇健で智慧があり、清浄な修行を積み、仏がこの世界に生まれ仏に会うことができるからである(『教行証文類』化身土巻、浄土真宗聖典註釈版 439 頁)。すなわち、仏にこの世界に出現し、仏法を聞くことができる点で閻浮提が最も優れている。また、諸天が閻浮提を初め、四洲すべての衆生を護ると説かれている(『教行証文類』化身土巻、註釈版聖典 437-439 頁)

東勝身洲（とうしょうしんしゅう）

弗于逮（ふつうたい）、弗婆提（ほつばだい）、毘提訶（びだいか）。Prūva-videha　須彌山の東に位置する。半月形。または、満月形。白銀色の世界。人々の身長は高く、勝れた身体をしている。

『立世阿毘曇論』巻二の四天下品（真諦訳）によれば、

> 東弗毘提大。広二千三百三十三由旬。又一由旬三分之一。周迴七千由旬。地形団円。猶如満月。多有諸山。唯有一江。是山中間。安置諸国。人民富楽。無有賊盜。悉多賢善。充満其国。一切諸山。並是金宝。耕梨鍬斧及諸器物。並是真金。(大正

蔵 32 巻 180a）

と説かれている。すなわち、東の勝身洲は大きくひろくて、満月の地形をしていて、山が多く一つの川があり、その山の中間に諸国があり、人々の生活は富み安楽で、盗むような賊がなく、善が満ちている。すべての山々が金でできていて、耕作をする農具や器もすべて金でできている。細かなことであるが、大地の形状については、経論によって異なる。玄奘訳『倶舎論』巻 11 には、

> 東勝身洲東陜西広。三辺量等。形如半月。……西牛貨洲円如満月。（大正蔵 29 巻 58a）

と記されている。『倶舎論』では、東勝身洲の形状が半月であり、西牛貨洲の形状が満月であるとし、『大毘婆沙論』巻 172、『順正理論』巻 31 でも、その説をとっている。この点は、『長阿含経』世記経、『起世経』、『大楼炭経』において、東勝身洲の形状が満月であり、西牛貨洲の形状が半月であるのと対照的である。『立世阿毘曇論』においては、東勝身洲も西牛貨洲も「団円」状であると説かれている。

重要なことは、その東勝身洲の人々の特徴である。『長阿含経』巻 20 の世記経の忉利天品によれば、閻浮提が弗于逮に勝れているところと劣っているところについて 3 点ずつあげている。

> 閻浮提有三事勝弗于逮。何等為三。一者勇猛強記能造業行。二者勇猛強記能修梵行。三者勇猛強記仏出其土。以此三事勝弗于逮。弗于逮有三事勝閻浮提。何等為三。一者其土極広。二者其土極大。三者其土極妙。以此三事勝閻浮提。（大正蔵 1 巻 135b）

すなわち、閻浮提は弗于逮よりも三つの点ですぐれている。第一に、勇猛でしっかりした記憶力をもち、日々の業をなす力にたけ、第二に、勇猛であり、しっかりした記憶力があり、清浄な修行を行い、第三に、勇猛でしっかりした記憶力をもち、仏がその地に出現したことである。弗于逮が閻浮提よりもすぐれている点は三つある。第一に、その土地が極めて広く、第二に、その土地が極めて大きく、第三にその土地が極めて美しいことである。

西牛貨洲（さいごけしゅう）

倶耶尼（拘耶尼）、瞿陀尼（くだに）。Apara-godāniyo 須彌山の西に位置する。円形。玻璃水精色の世界。市場で交易を行うとき、貨幣の代わりに、牛を用いて交易しているので、この名称がつけられている。寿命は 500 歳とされる。

『立世阿毘曇論』巻 2 の四天下品によれば、

> 西瞿耶尼大。広二千三百三十三由旬。又一由旬三分之一。周廻七千由旬。地形団円無山有江。其江中間。立諸国土。人民富楽。無有賊盗。悉多賢善。填満其中。（大正蔵 32 巻 180a）

と説かれている。すなわち、西の牛貨洲は大きく、円い地形をしていて山はなく川があり、その川と川の間に人々の住む国土があり、人々の生活は富み楽しく、盗みがな

く、善が多く満ちている。

また『長阿含経』巻20の世記経の忉利天品によれば、閻浮提が拘耶尼に勝れているところと劣っているところについて三点ずつあげている。

閻浮提人有三事勝拘耶尼人。何等為三。一者勇猛強記能造業行。二者勇猛強記勤修梵行。三者勇猛強記仏出其土。以此三事勝拘耶尼。拘耶尼人有三事勝閻浮提。何等為三。一者多牛。二者多羊。三者多珠玉。以此三事勝閻浮提。(大正蔵1巻135b)

すなわち、閻浮提の人々は、拘耶尼の人よりも三つの点ですぐれている。第一に、勇猛でしっかりした記憶力をもち、日々の仕事をする能力にたけ、第二に、勇猛で、清浄な修行を修めていること、第三に、勇猛でしっかりした記憶力をもち、仏がその世界に出現したことである。拘耶尼の人々が閻浮提の人よりもすぐれている点が三つある。第一に、牛が多いこと、第二に、羊が多いこと、第三に、珠玉が多いことである。

北倶盧洲(ほくくるしゅう)

鬱単越(うったんおつ)。Uttara-kulu 須彌山の北に位置する。正方形。黄金色の世界。「形は方座のようで地盤は他の三洲よりも高い。『長阿含経』世記経では、「鬱単日」と記され、梵語ウッタラ・クル(Uttara-kuru)の音写語で表記され、uttaraは、「より良い」「北の」の意味をもつ。「鬱単日」の原意は、「北のクル族の国」「すばらしいクル族の国」という意味であるとされる(松村巧『世記経』鬱単日品解題、現代語訳『阿含経典』長阿含経第6巻、31頁)。『長阿含経』世記経の鬱単日品によると、美しい山々がたくさんあり、山々の傍(かたわ)らには多くの園観浴地、つまり、庭園や池がある。さまざまな花が生え、樹木は清涼で、花や果実が豊かに茂り、無数の鳥たちが相和して鳴いている。山々の中に川がたくさんあり、その水は広々と流れて、花々がその上を覆い、さらさらとゆっくり流れている。地面には、みずみずしい草が生え、右回りにまいていて、かぐわしい匂いがして、天女の羽衣のように柔らかい(大正蔵1巻118a)。地面は柔らかく、踏むと四寸へこみ、足を上げれば元にもどり、手のひらのように平らで段差がない。その世界の中心には、善見という池があり、澄みきっていて汚れがなく、七宝の堀をめぐらしている。池をめぐって四方には、七重の欄干、七重の羅網の飾り、七重の行樹の並木、無数の鳥たちが相和して鳴いている。そこから四方へ河が流れている(大正蔵1巻118b)。さらに、鬱単日では、あの阿耨達龍王(くだつりゅうおう)が清らかな雲を起こし、慈雨を降らせて、世界を潤わす。人々は容貌が等しく、閻浮提の20歳くらいのように若々しく、髪は紺色である(大正蔵1巻119a)。鬱単日の世界で人が亡くなると、屍は丁重に荘厳されて置かれ、美しい鳥がかの屍をつかんで他方に運んでいく。人々は死ぬと天に生まれる。もしも殺さず、盗まず、淫乱をせず、二枚舌を使ったり、悪言を吐いたり、嘘をついたり、言葉をかざったり、貪(むさぼ)りとったり、嫉妬したり、不正行為をしなかったならば、死んでからこの鬱単越に生まれ、千歳を寿命とする。すぐれたる鬱単日と呼ばれるのは、他の三つの天下に比べて上等でありとりわけ優れているからである。

『立世阿毘曇論』巻2の四天下品によると、

北欝単越国土若大。仏告比丘。北欝単越大。東際長二千由旬。西際二千由旬。南北亦爾。四周八千由旬。以金山城之所囲遶。黄金為地。昼夜常明。是欝単越地有四種徳。一者平等。二者寂静。三者淨潔。四者無刺。（大正蔵 32 巻 180b）

と説かれている。すなわち、金山城が囲繞し、黄金を大地となして、昼夜に明るい。この欝単越の世界には四つの徳があり、一つには平等、二つには寂静、三つには浄潔、四つには無刺であるとしている。わかりやすく言えば、この洲に住んでいる人々は誰とでも分け隔たりなく接し、物静かで、清らかな心を持ち、とげとげしさのない四つの功徳を有しているという。

また『長阿含経』巻 20 の世記経によれば、閻浮提が鬱単日に優れているところと劣っているところをそれぞれ三点ずつあげている。

閻浮提有三事勝欝単日。何等為三。一者勇猛強記能造業行。者勇猛強記能修梵行。三者勇猛強記仏出其土。以此三事勝欝単日。欝単日復有三事勝閻浮提。何等為三。一者無所繫屬。二者無有我。三者寿定千歳。以此三事勝閻浮提。（大正蔵 1 巻 135c）

すなわち、閻浮提では、人々が勇猛で記憶力がよく、日々の仕事をする能力にたけ、清浄な修行を修め、その世界に仏が出世するが、鬱単越はそれら三つの点において閻浮提に劣っている。その反面、鬱単越は、鎖でつながれている束縛がなく、我がものという執着もなく、寿命が千歳であるという三つの点において、閻浮提よりも優れている。そのように説かれている。したがって鬱単越の世界は、人々が自由で、我執がなく、物静かで、千歳の寿命をたもち、快楽も極まりない世界であるものの、そのため人々は確かな求道心をもって、仏法を求めることが少ないとあるといえよう。

注目すべきことは、自分たちの住む世界には苦しみの多いとしつつも、他の異国はすべて、心が清らかな人たちが住み、美しい自然の恵みに包まれているとしているところである。異世界を尊敬する視座がそこにある。この四つの島と大海の外輪にあるのが、鉄囲山である。

三界（さんがい）

私たち人間の住む島は、南贍部洲（閻浮提）であり、インド大陸の形状を反映している。この贍部洲（閻浮提）の地下には、地獄と餓鬼の世界があり、地表には、人間と畜生の世界がある。須彌山の中腹から頂上、その上空の諸天界には阿修羅や天人の神々が住んでいる。この地獄から天人の世界までが欲界であり、欲界の上に、色界がある。色界は、欲望を克服しながらも、物質的束縛を超越できないでいるものたちの世界である。そして色界の上には、無色界があり、そこにいたっては、欲望と物質（形）への執着を離れたものたちの住む世界である。このように須弥山の世界は、迷いの三界を総合した空間として示されている。三界とは、三有ともいい、欲界・色界・無色界の三つの世界で、衆生が生死流転する迷いの世界を三種に分類したものである。

『俱舎論』8、世間品には、「地獄と傍生と鬼と人とおよび六欲天とを欲界と名づく。二十あり。地獄と洲の異による。此の上に十七處あり。色界と名づく。中において三静慮に各三あり。第四静慮は八あり。無色界には處なし。生に由りて四種あり。同分および命に依って心等をして相続せしむ。」と説かれている。(大正蔵 29 巻 40c−41a)

(1) 欲界は、婬欲と食欲と有するものの世界であり、地獄・餓鬼・畜生・修羅・人間・天上の六道から成り、欲界の天を六欲天という。六欲天とは、四王天・忉利天・夜摩天・兜率天・楽変化天・他化自在天とする。欲界の衆生には婬欲と食欲との二欲がある。

(2) 色界は、欲界の二欲を離れたものの住む世界である。浄妙な物質(色)から成り、欲を離れた清らかな世界。四禅天といわれる。四禅天とは、初禅天・第二禅天・第三禅天・第四禅天の四種である。また、禅定の段階に応じて十七天が説かれる。

(3) 無色界。物質を超えた世界。純粋に精神的な要素のみからなる世界。四無色定(無色界における四段階の瞑想)を修めたものが生まれる天界。無色界を四つの領域に分けて、低い方から、空無辺処天、識無辺処天、無所有天、非想非非想天とされる。非想非非想天は、天界の最上部にあたり、有頂天ともいわれる。

この三界のうち、「迷いや苦しみが無限に連続する」という生死輪廻のメタファーとして説かれるのが、六道の世界である。六道とは、六つの迷いの道であり、衆生がそれぞれの行為によって趣くところを六種に分けて象徴的に説明するので、六趣とも呼ばれる。五道とは、五悪道・五趣ともいい、地獄・餓鬼・畜生・人・天をいう。親鸞は「六道」とも「五道」「五道生死」とも表記している。六つの迷いの世界とは、次の通りである。

六道

(1) 地獄。サンスクリット原語はナラカ、ニラヤ。ナラカの音写は那落迦・奈落、ニラヤの音写は泥夜・泥黎耶。三悪道・五趣・六道・十界の一。地下にある牢獄の意。苦しみのきわまった世界。罪悪業をなしたものが堕ち、種々の責め苦を受ける世界。経論によって種々に説かれるが、『瑜伽師地論』巻4によれば、地獄には八熱地獄・八寒地獄・孤独地獄の3種があるとされている。源信は『往生要集』において、八寒地獄があることを記しているが、詳しくは経論によって見るべきことを教え、八熱地獄、または八大地獄について詳細に説いている。

八大地獄とは、①等活②黒縄③衆合④叫喚⑤大叫喚⑥焦熱⑦大焦熱⑧無間地獄を指し、私たち人間の住む南瞻部洲の地下にある。その八熱地獄の場所と業因、なぜその地獄に堕ちるかについては次の通りである。等活地獄……地下一千由旬。殺生によって堕ちる。黒縄地獄……等活地獄の下。殺生と偸盗によって堕ちる。衆合地獄……黒縄地獄の下。殺生・偸盗・邪淫によって堕ちる。叫喚地獄……衆合地獄の下。殺生・偸盗・邪淫・飲酒によって堕ちる。大叫喚地獄……殺生・偸盗・邪淫・飲酒・妄語によって堕ちる。焦熱地獄……大叫喚地獄の下。殺生・偸盗・邪淫・飲酒・妄語・邪見によって堕ちる。大焦熱地獄…

…殺生・偸盗・邪淫・飲酒・妄語・邪見・浄らかな戒を保っている尼を犯したもの。無間地獄……大焦熱地獄の下にあり、頭を逆さにして暗闇を二千年堕ちたところ。五逆罪を造り、因果を撥無し、大乗を誹謗し、四重を犯し、虚しく信施を食らう者が堕ちる。

(2) 餓鬼。サンスクリット原語のプレタは、「死せる者」を意味する。常に飢餓に悩まされる世界。貪欲のままに不浄な行為をなしたものがその報いとして至る世界。

(3) 畜生。人にたくわえ養われて生きているものの意。性質が愚痴で、貪欲と婬欲だけをもち、互いに害しあい、苦しみが多く、安楽の少ない生存。鳥・獣・虫・魚としての生存状態。

(4) 阿修羅。サンスクリット原語のアスラの音写。八部衆の一。雷鳴に怖れ戦き、心が疑いに満ちて、絶えず対立し闘争するものとしての生存状態。後には釈尊の法に出あい、疑惑を捨てて争いの虚しさを省みて、仏法を守護するものとなったという。

(5) 人間。サンスクリット原語は、マヌシャ、ナラ、プルシャ。動物や神など他の生命体と区別される「人」、ものを思うものである。源信の『往生要集』によれば、不浄・苦・無常の姿をもち、輪廻する生存である。命終の後には、人の遺体はやがて膨張し、青くなり、臭く爛れ、皮破れて膿血が流れ、鳥や犬が食らっていよいよくずれ、数知れない蛆虫がわき、ついには白骨となり、雨が灌ぎ歳月を経て塵土と和していくとされている。そして『摩訶止観』によりながら、「もしこの相を証らば、また高き眉あおき眼しろき歯あかき唇といえども、一聚の屎に粉をもてその上を覆えるがごとく、爛れたる屍に仮に繪彩を著せたるがごとし」(大正蔵 46 巻 1226) とされている。しかし同時に、『往生要集』総結厭相には、人は自己を省みて仏法を聞いて信心を起こし、苦海を離れて真の安らぎを願って生きる存在でもあるとし、「願わくは諸行者疾く厭離の心を生じ、速やかに出要の路に随へ。宝の山に入りて手を虚しくして帰ることなかれ」(大正蔵 84 巻 39c) と説かれている。

(6) 天。サンスクリット原語はディーヴァ。すぐれた楽を受ける喜悦の世界。一般に身体をもつ欲界・色界の天の神々を指す。容姿端麗で、頭には華鬘をつけ、身には羽衣を着ている。仏のはたらきを喜び、天楽を奏し、天華をふらせ、天香を薫じて虚空を飛ぶ。

しかし天人もまた寿命に限りがあって輪廻する生存であり、死期が近づくと五衰の相があらわれる。『往生要集』によれば、天人にあらわれる五衰の相とは、①頭上の華鬘が忽ちにしおれる。②衣服が塵や垢で汚れる。③腋の下から汗が出て、身体が臭くなる。④両眼がよく見えなくなる。⑤自分の本居が楽しくなくなる、と説かれている。死に臨んで天人が助けを求めても、誰も救うものはなく、その苦しみは地獄の苦しみよりも深いとされている。

このように六道輪廻観は単なる象徴にとどまらず、人間の貪欲・瞋恚・愚痴の心の動くままにとった行為が他者も自己も深く傷つけて、汚泥におぼれていくリアリティーを実感的に示している。この六道輪廻観は、この世の無常さと空虚さにめざめ、迷いを離れたさとりにいたるために説かれ、この世界観は上座仏教のみならず、大乗仏教の伝わったチベット、中国、日本などの国々でも、今なお尊重されている。

したがって、この須彌山を中心とする仏教の宇宙観は、三界の世界観を立体的に表しているといえるだろう。この南贍部洲から世界を眺めたのが縮象儀である。日本において須彌山は、法隆寺玉虫厨子の絵、東大寺大仏蓮弁、二月堂本尊光背の線刻画などに描かれている。

西洋の近代科学の成果である地球球体説や地動説が東洋に伝えられるまでは、この須彌山宇宙観がほとんどの仏教徒に現実世界として信じられていた。ただし、仏教の宇宙観は、地形や天体の計測によって発見した地球の図面ではもともとなかった。須彌山を中心とする宇宙観は、古代インドにおける人々が、北にそびえるヒマラヤ（雪山）を見て、実感的に描写した世界観である。インド古代の大叙事詩『マハーバーラタ』にも須彌山思想をみることができる。そうしたインドにおける一般的な宇宙観を仏教徒が受け入れ、その宇宙観になぞらえて、この世が迷いの世界であることを示したのである。したがって、本質的には、一般の人々にすでに受け入れられていたインド的宇宙観を仏教徒が尊重し、その須彌山の世界全体が、汚濁と苦しみに満ち、六道の迷いを永劫にくりかえしていることを明らかしたのである。こうして須彌山を中心とする宇宙観は、仏教的な宇宙観として説かれていった。その意味で、須彌山思想はあくまでも古代インド人の経験と実感によってまとめられた世界観であって、いわゆるブッダの思想そのものではない。むしろ仏のさとりの世界は、何かに執着して生きている三界の世界を超えたところにあるからである。

さらに、三千大千世界とは、古代インド人の世界観による全宇宙をあらわす。世界の中央にそびえる須彌山を中心にして、そのまわりに九山八海がある。これが私たちの住む世界であり、一つの小世界という。一つの小世界、須彌山世界は、上は色界の初禅天から、下は大地の底の金輪、水輪、風輪にまでおよぶ世界を範囲である。須彌山世界のうちには、日・月・須彌山・四天下・四天王・三十三天・夜摩天・兜率天・楽変化天・他化自在天・梵世天を含む。この一つの須彌山世界が千集まったのが、小千世界である。その小千世界を千集めたものを一つの中千世界と呼ぶ。さらに中千世界を千合わせたものを一つの大千世界と呼ぶ。この、小、中、大の三つの千世界から成る世界を、三千世界または三千大千世界と云う。一つの須彌山世界×千(小千)×千(中千)×千(大千)の世界である。三千の世界ではなく、千の三乗の数の世界である。その広さ、および世界の成壊は、すべてが第四禅天と同じである。そして、一つの三千大千世界が一人の仏が教化できる範囲であるとし、一仏国とみなす。三千大千世界は、数限りない世界であり、ありとあらゆる世界である。

私たちの住んでいる娑婆世界は、釈迦如来が教化している。阿弥陀如来が一切衆生を迎える極楽世界は、娑婆世界をはるかに超えたところ、西方にあるので西方極楽浄土と呼ばれる。また、薬師如来の東方浄瑠璃世界や阿閦如来の妙喜世界なども娑婆世界を超えた世界である。

〈宙〉

次に、仏教の宇宙時間論は、世界が生成と破壊をくりかえすというものである。世界が、世界の生成と破壊について、『倶舎論』第12巻には、四劫というはてしない時間の流れの中で、説明されている。仏教では、一つの世界が成立し、継続し、やがて破壊し、次の世界が成立するまでを、成、住、壊、空の四劫に分けている。中村元著『仏教語辞典』などによれば、

(1) 成劫・・・世界の成立期、山河、大地、草木などの器世間と生きものの衆生世間が成立する時期で、二十小劫にわかれる。
(2) 住劫・・・器世間と衆生世間が安穏につづいていく時期で、二十小劫にわかれる。
(3) 壊劫・・・衆生世間の生きとし生けるものがまず破壊し、次いで器世間も破壊しつくす時期で、二十小劫にわかれる。
(4) 空劫・・・すべてが破壊し終わって、完全な無となる時期で、二十小劫ある。

この四期は、無限に循環するとされる。すなわち、はかりしれない長い時をかけて、宇宙は生滅をくりかえすという時間論である。

言及すれば、大乗仏教では、『華厳経』における「蓮華蔵世界」や『梵網経』における「蓮華台蔵世界海」にみられるように、宇宙を蓮華の世界として捉える宇宙観がある。『梵網経』では、世界は千葉の大蓮華からなり、一つ一つの葉、すなわち、一世界に百億の須彌山世界があり、盧舎那仏は、それらを本源として蓮華台の上に坐し、自らを変化させて自由に世界にあまねく説法すると説かれている。すなわち、煩悩の世界がすべて清浄なる仏の蓮のうちにある、という世界観である。こうしてみると、須彌山の世界も蓮華蔵世界も、この世界の苦しみと、苦しみの中にある仏の慈悲を象徴化したものであるといってよいかもしれない。

最後に、三界の須彌山世界と仏の大悲について、もう一度見ておきたい。

三界という迷いの世界について、経典にはこう説かれている。

「三界は安けきことなし。なお火宅の如し。衆苦充満して甚だ怖畏すべし。常に生老病死の憂患あり。」(『法華経』 大正蔵 9 巻 16b)

「如来、無蓋の大悲をもつて三界を矜哀したまふ。世に出興するゆゑは、道教を光闡して群萌を拯ひ、恵むに真実の利をもつてせんと欲してなり。」(『無量寿経』 大正蔵 12 巻 266b)

すなわち、三界の世界は、平安がなく、燃え盛る火の家のようであると、『法華経』に説かれている。しかも一方では、阿弥陀如来が限りなき慈悲によって三界をあわれみ、仏教を明らかに説いて衆生を救うと『無量寿経』に説かれている。このように、阿弥陀仏は、決して三界の迷いの世界を見捨てることなく、その大悲によって迷いの世界をいだき、生きとし生けるものを平安に導いていこうとするところに、その出世本懐があることがよくわかる。

平安時代以降、仏教寺院の本堂や諸堂の中央に、須彌壇をすえて、その上に本尊の仏像を安置する形式は、この須彌山に基づいて作成された。韓国にも、この須彌壇が本尊を安置する台座として用いられている。須彌山は本来、帝釈天の住処であったので、それになぞらえて、人天世界における尊き仏の存在意義を示すために、須彌壇が用いられるようになったと考えられている。しかしただ帝釈天になぞらえただけでは

ない。本質的には、仏は須彌山世界の迷いを超えて、しかも苦しみに沈む私たちの世界を見守っている。迷えるものを見捨てない仏の慈悲が、須彌壇の上に立つ仏像にこめられているであろう。

結び

仏教の宇宙観において、世界は私たちの住む世界だけでなく、多数存在し、三千大千世界に広がる。そして、果てしない時の流れの中で、生成と消滅をくりかえしている。この宇宙が生成と消滅をくりかえすという仏教の視座は、21世紀の宇宙観にも通じるところがあるだろう。

しかし須彌山説は、インドから日本に浸透していた天動的宇宙観であった。そのため、享保年間から幕末に、西洋の地動説が日本に導入されるに伴い、須彌山説は、科学的実証に基づく宇宙観としては受け入れられなくなった。その状況の中で、僧の圓通が東洋の伝統的な文化を護(まも)ろうと努力して、1813年頃から須彌山義銘、縮象儀説などを書き表した。僧の晃厳、佐田介石らがその情熱を受けて、須彌山宇宙観を立体模型にしようと奮闘する。そして、彼らから依頼を受けた、東芝の創設者、田中久重が、須彌山儀(1850年)、縮象儀(1850年)、視実等象儀（幕末）を製作した。それらのうち、須彌山儀、縮象儀の貴重史料が龍谷大学に寄贈されている。視実等象儀は国立科学博物館と市立熊本博物館に保管されている。龍谷大学所蔵の須彌山儀は、晃厳の次男である村上孝雄師が譲り受けられ、本派本願寺の大学林に書籍等一切を寄贈されたものである。その縁起は『六條学報』第76号に記載されている。村上速水和上ゆかりの寺院である。幕末の僧侶、圓通、晃厳、佐田介石らは、ひとえに日本の伝統的な暦や仏教文化を護りたかったのだろう。

須彌山宇宙は、科学的合理主義に基づいて、現実世界の地理描写を表現したものというよりも、本来、象徴的な仏教世界観である。須彌山説は、もはや科学的合理性をもたない世界観となった。しかし、想像力と思索力をはたらかせて表現した須彌山説の背景には、この地獄から天上までのすべての世界を達観して、人々を真実の安らぎに導かんとする意味が込められている。すなわち、須彌山説にみられる仏教の宇宙観は、西洋の科学的宇宙観に左右されることのない、仏教の真理を表現したものである。

金輪際とは、地の果てを意味する。有頂天とは、迷いの三界の最上界で、思いあがり、うわの空になっていることを指す。仏教宇宙観は、私たちの世界が迷いをくりかえしていることを反省させる。特に、明の時代に宗可の描いた『須彌三界図』（1931年）には、新たな発見があった。その絵において注目すべきことは、欲界、色界、無色界という迷いの世界の上部に、釈迦如来、薬師如来、阿弥陀如来の三仏が安置されていることである。仏たちが迷いの世界を超えて、私たちを見守っていたのである。ここより、仏の見守る須彌三界図が、仏教徒にとって、世界をふりかえり、仏を礼拝する絵図であったと考えられる。また、釈尊の涅槃図には、仏弟子だけでなく、菩薩や阿修羅などの神々、動物や虫たちも集まり、その死を悲しんでいる。迷える人間だからこそ、自然の恵みの中で、生きとし生けるものと相互に依存し支えあって生かされていくことを、仏教宇宙観は指し示している。そこに須彌山説の真意があるだろう。須彌山の宇宙観は、今も、仏教の伝来したアジアの人々に共有され、国境を超えたアジアの架け橋となっている。世界の反省をもたらすその須彌山図は、どれだけ裕福であっても、有頂天になってはならず、どれほど地獄のような苦しみのなかにあっても、仏の慈悲にいだかれていることを教え、真実に生きることを後押ししてくれる。このように仏教の宇宙観は、自己と世界を慚愧し、仏に帰依するように心向わせるものであるといえるだろう。

主な参考文献
『須彌山と極楽』定方 晟著　講談社　1973年
『忘れられた仏教天文学』岡田正彦著　渋谷文泉閣　2010年

仏教の宇宙観 ― 幕末の僧と須彌山儀

青木正範（龍谷大学大宮図書館）

はじめに

この論では、主に江戸時代の幕末から明治にかけての、仏教の宇宙説と須彌山儀との関連について探ってみたい。

ところで、かつて徳川無声氏と橋本凝胤（ぎょういん）師が対談され、凝胤師が仏教の説く教理は現代でも充分応え得るとしてこれを公然と力説されたことがある。しかし、今日の宇宙科学が発達した時代に、仏教を専門に研究する人以外で須彌山説に基づく仏教宇宙説を知っておられる方はほとんどないと言っても過言ではない。

今世紀に入って宇宙天文学は大きく発展した。それ以前は地球が宇宙の中心にあると考えられており、日月星辰がその周りを回転しているとする天動説の考え方が支配的であった。ポーランドのコペルニクスをはじめとし、イタリアの天文学者、ガリレオ＝ガリレイらが宗教弾圧にもめげず、このような天動説を否定し、地球が太陽の周りを回転するという太陽中心宇宙説や地球球体説を唱え、画期的な発表に関係者の注目を集めたことは周知のとおりである。

それ以降、1957 年にはソ連が世界で初めて人工衛星スプートニク 1 号を打ち上げ、1969 年にはアポロ 1 号が人類を初めて月に送って月の物質を持ち帰り調査するなどして、仏教やキリスト教が説いていた宇宙の概念をすっかり変えてしまった。現代においてはさらに進んだ天文学の研究がなされている。しかるに仏教の思想体系の中には須彌山説に基づいた教義が多く説かれている。

この度、人間および生きとし生ける“有情（うじょう）”と密接なる関わりを説いた仏教宇宙説とも言うべき須彌山説を取り上げ、人間性回復にむけて共に関連する資料を研修するのも決して無意味ではない。

仏教宇宙説の大成者、世親（せしん）とその著『倶舎論』

仏教宇宙説を説明するにあたっては、まず世親の『倶舎論』を紐解かなくてはならない。

世親（Vasubandhu）は古代インドの仏教学者であり、400~800 年頃の人といわれている。旧訳名では、天親ともいい、浄土真宗の宗祖親鸞聖人が阿弥陀仏の教えを伝えられた 7 人の高僧の中の、第二祖として旧訳名で掲げられている。（『教行信証』）。

世親はガンダーラ地方のプルシャプラ（Puruṣapura）で、バラモン階級の 3 人兄弟の次男として誕生し、兄は無着、弟は師子覚という。世親は最初、説一切有部（うぶ）という部派仏教において出家し、阿毘達磨（あびだつま）（abhidharma）（論書）を学び、これを習得した。その後、アヨードヤー（Ayodhyā）に移り大毘婆沙論（だいびばしゃろん）を中心とする説一切有部の教説を研究し、その内容を 600 余りの偈頌（げじゅ）に整理し、カシミールの信奉者達から大変な好評を得た。しかし、悟入尊者（ごにゅうそんじゃ）一人はこれに不信感を持ち、さらなる注釈を求めた。そこで、世親は早速この偈頌に散文の注釈を付し、直ちに悟入尊者に送りつけた。これが『阿毘達磨倶舎論』略して『倶舎論』で、説一切有部を中心とする北伝部派仏教の阿毘達磨論書の最高傑作とされている。世親は当初は部派仏教に属し説一切有部の教説に従っていたが、あとはおそらく兄無着の感化を受けて部派仏教から大乗仏教に大きく転向し、瑜伽行唯識派の論師として唯識説を大成した。この教学は後に摂論宗・法相宗・倶舎宗となった。

仏教の宇宙説の中には時々非科学的で荒唐無稽な事柄が説かれているように感じられることがある。しかし、仏教を正しく深く理解するには、古代インドの人達は宇宙をどう考えていたのかを把握しないといけない。仏教的世界観という基盤の中で仏教教理が組み立てられてある限り、ただ非科学的だ、荒唐無稽だとして否定するだけでは仏教の奥深い教義は理解できない。では仏教の世界観を説明するにあたり、世親の『倶舎論』ではどのように説いていたかを次に説明する。

仏教では、宇宙空間をどのように考え、どのようにみるか

〈一世界〉

『倶舎論』によると、この巨大な宇宙空間、虚空の中において、巨大な風輪というものが浮かんでいると考える。その上に水輪が浮かび、さらにその上は水が凝固して金輪に変化し、水輪と金輪との境界は「金輪際」といい、今でも真底の意味で使われているが、この金輪の上には水がたたえられており、金輪の最外周辺には鉄でできた鉄囲山が連山のごとく連なり、水の流出を防いでいる。金輪の中央に四宝（金、銀、瑠璃、玻璃［水晶のこと］）で成り立つ須彌山がそびえ立っている。須彌山の須彌とは一般的にインド語の Sumeru の音訳とされ、「妙高」の意味となる。須彌山の四宝は、北から金、東が銀、南が瑠璃、西が玻璃によってそれぞれ成り立っており、私たちが住んでいる須彌山の南側が青いのは、青い瑠璃色が反射しているからであり、したがって現在でも大空は青色になっているといわれている。このような須彌山を中心とした世界が「一世界」とされる。

〈四洲九山八海〉

次に、須彌山世界の構造について説明する。数字は長さを表し、単位は由旬で、諸説ある。

この巨大な須彌山を中心に七つの金山が同心状に方形（四角）の地形で並んでおり、七つの金山は中央から外に向かって持双山、持軸山、贍木山、善見山、馬耳山、象鼻山、尼民達羅山、という山々で囲まれている。尼民達羅山内側までの水はすべて八功徳水といわれ、「清浄、清冷、甘美、軽軟、潤沢（うるおい）、安和、無煩飢渇、健康増進」という優れた八つの特性を持っている。

尼民達羅山外側から鉄囲山内側にたたえられている水は塩水になっている。さらに七金山の外側東西南北に四つの洲（島）があり、これを四洲世界（Cātmdvipaka lokadhatu）という。したがって、須彌山全体を四洲九山八海ともいう。

〈四洲世界〉

東から勝身洲（Pūrva-videha）といい、半月型の島で、住民の身形が贍部洲の人に比べて優れているからこのようにいう。

南の贍部洲（Jambu-dvīpa）は、逆台形になっている。

西の牛貨洲（Apara-godānīya）は円形、牛を以て貨幣に交換するところから名づけている。

北は倶盧洲（Uttara-kuru）北勝生とも訳し、正方形で、四洲のなかで最も優れていることから命名。

四洲にはそれぞれ人間が住んではいるが、私達が今住んでいる大陸は南の贍部洲である。

〈六欲天と輪廻（三界）〉

水上に現れ出た須彌山の中腹には四層の張り出しがあって、そこに四天王（持国天、増長天、広目天、多聞天）が四洲を守護している。須彌山の頂上には帝釈天を首領とする三三天が住んでおり、彼らは須彌山という地上に住んでいるので「地居天」という。また、須彌山の上方には夜摩天、覩史多天、楽変化天、他化自在天の四天がおり、彼らは空中に住んでいるので「空居天」という。この空中の四天（空居天）と地上の二天（四天王と三三天）でもって六欲天を構成している。

天とは神様を意味するが、神様といえども欲望を持っているので欲天といい、この六欲天と地獄、餓鬼、畜生、人間界をもって「欲界」（Kāma-dhātu）を構成する。欲界の上に「色界」（Rūpa-d）があり、精神的欲望からは解脱したが、肉体的物質的形態の束縛が残っている世界である。この色界の上に全ての束縛から脱出した「無色界」（Arūpa-d）があり、これら欲界、色界、無色界を合わせて三界という。経文に「流転三界中」といわれるように生き物（有情）が輪廻を繰り返す境域であるとされている。つまり、「三界」は苦悩、迷いの世界を意味する。この須彌山中腹の回りを太陽と月および星が水平に運行している。

〈三千大千世界〉

須彌山を中心とした世界を「一世界」というが、無数にある一世界を千個まとめて「小千世界」という。無数にあるこれらの小千世界を千個まとめて「中千世界」といい、さらに、中千世界を千個まとめて「大千世界」または「三千大千世界」というが、千の三乗個で、10億個の世界を対象にして仏教の宇宙は語られているのである。

仏教が説く宇宙にはこの三千大千世界が無限にあり、広大な宇宙観を説いている。広大なことで言えば『仏説阿弥陀経』には「かくのごときらの恒河の沙の数ほどの諸仏ありて、おのおの、その国において、広長の舌相を出し、あまねく三千大千世界を覆いてこの誠実の言を説きたもう」とあるが、諸仏が広大な三千大千世界を覆うほどの舌を出して、阿弥陀仏の教えが真実であることを語り、称讃していることが説かれている。

『仏説観無量寿経』では無量寿仏の圓光は広さ100億の三千大千世界のごとしといわれている。

我々の住んでいる贍部洲（閻浮堤）はどうなっているのか

次に、我々の住んでいる贍部洲（閻浮堤）はどうなっているのか。大きさは底辺が3.5由旬、上辺が2千由旬、斜辺が2千由旬の逆台形で、形の上からはインドを表していることは一目瞭然である。島の北よりには雪山がある。これはヒマラヤ（Himālaya = Hima（雪）+ālaya（蔵））である。その北に無熱悩池があり、東からガンジス河、南からインダス河、西からオクサス河、北からシーター河がそれぞれ同じ水源から湖を一周して流れ出ている。これをネパールとチベットの国境近くにあるマナサローワル湖ではないかと推測する学者もいる。この無熱悩池の近くにjambuという喬木（きょうぼく）が生い茂り、この樹木になる果実はことのほかおいしいといわれ、我々の島が贍部洲といわれる理由でもある。このように見ていくと、インド人は常にヒマラヤを意識し、贍部洲では「雪山」として、また、宇宙空間においては「須彌山」として崇めていたことは明らかである。

ところで、我々の住む贍部洲の地下には地獄の世界が在る。『倶舎論』に基づいて極簡単に触れておく。

地獄の構造

地獄は奈落ともいいインド語のナラカ（naraka）からきており、『大毘婆沙論』によると５千由旬地下から地獄がはじまり４万由旬下に無間地獄が待ち受けている。大きく分けると八熱地獄と八寒地獄があり、無信心者を待ち受ける八熱地獄がよく知られている。上から順に等活地獄（Saṃjīva naraka）、黒縄地獄（Kālasūtra naraka）、衆合地獄（Saṃghāta naraka）、號叫（こうきょう）（叫喚）地獄（Raurava naraka）、大叫（大叫喚）地獄（Mahāraurava naraka）、炎熱（焦熱）地獄（Tāpana naraka）、大熱（大焦熱）地獄（Pratāpana naraka）、無間地獄（Avīci naraka）がある。

「等活地獄」とは蘇生、更正の訳で、殺生した者が落ちる最初の地獄で、苦痛によって悶え死ねども再び蘇るところから、以前と等しく活きかえり再び苦痛を受ける地獄である。この地獄には四方に門があって、それぞれに４か所の計16の小地獄がある。

「黒縄地獄」とは黒縄でもって身体を縛り、次いで鋸（のこぎり）でもって身体を切り刻み、苦痛を与える。ここには殺生と盗みを働いた人が落ちる地獄である。

「衆合地獄」とはもろもろの苦痛がいっしょになって迫ってくる地獄である。ここには殺生と盗みと婬欲の罪をおかした人が落ちる。刀の刃のような葉っぱのついた木の上に美女が待ち構え、好色の男に色目を使い、上に登れば下で、下に降りれば上で誘いをかけてくる地獄である。もちろん男子ばかりではなく、好色の女性も多苦悩処という小地獄が待っている。

「叫喚地獄」とは熱湯の煮えたぎる釜のなかに入れられるなどして苦痛のため罪人が泣き叫ぶ地獄。ここには殺生と盗みと婬欲と飲酒の罪を犯した人が落ちる。酒に水を加えて利益を上げたり、他人に酒を飲ませ　あざけり、もてあそんだ人には、それなりの小地獄が扉を開けて待っている。

「大叫喚地獄」とはさらに大なる苦痛によって、大なる叫び声をあげる地獄。殺生と盗みと婬欲と飲酒に嘘つきが加わった人が落ちる地獄である。

「焦熱地獄」とは猛火、炎熱によって苦しめられる地獄。泣き叫ぶこともできない地獄。殺生と盗みと婬欲と飲酒と嘘つきの上に、因果の道理を否定する人が落ちる。

「大焦熱地獄」とはさらに激しい火炎によって苦しめられる地獄。殺生はじめ六つの罪のほかに、戒律を厳しく守っている尼さんに酒をのませた上、犯した人が落ちる地獄でもある。

「無間地獄」とは八熱地獄中、最も苦しいところで、間断のない極限の苦しみに襲われる地獄。今まで述べた罪のほかに、五逆罪を犯した人が落ちる地獄である。

さらに猛烈な寒さに苦しむ八寒地獄その他もあるが省略する。

以上みてきた仏教宇宙説は、自然科学の宇宙を単に客観的に解説するものではなく、そこには我々を含め生きとし生ける生命あるもの「有情」と深く密接な関わりをもって説いてあること、そして常に強力に我々に対し自己認識、自己内観、自己反省を促している、まさに生きて働きずめに働いている如来の生命体として説かれてあることが理解できる。

以上の説明でご理解いただいた仏教宇宙説と、これに日月の運行の関係を示した模型が須彌山儀であり、また、我々の大陸であるとする贍部洲を模型化し、これに日月運行の関係を示したものが縮象儀である。縮象儀には大陸が描かれているが、この地形図はアジアと日本であり、なぜかインドの名さえ挙げておらず、さらに贍部洲の地形とはほど遠いものになっている。恐らく、この理由は江戸末期に流入されてきた新しい地球説の地形図が仏教徒にも強く影響し、『倶舎論』の説に固執できない限界があったのではないか、須彌山説と新しい宇宙説との狭間において作成されたものが縮象儀ではなかったかという思いが強く感じられるのである。

幕末期　仏僧たちの危機意識

ところで、江戸時代中期には地動説、地球球体説を日本に持ち込んだのはイエズス会宣教師たちであり、江戸幕府は幕府の天文台が設けられ、地動説が研究されはじめた。

これに最も危機感を感じたのはいうまでもなく仏教界であった。須彌山を中心に天動地平説、その上下に天界から地獄までを説く仏教の教義が根底から覆されかねない情況で、釈尊が嘘言されたとあっては一大事である。殊にリッチらの所説に基づいて清朝の游藝が著した『天経或問』が日本で普及するや、仏法護持のため梵暦の研究を精力的に押し進めた人たちがいた。京都蓮浄寺の僧、文雄（1700～63）は、『非天経或問』や『九山八海解嘲論』を、江戸長泉寺の普寂は『天文弁惑』をそれぞれ著し、梵暦講義を行いながら、須彌山宇宙説を擁護した。水戸藩の儒者森尚謙（不染居士）はその著『護法資治論』で仏法を護り、治世に資する書として「後世の仏法の大難、必ず天文地理より始まらん」と見ていたほどに仏教界にとっては大問題であった。

この二人の後を受けて、梵暦を研究したのが「梵暦の祖」として仰がれた普門圓通で『仏国暦象編』五巻ほか多数の著書を著し、さらに信暁・存統・神阿隆音と続いた。

熱血の僧、圓通の生涯

仏教護持に最も精力的であった圓通について彼の生涯を少し説明する。

字を珂月、号を無外子といい宝暦4年（1754）因幡国（鳥取県）鳥取藩の藩士山田玄道の子として生まれ、7才のとき日蓮宗妙要寺の日儀のもとで出家し専静と名を改めた。彼は15才のとき蘭学者が仏教の天文学を誹謗するのを聞いて非常に憤慨し、独自で梵暦書を読みあさり、50か条にわたる質問状を日蓮宗内の学者に出したところ、誰一人として答えてくれず、むしろ非難を浴びせてきた。このようなことから、日蓮宗を抜け出し長崎で洋学を修めて後、伯耆国（鳥取県）天台宗大山寺の僧となり６年の修行を積み重ねた。その後比叡山におもむき安楽律院の豪潮律師から戒を受け、真言宗の慈雲に師事し、主に台密や東密を学んだといわれている。当時の天皇は光格天皇であったが、彼には皇太子に恵まれず大きな悩みの種であった。そんな折圓通に祈祷させたところ偶然にも皇太子が生まれ、皇太子は後の仁孝天皇となられた。圓通の主著『仏國暦象編』は仁孝天皇が皇太子となられたのを契機に圓通30年に及ぶ仏教天文学の研究成果を五巻にまとめたものである。しかし、未完成の思想体系といわれている。圓通は精力的に京都、名古屋、江戸を往復し京都大行寺の信尭、嵯峨天龍寺の環中、名古屋の義明、伊勢の霊游をはじめ1000名に上る弟子らと「梵暦社中」という結社をつくり梵暦研究に没頭した。文政６年（1823）圓通70才の折、浄土宗芝増上寺の顕了大僧正の門に入り、恵照律院に住し密かに門弟たちと連絡を取ったり、仁孝天皇から下賜された300両をもとに護国殿を建てたりしたが、晩年の天保５年（1834）９月４日（81才）には幕吏の手によって毒殺されたともいわれている。（大橋俊雄著『仏教の宇宙』参照）

圓通の信念

『梵暦策進』（273～36）に圓通の梵暦研究の信念が述べられているので『仏教の宇宙』を参考にして紹介する。

「中国の不染居士が「仏法において大きな問題となることが将来起こるかもしれないが、起こるとすればその手はじめは天文地理についての考え方からである」といったのはすでに70余年も前のことである。それは中国ばかりではなく、日本にもここ30年ばかりの間に起きてきた。現在日本では、オランダの学問を学ぶ者はすでに1000人にもなろうとし、オランダの本を翻訳している人ですら数十人、その書物は数百巻にもなろうとしている。中国では、学問を修めようとする人は、論語・大学を読みはじめてから歴史書におよぶのを常としているが、そのなかで仏教にまで手を出そうとする人は、千万人のなかに１、２名にしか過ぎない。いま、流行している天文学を学ぶ者は、地球の話に耳を傾け、天地とはこのようなものだと思っている。したがって、仏説の天地の説に耳を傾けようとする者はいない。仏説の天文の話を聞けば、必ず疑ってかかるのを常としている。このような人は、中国国内に何千万人もいる。

一方僧侶はといえば、寺檀制度の上にあぐらをかき、悠々と日を送っている有様だ。内には修行の心を忘れ、外には仏法の敵が迫ってきている。黙ってみているわけにはいかない。」と非常に激しく憤慨し、仏法護持の信念を述べている。

圓通らによる仏教天体模型製作への熱意

さて、幕末期、西洋の宇宙説が紹介されるようになり、それに危機感を持った圓通は、まず時計仕掛けの須彌山儀と縮象儀を考え製作に取りかかったといわれている。しかし、その模型機械の存在については分かっていない。彼の梵暦普及の精神は、その高弟である天龍寺の環中禅機および孫弟子で萩の永照寺の晃厳によって引き継がれた。

晃厳（～1871）、名は乗体、阿波竹瀬村の生まれで、俗称木内氏、出家して高野山釈迦文院の学僧となり、晃厳坊といった。顕密の学問を究め、『阿毘達磨倶舎論』に精通し、「倶舎晃厳」、「天文晃厳」と崇められるほどに発明するところが多かった。

晃厳は嵯峨林泉寺に所蔵するところの普門律師圓通（無外子）の図をみて、これを実際に動かしてみたい念いにかられ、弘化年間の当時、細工人としては本邦随一の名声を博していた田中久重に会い天体儀模型の製作を依頼したのである。

田中儀右衛門と須彌山儀・縮象儀

田中久重について少し紹介する。田中久重は寛政11(1799)年9月18日福岡筑後の国、久留米藩主有馬家の城下に誕生し、明治14(1881)年11月7日に病のため東京で亡くなられた。83才であった。父弥右衛門は鼈甲細工職人であり、久重は二男三女の長男として生まれたが、家督を相続せず、弟弥市に譲り、自分は発明創造に明け暮れていた。9才の頃より細工を得意とし、また、各地でからくり興行を行い、名を馳せていた。そして人々は彼のことを「からくり儀右衛門」とも呼んで親しみを持って接した。彼は、数理にも長け、天文暦学から人体構造まで幅広く、深い知識を有した時計製造、金属細工人であった。

嘉永2年正月3日久重は嵯峨御所大覚寺宮より「近江大掾」の称号をゆるされた。人形細工師、浄瑠璃太夫、操り師等に与えられる称号では、最高位のもので、これは異例の名誉といえる。以後久重は「田中近江大掾」、或いは「田中儀右衛門」と称した。すでに天文家の列に加えられ参殿を許されたのである。彼の仕事の製作所は戸田東三郎はじめ、優秀な細工人の集まる四条通烏丸東入る長刀鉾町の「機巧堂」であった。

彼の生涯を見てみると青少年期においては専ら水力応用の工夫をなし、「からくり儀右衛門」として知られていた。壮年期になると、蒸気力応用に力を注ぎ、晩年は電気応用の諸機械の製作に心血を注ぎ、東京で「田中製作所」を開き電信機の開発製造に熱中した。これが後の芝浦製作所であり、現在の東芝へと発展していくのである。

さて、彼は弘化4年（1847）、49才の折、京都に移住し、京都の天文方戸田久左衛門通元と親しい交流を持ち、天文、数理の知識を深めていった。彼の紹介で天文、暦学二道の博士家である陰陽總司土御門家に授業料50両を納め、入門して天文暦学を熱心に勉強した。

記録によると、弘化四年、僧晃厳の依頼に応じて須彌山儀の製造に着手し、3年の思考を費やし製造、嘉永3年（1850）に完成した（『田中近江大掾』）。久重はその間に縮象儀も精力的に製作しており、「弘化年製」との書き込みがそれを証明している。しかし、3代目の田中久重の話によれば（故平春生氏との往復書簡による）実際は師匠の僧環中が発注し、晃厳が協力して田中久重の工作を指導したと言われている。

しかし、残念ながら当時盛んだった須彌山論争も、明治政府が明治9（1876）年6月22日をもってこれらの論争に触れることを禁止したため、終息に向かったのである。

須彌山儀・縮象儀の龍谷大学への入手経緯

圓通による盆暦普及運動は環中が引き継ぎ、環中が発注作製した須彌山儀と縮象儀は弟子の僧晃厳が引き継ぎ、所有した。その後、これらを晃厳の次男である村上孝雄師が譲り受けられ、本派本願寺の大学林に書籍等一切を寄贈されたのである。このことは『六條学報』第 76 号には村上孝雄師からの寄贈書目として須彌山儀器械一個、縮象儀器械一個の他に関係資料 18 点 63 冊が揚げられている。

主な参考文献
『須彌山と極楽』定方 晟著　講談社　1973 年
『仏教の宇宙』大橋俊雄著　東京美術　1986 年
『アジアの宇宙観 美と宗教のコスモス』岩田慶治・杉浦康平編　講談社　1989 年
『からくり儀右衛門―東芝創立者田中久重とその時代』今津健治著　ダイヤモンド社　1992 年
『田中近江大掾』今津健治編　田中浩　1993 年
村上孝雄師　寄贈資料（一部）

1. 須彌山儀（しゅみせんぎ）

Shumisengi (Cosmological Model of Mt. Sumeru)

口絵 2-1 参照

仏教では、古代インドの宇宙観を受け継ぎ、世界は須彌山を中心に立体に広がっているとしていたため、西洋の地動説とは反対の立場であった。

西洋の地動説が日本に入り始めた 18 世紀中葉以降、天台宗の僧、圓通（1754～1834）は、古代インド起源の須彌山宇宙説を正しいものとして、『仏国暦象編』を著した。そして、仏教天文説を視覚的に表現した時計仕掛けの『須彌山儀』を初めて考案した。また、インドを中心とする平面大地の一象限（いちしょうげん）と日月との関係を示す為『縮象儀』も作成している。

圓通の仏教天文説はその弟子である環中禅機におよび孫弟子晃厳によって受け継がれた。環中禅機と晃厳の依頼により『須彌山儀』は東芝の創設者でもある田中久重によって弘化 4(1847) 年着工、嘉永 3(1850) 年に完成したとされる。

『須彌山儀』は、須彌山の周りを月や太陽、星が運行する立体的な装置であり、二十四の季節と十二支の時を刻む時計である。二十四節気を刻む時計は、須彌山の上に設置され、十二支を刻む時計は、『須彌山儀』の側面にはめこまれている。須彌山儀の台を支える四つの猫足には、美しい螺鈿細工が施（ほどこ）されている。

『須彌山儀』を観察すると、須彌四洲の南贍部洲を瑠璃色、東勝身洲を白銀色、西牛貨洲を黄金色、北倶盧洲を玻璃の赤色に塗っている。金色の太陽と白色の月があり、日月の高度は、須彌山の中腹あたり、日月の軌道直径は須彌四洲の海の上方に位置し、須彌山を中心に周回する。『須彌山儀』の台の裏には、鐘があり定刻になると鳴る。瑠璃色の大地、南贍部洲の大地の上には、直径約五センチの金属製の星座円盤が立っていて、星座盤には、北極星（めのほし、北辰（ほくしん）、妙見）を中心とした北極五星と北斗七星が刻まれている。須彌山儀の円柱形の台座には、下から風輪、水輪の絵が描かれ、その上に金輪際にあたる金属の輪がはめ込まれている。金輪際の上に鉄囲山が周囲にそびえたち、海水は流れ出さない。

龍谷大学所蔵の須彌山儀は、晃厳の次男である村上孝雄師が譲り受けられ、浄土真宗本願寺派の大学林に書籍等一切を寄贈されたものである。その縁起は『六條学報』第 76 号に記載されている。村上速水和上ゆかりの寺院である。

『須彌山儀』の所蔵が確認されているのは、国立科学博物館（田中久重製作）、東京墨田区セイコー時計資料館（熊本市大橋時計所有）、静岡市小島龍津寺、金沢市誓入（せいにゅう）寺、愛媛県立総合科学博物館（誓入寺由来）、近江神宮、和歌山市古屋の正立寺（しょうりゅうじ）、龍谷大学など九基とされ、これらのうち、動くものは龍津寺蔵と正立寺蔵と龍谷大学蔵の『須彌山儀』などと思われる。

田中久重製作　環中禅機（かんちゅうぜんき）、晃厳（こうごん）の指導　弘化 4（1847）年着工　嘉永 3（1850）年完成
胴体直径 66.5cm　高さ 55.0cm　龍谷大学大宮図書館蔵
Produced by Hisashige Tanaka, Directerd by Kanchu and Kogon
Started construction in 1847, finished construction in 1850, Kyoto,
body diameter 66.5cm, h. 55.0cm, Ryukoku University Omiya Library

「四大洲」について

インドの宇宙観では、世界の中心に聳え立つ須弥山を取り囲む４つの巨大な洲を意味する。『倶舎論』八に、「謂四大洲、一、南贍部洲、二、東勝身洲、三、西牛貨洲、四、北倶盧洲」（大正蔵 29 巻 41a）と記されている。

方角	形 『倶舎論』	漢訳名 『倶舎論』等	音訳名 『長阿含経』世記経等	サンスクリット
南	逆台形	贍部洲	閻浮提	Jambu-dvīpa
東	半月形	勝身洲	弗婆提	Pūrva-videha
西	円形	牛貨洲	瞿陀尼	Aparagodāniya
北	正方形	倶盧洲	鬱単越	Uttara-kulu

南贍部洲

瑠璃色の世界。私たちの住む世界。地獄・餓鬼・畜生・人間・阿修羅・天人の世界。寿命は百歳で、それを越えるものは少ない（『長阿含経』世記経、大正蔵 1 巻 133a）。『大方等大集経』によれば、四つの天下のなかで、南の閻浮提がもっとも勝れている。なぜなら閻浮提の人は勇健で智慧があり、清浄な修行を積み、仏がこの世界に生まれ仏に会うことができるからである（親鸞『教行証文類』化身土巻、浄土真宗聖典註釈版 439 頁）。すなわち、仏に出遇い法を聞くことができる点で閻浮提が最も優れている。また、諸天が閻浮提を初め、四洲すべての衆生を護ると説かれている（『教行証文類』化身土巻、浄土真宗聖典註釈版 437～439 頁）

東勝身洲

白銀色の世界。勝れた身体をもつ人々が住む。『立世阿毘曇論』によれば、山が多く一つの川があり、その山の中間に諸国があり、人々の生活は富み安楽で、盗むような賊がなく、善が満ちている。すべての山々が金でできていて、耕作をする農具や器もすべて金でできている（大正蔵 32 巻 180a）。極広、極大、極妙の大地。寿命は二百歳とされる（『長阿含経』世記経、大正蔵 1 巻 133a）。

西牛貨洲

玻璃水精色の世界。市場で交易を行うとき、お金の代わりに牛を用いる世界。『立世阿毘曇論』によれば、円形の地形で、山はなく川があり、その川と川の間に人々の住む国土があり、人々の生活は富み楽しく、盗みがなく、善が多く満ちている（大正蔵 32 巻 180a）。寿命は五百歳とされる（『長阿含経』世記経、大正蔵 1 巻 133a）。

北倶盧洲

黄金色の世界。北のすばらしいクル族の国。美しい山々や川にどこまでも囲まれ、園観浴地がある。須弥四洲のうちの北方の世界。地形は正方形で、地盤は他の三洲よりも高い。寿命は千歳とされる（『長阿含経』世記経、大正蔵 1 巻 133a）。『長阿含経』世記経の鬱単曰品によると、美しい山々がたくさんあり、山々の傍らには多くの園観浴地、つまり、庭園や池がある。さまざまな花が生え、樹木は清涼で、花や果実が豊かに茂り、無数の鳥たちが相和して鳴いているという（大正蔵 1 巻 118a）。『立世阿毘曇論』によると、金山城が囲繞し、黄金を大地となして、昼夜に明るい。この欝単越の世界には四つの徳があり、一つには平等、二つには寂静、三つには浄潔、四つには無刺であるとしている。わかりやすく言えば、この洲に住んでいる人々は誰とでも分け隔たりなく接し、物静かで、清らかな心を持ち、とげとげしさのない四つの功徳を有しているという（大正蔵 32 巻 180b）。『長阿含経』世記経では、「鬱単日」と記され、梵語ウッタラ・クル（Uttara-kuru）の音写語で表記され、uttara は、「より良い」「北の」の意味をもつ。「鬱単日」の原意は、「北のクル族の国」「すばらしいクル族の国」という意味であるとされる。『長阿含経』巻二十の世記経によれば、閻浮提では、人々が勇猛で記憶力がよく、日々の仕事をなす力にたけ、清浄な修行を修めることができ、その世界に仏が出世するが、鬱単越はそれら三つの点において閻浮提に劣っている。他面、鬱単越は、鎖でつながれている束縛がなく、我がものという執着も少なく、寿命が千歳であるという三つの点において、閻浮提よりも優れていると説かれている（大正蔵 1 巻 135c）。親鸞も『教行証文類』化身土巻に『大方等大集経』を引用して、南の閻浮提がもっとも勝れているとしている。なぜなら、閻浮提の人々が勇健聡慧（ゆうけんそうえ）であり、清らかな修行をおさめることができ、仏がその世界に出現したからであり、四大天王は閻浮提を護持し養育するとしている（浄土真宗聖典註釈版 439～440 頁）。このように、鬱単越の世界は、人々が自由で、我執が少なく、物静かで、千歳の寿命をたもち、快楽も極まりない世界に生きられるものの、そのため仏法を求めることがないといえよう。（鍋島）

2. 縮象儀（しゅくしょうぎ）

Shukushōgi (Cosmological Model of Nan-senbushu)

僧侶の圓通が考案した縮象儀を、僧侶の環中と晃厳が須彌山儀とあわせて田中久重に製作を依頼し、完成させたもの。

須彌山儀が須彌山世界全体の模型化したものであるのに対し、縮象儀は南瞻部洲すなわち我々人間が住む世界から実際に目撃される範囲内を模型化したものである。

『縮象儀』は、インドを中心とする平面大地の一象限と日月との関係を示している。亜米利加（あめりか）の大陸なども書き加えられ、西洋の世界地図も取り入れ、西洋の科学的実証と仏教の須彌山説と合体させようとしている。（大宮図書館）

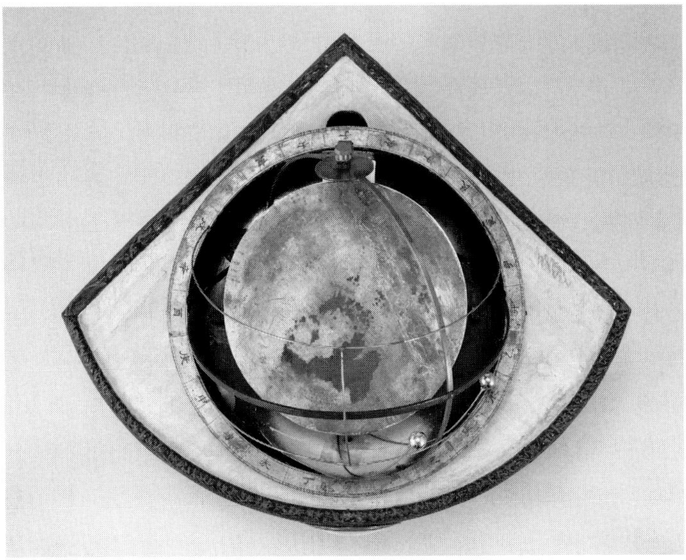

田中久重製作　弘化4(1847)年着工　嘉永3(1850)年完成
胴体直径64.5cm　高64.5cm　龍谷大学大宮図書館蔵
Produced by Hisashige Tanaka, Started construction in 1847, finished construction in 1850, body diameter 64.5cm, h. 64.5cm, Ryukoku University Omiya Library

3. 須彌三界図（しゅみさんがいず）

Shumi-sangai-zu（*Picture of Mt. Sumel and the Three Realms of Existence*）

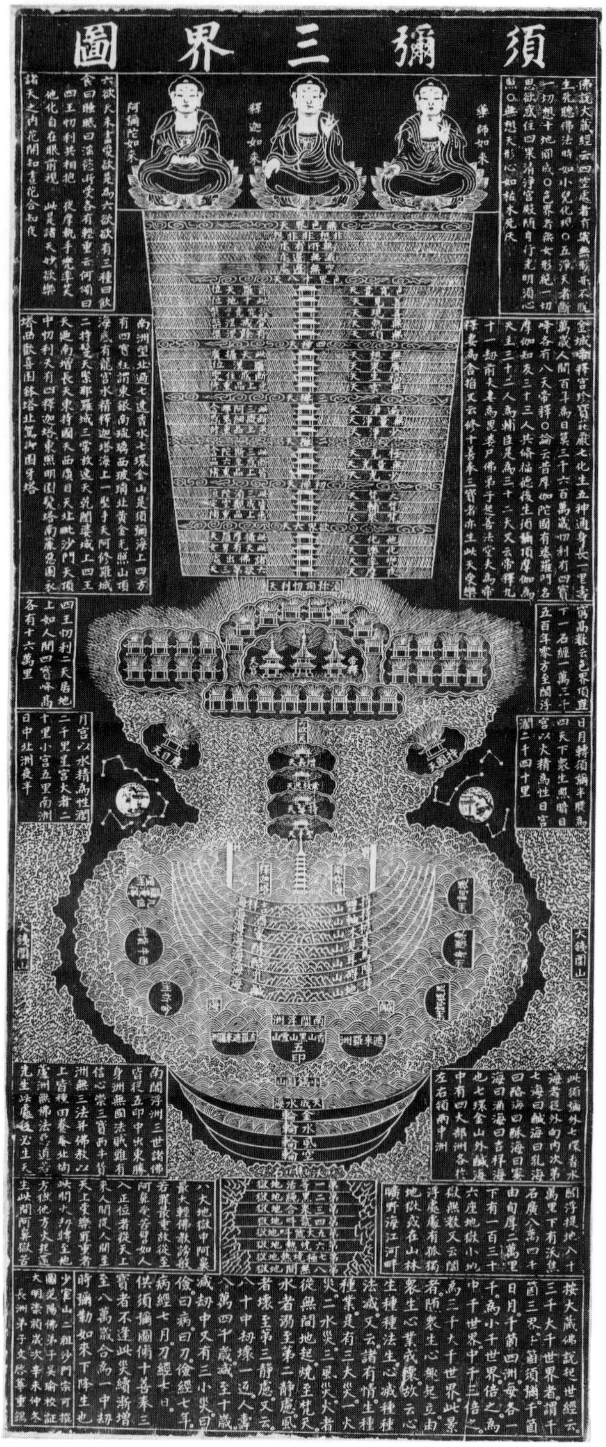

この図は、インド仏教論書の『倶舎論』などに示される須彌山を中心とした仏教的世界観を図に表したものである。

一つの小世界は須彌山を中心にし、下から欲界、色界、無欲界という迷いの三界に分かれる。千個の小世界で小千世界になり、千個の小千世界で中千世界になる。さらに千個の中千世界によって宇宙万物を表す「三千大千世界」が構成される。図の一番上に釈迦如来、薬師如来、阿弥陀如来の三仏が安置されている。

須彌山を中心とした世界が描かれる絵は日本にも多く見られるが、この絵の特別なところは上部に安置されている三尊の仏である。左の阿弥陀如来は西方極楽を、薬師如来は東方妙喜国を見守り、中央の釈迦如来と合わせて三尊の仏は宇宙万物を見守っている。「三世三大尊」とも呼ばれる。これに関連する思想は「三世三仏」である。つまり東の浄土にいて現世の苦悩を癒し、それを乗り越える力を与えてくれる薬師如来に遣送され、釈迦如来によって現世の生き方を教えられ（遣送）、西の浄土・極楽へと阿弥陀如来が来迎してくれて未来世へと到るということである。

須彌山中腹の左右に星座と太陽と月が配置されているのも特徴である。裏面には「唐石摺（からいしずり）」と墨書されている。この絵は明朝時代の崇禎4年(1631年)に中国の僧・宗可によって書かれている。作者の宗可は、密蔵と協力して方冊の大蔵経を刻した紫柏老人のことと推察される。

絵が描かれた1631年は、明朝の末期である。明朝を開始した明太祖をはじめ、明朝ほぼすべての皇帝が仏教を信奉していたため、この絵が描かれた崇禎（すうてい）（明最後の皇帝）年間までは仏教が広く普及された。さらに、仏教だけではなく、中国従来の道教や儒教も明朝において大きく発展し、儒・仏・道の三教の融合がいっそう進んだ。庶民の中に受け入れられた仏教は、道教や民間信仰と融合したものであり、彼らの生活と密着したものであった。

宗可撰図　呉瑜校証　1631（中国：明の崇禎4）年　高91cm　横38.5cm
龍谷大学大宮図書館蔵（023・2_101）
Drawn by ZongKe, Ming dynasty, 1631, h. 91cm w. 38.5cm,
Ryukoku University Omiya Library

この絵の下部に、「是有三大災。一火災、二水災、三風災　～(略)～　減劫中又有三小災。曰儉。曰病。曰刀。儉經七年。病經七月。刀經七日。供須彌図術十善奉三寶者不逢此災續漸增至八萬歲合為一中劫時弥勒如來下降生也。」という文字が書かれ、簡単に訳すと下記の内容になる。人生には大きい災難と小さい災難が三つずつあるが、この須彌図を飾り、十善を守り、三宝（仏・法・僧）に帰依することによって災難を防ぐことができ、弥勒如来（みろくにょらい）がお見えになる。このような教えを受け、400年程前の僧侶や百姓、猟師、漁師らの仏教徒は、仏たちの見守る須彌三界図を見て、念仏したのではないかと考えられる。(胡)

4. 天球図（てんきゅうず）

Horoscope

司馬江漢（1747～1818）によって描かれた銅版の星座図。司馬江漢は生涯を画家として過ごすとともに、西洋の天文学・地理を紹介する書籍の著述や西洋の社会制度・教育事業の紹介等を行った江戸初期の蘭学者である。江漢は27歳頃、蘭学者、医者、発明家として知られる平賀源内に接してオランダ伝来の科学知識や西洋思想を知り、さらなる修学に努めようと、長崎へと遊学した。長崎では、杉田玄白らと共に『解体新書』を翻訳した前野良沢（りょうたく）に入門してオランダ語を習得し、大槻玄沢の協力によって西洋思想や洋風画、銅板技法を学んだ。

天球図は、もとは『和蘭天説』と組で刊行されたものである。『和蘭天説』では、コペルニクスの地動説に準拠して太陽の運行や惑星の公転、日食、月食などを述べたうえで、地球の自転や重力の作用、自然現象の生起など多くの図を付して説明している。天球図は、オランダの地図制作者フレデリック・デ・ウィット（1630～1706）の天球図をもとにして作成されたと推測されている。さらに、江漢のものは、中国の天文図の上に西洋の星座絵が重ねて描かれていることで、中国古来の宇宙観と十八世紀に徐々に発展してきた蘭学の影響が混在した特徴的なものとなっている。星座は、禽獣（きんじゅう）人物異形でもって表現しており、それぞれの星座名はオランダ語で表記されている。ただし、十二宮だけは日本で使用している星座名に訳されてあることが、本文中に「日本ノ法ニ訳スレハ熊ノ全身ノ星ハ北斗七星ト文昌ノ六星ナリ」と記されているところからわかる。彩色は後から施したものと思われる。（岡崎）

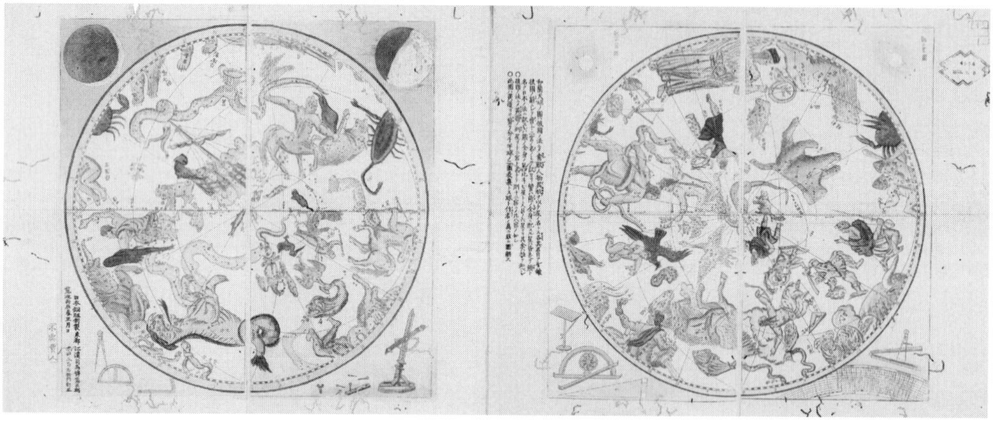

口絵 2-4 参照

司馬江漢　寛政8(1796)年
龍谷大学大宮図書館蔵（021_267）
Drawn by Kokan Shiba, Kansei 8 (1796)
Ryukoku University Omiya Library

かいたいしんしょ
5. 解体新書

Kaitai Shinsho (*Translation of the Tafel Anatomie* [*Anatomical Tables*])

ドイツ人ヨハン・アダムス・クルムスが著した解剖学書のオランダ語訳を和訳した書である。

杉田玄白、前野良沢、中川淳庵らが、明和8年（1771）3月4日江戸小塚原で処刑された屍体の解剖を検分し、携帯した『ターヘル・アナトミア』の写生図が実物と符合している正確さに感銘を受け、翌日から3年の歳月をかけて翻訳し、安永3年（1774）に解体新書5巻として公刊に成功した。内容は、原典の本文だけを訳し、本文の数倍に及ぶ脚注には触れず、28編に細分されている。図は、小田野直武が模写したものである。

本書の訳文は、オランダ語および人体の構造についての知識が不十分であるにもかかわらず、正確であり、誤訳はほとんどない。本書の出版によりオランダ語の書物の重要性が知られ、西洋の自然科学が鎖国後広く我が国に導入される端緒となった。

人体の解剖図は、解体新書第1巻目に、詳細に数多く描かれている。男女の解剖図、骨格、臓器、手足などにわたっている。頭部の解剖図は、頭頂からメスを入れて、頭皮を開いて四方にたらし、頭蓋骨を開いて、中の脳が見えるように描かれている。生々しい図である。解体新書は、日本の医学の進展をもたらすとともに、死体をありのままに解剖した図面を見ることを通して、死生観を人々に考えさせることになっただろう。（鍋島）

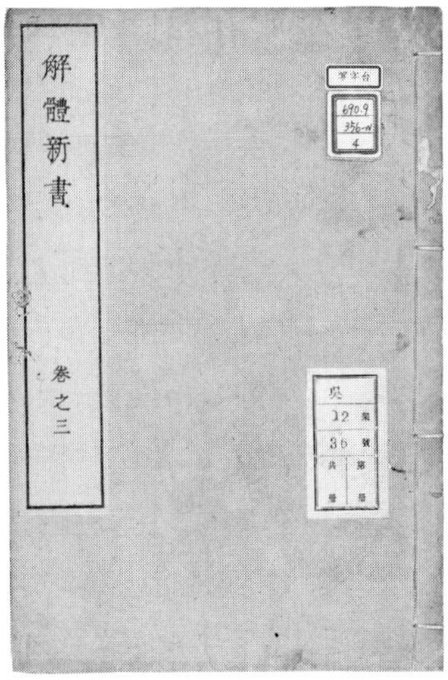

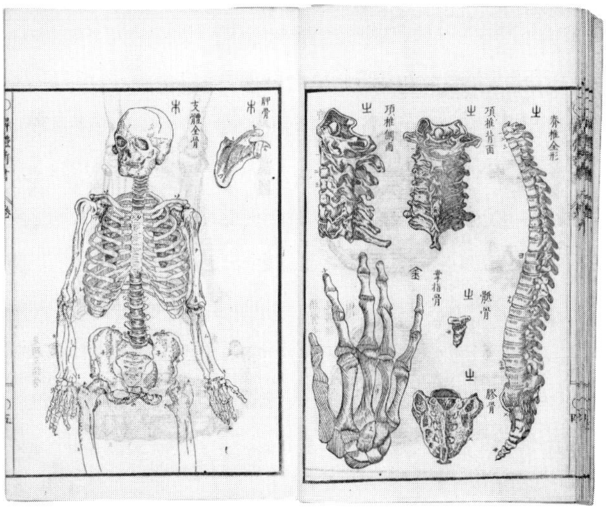

しゃじだい
寫字臺文庫　刊本5冊　江戸時代 1774（安永3）年刊
杉田玄白・前野良沢・中川淳庵他訳　小野田直武挿画　縦26.8cm　横18cm
龍谷大学大宮図書館蔵（690.9-356-5）
5 volumes, Translated by Genpaku Sugita, Ryotaku Maeno and Junan Nakagawa
Illustrated by Naotake Onoda, Anei 3 (1774), h. 26.8cm, w. 18cm, Ryukoku University Omiya Library

6. 阿修羅像ミニチュア

Miniature of Statue of Asura

阿修羅とは

阿修羅は、サンスクリット原語 asura を音写した言葉である。アシュラは、ペルシャの古語 ahura と語源が同じで、初めは善神の名前であったとされる。ゾロアスター教の ahura は、神秘力をそなえた神をさす言葉であった。後代のインドでは、神（sura）ではないものという語源解釈がなされ、非天、悪神とされ、常にインドラ神、すなわち、帝釈天と戦い、日や月と争う者となる。無酒神という漢訳語もある。血気盛んで、闘争を好む鬼神である。神々と戦闘を交えるという神話は、ヴェーダ聖典や叙事詩に見られる。仏教において阿修羅は、六道輪廻の一つ、迷える生存状態であり、また、仏法を守護する八部衆の一つとされる。

六道とは、地獄・餓鬼・畜生・阿修羅・人・天の六つの迷える存在である。阿修羅は、源信和尚の『往生要集』などによると、須彌山の北、大海の底に住居があるとされる。雷が鳴ると、天の鼓と思って怖れ戦き、心が疑いに満ちて、絶えず対立し闘争するものである。争いを好む阿修羅神は、仏教説話などに描かれる。『太平記』(20) に「修羅場と化す」という記述があるように、激しい争いのづづく状況は、「修羅場」と呼ばれる。阿修羅と帝釈天との戦闘は、『倶舎論』や『正法念処経』などに説かれ、帝釈天宮に攻め上った阿修羅王が日月をつかみ、手で覆うところから日蝕（にっしょく）、月蝕がおこったとも説かれている。

八部衆（はちぶしゅう）とは、正式には天龍八部衆（てんりゅうはちぶしゅう）と呼ばれ、ブッダの説法教化を受ける者たちであり、『法華経』『宝性論』などによると、ブッダの教えを守護する八種の神々とされる。(1) 天。(2) 龍、龍神・龍王。(3) 夜叉（やしゃ）、勇健暴悪で空中飛行できる鬼神。(4) 乾闥婆衆（けんだんばしゅう）、半神で音楽を演奏する天上の楽師。(5) 阿修羅衆、(6) 迦楼羅衆（かるらしゅう）、金翅鳥（こんじちょう）とも言い、竜を好んで食う。(7) 緊那羅衆（きんならしゅう）、半神半獣の姿をして、角があり、美しい声で歌う (8) 摩睺羅伽衆（まごらかしゅう）、蛇神の８つを指す。

〈関連作品〉

敦煌莫高窟にある阿修羅王図には、左右に風神と雷神がみえる（北魏、249 石窟）。密教の胎蔵界曼荼羅（たいぞうかいまんだら）では、外金剛部院にその阿修羅の姿をみることができる。それら阿修羅を描いた絵の多くは、阿修羅が、戦う神として、三つの頭と六本の手を持って描かれている。

興福寺　阿修羅像の魅力

興福寺に収蔵されている国宝、阿修羅像は、天平（てんぴょう）時代の作とされ、日本の至宝である。法相宗大本山、興福寺の解説によれば、国宝　阿修羅像は、三面六臂（さんめんろっぴ）（三つの顔

「仏像ワールド」茨木彰　製作　高 31.0cm　幅 20.5cm　奥行 11.0cm　個人蔵　日本
国宝、阿修羅像は、大本山法相宗　興福寺の所蔵で、乾漆造・奈良時代、高さ 153.4cm である。
Produced by Akira Ibaraki in Butsuzo World Company, h.31.0cm w.20.5cm d11.0cm Private Collection, Japan
The real Statue of Asura is possessed by Daihonzan Hossoshu Kofukuji, and this statue is designated as a Japanese National Treasure from the Nara era. Kanshitsu-zukuri (Dry lacquer technique), h.153.4cm

に六つの腕）の姿をして、上半身裸で常帛と天衣をかけ、腕飾りなどをつけ、裳をまとい、板金剛をはいている。すなわち、興福寺の阿修羅は鎧を身にまとわず、武装していない。阿修羅は、釈尊の法に出あい、疑惑を捨て争いの虚しさを省みて、仏法を守護するものとなったからであるとされる。実際、釈尊の涅槃図には、横たわる釈尊のそばに、阿修羅も描かれ、釈尊の死を歎き悲しんでいる。阿修羅は、釈尊の慈悲にふれて、疑いと戦闘にあけくれた自分自身を反省し、清らかな信心をおこした存在であった。

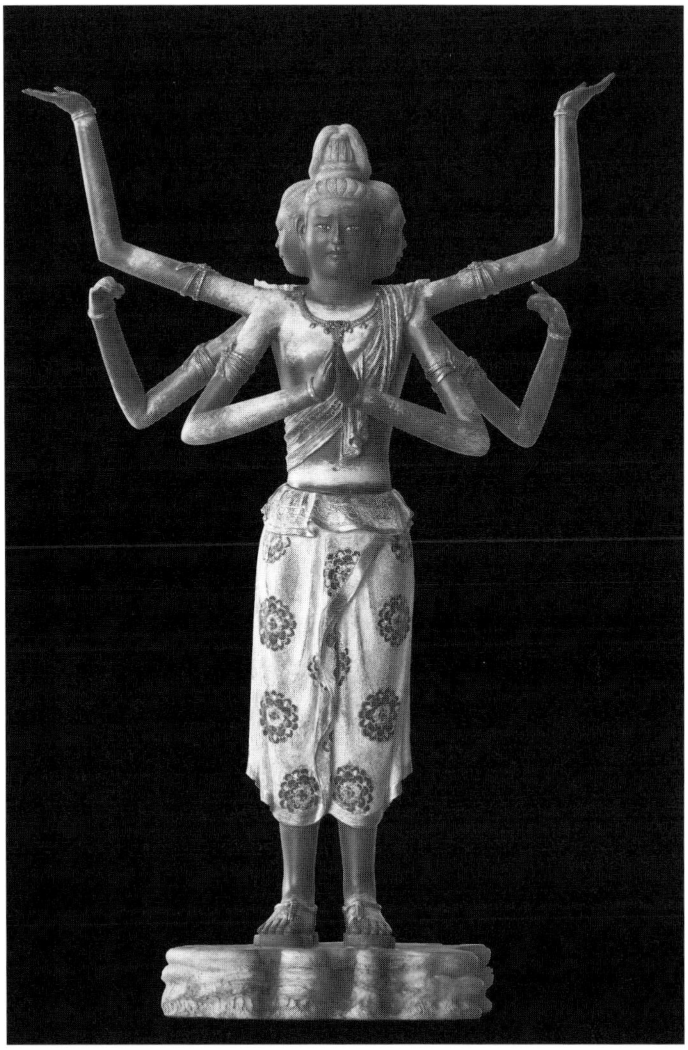
口絵 2-6 参照

『興福寺流記』によると、阿修羅像を造るように発願したのは、奈良時代の光明皇后である。光明皇后は、聖武天皇の御后であり、病人の治療、貧しき人、孤児の保護のために悲田院や施薬院を建てた。また、興福寺の境内に、光明皇后が建てた西金堂があり、そこに阿修羅像を納めたと伝えられている。光明皇后が信じ奉った『金光明最勝王経』には、「不生恭敬心　作如是衆罪　我今悉懺悔」（大正蔵第 16 巻 412a）、「若人犯罪亦復如是。即應懺悔令速除滅」（大正蔵第 16 巻 414b）などと、たびたび説かれている。すなわち、光明皇后は、戦乱や災害、対立や犯罪のつづく世界を省みて、ただ懺悔し、仏に手を合わせることこそが罪を除き平安をもたらす道であると信じていたのであろう。そして、罪を懺悔して仏に帰依する姿勢を示す存在として、阿修羅像を光明皇后が造らせたと考えられるのである。

三つの顔と六本の手の秘密

興福寺の阿修羅像の三つの顔はどのような表情を示しているだろうか。NHK 番組制作『阿修羅　天平の謎を追う』（DVD 2009 年）の中では、その阿修羅像が示す三つの表情の真意を解明している。その番組に登場する、元東京大学教授の原島博によると、まず、向って正面の左の顔は、下唇をかみ、眉を怒らせて、怒りや悔しい気持ちを表しているという。また、正面の右の顔は、顔が全体に中央によっていて、苦悩している表情をしているという。さらに、正面の顔は、自らの罪を懺悔し、悩みを少しずつのりこえはじめた姿をしているという。見る角度によっては、穏やかに微笑んでいるようにもみえる。さらに、原島博の考察によると、この阿修羅の三つの表情は、一人の少年が大人に成長する過程が表されているという。すなわち、唇をかむ幼い頃の阿修羅（正面左の顔）、そして自らの過ちを受け入れられず反抗する阿修羅（正面右の顔）、やがて自らの犯した罪を懺悔し、ひとすじの希望を見出す（正面の顔）というのである。悔しさ・怒り・苦悩・反抗・懺悔・聞法という心の成長過程を、阿修羅の三つの顔は示しているのだろう。

興福寺の阿修羅像の六本の手は何を示しているのだろうか。まず、上段の阿修羅の左右の手は、それぞれ月と太陽を高くかかげ、暗闇を照らし、ここに真実の仏の教えがあることを人々に知らせているかのようである。また、中段の二本の手は、何かしら弓を弾いて、妨げを為そうとするものから仏法を守る姿にみえる。あるいは、刀剣をもつ姿かもしれない。そして下段の二本の手は、胸の前で静かに合掌している。このように、日月を灯としてかかげ、武器をもたずに、何かを求めるように合掌する阿修羅の姿からは、阿修羅が、疑いと争いをくりかえしてきた自らの罪を深く懺悔して、仏に帰依し、平和を願っているように感じられる。その懺悔と平安への願いが、阿修羅像の三つの顔や六本の手に表現されているのだろう。

親鸞聖人のみた阿修羅

さて、浄土教においても、阿修羅は六道輪廻の一つの境涯であるとともに、仏法を聞き信じるものである。

「阿難、この義をもつてのゆゑに、無量寿仏にまた異名まします。・・・かの光明清浄広大にして、あまねく衆生をして身心悦楽せしむ。また一切余の仏刹のうちの天・竜・夜叉・阿修羅等みな歓悦を得しむ。」(『無量寿如来会』上、真仏土巻、浄土真宗聖典註釈版 339 頁)

「一切世間の天・人・阿修羅等、仏の所説を聞きたてまつりて、歓喜し信受して、礼をなして去りにき。」(『阿弥陀経』、浄土真宗聖典註釈版 128 頁)

これらの経典には、阿修羅が、仏の教説を聞き、喜んで深く阿弥陀仏の救いを信じたことが示されている。

さらに、親鸞聖人は『顕浄土真実教行証文類』に曇鸞（どんらん）の『往生論註』を引用して、阿修羅の琴について次のように記している。

『論』（論註・下）にいはく、「本願力といふは、大菩薩、法身のなかにして、つねに三昧にましまして、種々の身、種々の神通、種々の説法を現じたまふことを示す。みな本願力より起るをもつてなり。たとへば、阿修羅の琴の鼓するものなしといへども、しかも音曲自然なるがごとし。これを教化地の第五の功徳相と名づく。」（信巻　註釈版聖典 190 頁、証巻、浄土真宗聖典註釈版 334～335 頁）

阿修羅の琴とは、その福徳によって、聞きたいと思うと、弾き手がなくても、自然に妙なる音が鳴るとされ、阿弥陀仏の本願力にたとえられている。ここより、親鸞聖人は、阿修羅を、悪神とは捉えていないことがわかる。親鸞聖人は、阿弥陀仏が本願力によって一切衆生を救うように、阿修羅を、相手の気持ちに応じて妙なる音楽を奏で、その人の苦しみを自然に和らげるような存在として受けとめていたといえるだろう。

このように阿修羅は、決して悪神ではない。阿修羅は、六道輪廻の一つの存在、戦闘の鬼神として受容されつつも、疑いや争いの罪を慚愧（ざんぎ）し、仏教に帰依し、仏教を護る神である。さらには、阿修羅は、阿弥陀仏の本願のはたらきにも喩（たと）えられる存在であり、妙なる琴をもち、人々の悩める心を、自然に鳴る琴の音で慰めたのである。

私自身も阿修羅のように、悔しさや怒りでいっぱいになる自己をふりかえり、苦悩しながらも、罪を懺悔し、仏に一心に帰依して生きていきたい。そして、穏やかな音楽を奏でるように、人の悲しみのそばに静かにいられる人でありたい。このようなことを見つめるご縁をいただいた興福寺の阿修羅像とその研究成果に心から感謝したい。（鍋島）

参考文献：興福寺編『阿修羅を究める』小学館、2000年。小川光三『魅惑の仏像　阿修羅　奈良・興福寺』毎日新聞社、2000年。大本山法相宗　興福寺ホームページ http://www.kohfukuji.com/property/cultural/001.html。NHK『阿修羅　天平の謎を追う』NHK DVD、2009。中村元編『仏教語大辞典』東京書籍、1981年。中村元他編『岩波仏教辞典』岩波書店、2002年、真宗辞典編纂会『真宗大辞典』永田文昌堂、1998年。『浄土真宗聖典』註釈版第二版、本願寺出版、2004年。定方晟『須弥山と極楽　仏教の宇宙観』講談社、1973年。

7. 三劫三千仏(さんこうさんぜんぶつ)

Sankō-sanzenbutsu (*Three Kalpas Three Thousand Buddhas*)

12月19日より3日間、三劫三千諸仏名経によって、三世の三千の仏の名前を唱えて、罪の消滅を祈る法会(ほうえ)を仏名会といい、宮中でも室町時代まで恒例の行事として清涼殿で行われていた。過去の荘厳劫(しょうごんこう)に一千仏、現在の賢劫(けんこう)に一千仏、未来の星宿劫(せいしゅくこう)に一千仏、合せて三千仏の出世ありといわれている。

紙面縦134cm、横64cm、幅面縦228cm、横80.6cm。縦74列、横42列の坐像、計3千体。仏像一体の大きさは、縦1.6cm、横1.3cmで、わが国最小の仏教版画といえる。又、中央下に小坐像36体分の大きさの筆彩入仏像があり、その一体の紙面は縦10.5cm、横9cmである。各像は通肩の法衣を着け、蓮台上に坐す如来形の姿が、三劫三千仏形式を示している。

掛軸裏側に左の記載並びに蔵書印がある。

三千仏　仏名曾本尊
寶玲文庫　南山
(朱印)

上は中央の如来の回りにある三千仏の一部
全体図は口絵2-7参照

どんな時も、あらゆる場所に、仏は満ち満ちている。仏の功徳に満ちた名号を称えることは、あらゆるものの迷いを破り、罪を除く。なんと力強く、光に満ちていることだろう。この「三劫三千仏」の絵は、仏の慈悲を具現化した宇宙観である。

(鍋島)

一幅　南北朝時代頃摺(1336-1392)　龍谷大学大宮図書館蔵(012.1-173)
1 scroll, Nanbokucho Era (1336-1392), Ryukoku University Omiya Library

三　浄土教の死生観

浄土教における死生観と救い

鍋島直樹

浄土教の本質

仏教は、生老病死の苦しみの現実をありのままに知り、迷いを転じてさとりを開く道を明かすものである。その転迷開悟の道には、中国浄土教の高僧、道綽（562-645）が『安楽集』に明かしたように、聖道門と浄土門がある。聖道門とは、自らの力による修行を重ね、此土において聖なる仏果、さとりに至る道のことである。浄土門とは、この世界で汚濁にまみれ、罪業深く迷えるものが、阿弥陀仏の本願力によって、浄土に往生してさとりを開く教えである。この浄土門が浄土教であり、唐代の善導（613-681）は、「念々に浄土教を聞かんことを思い」（『法事讃』上、大正蔵47巻428b）と記している。

浄土教は、『無量寿経』『観無量寿経』『阿弥陀経』を根本の三部経典とし、大乗仏教が興起した時代、すなわち、およそ紀元100年頃に成立したとされる。『無量寿経』の本願、第十八願には、「私が仏になったとき、あらゆる人々が、まことの心で信じ、浄土に生まれることを願ってただ念仏し、もし生まれることができないなら、私は決してさとりを開くまい。ただ五逆と誹謗正法のものは除く」と誓われている。その誓いを達成した第十八願成就文には、「あらゆる衆生が阿弥陀仏の名号のいわれを聞いて、疑いなく信じ歓ぶとき、その信は阿弥陀仏が至心をもって回向されたものであることを知り、浄土へ生まれようと願うときに、往生すべき身と定まり、不退転に住する。ただし五逆の罪を犯し、正しい仏法を謗るものだけは除かれる」と説かれている。特に、この五逆の罪人と誹謗正法のものをただ除くという言葉には、二つの罪の重いことを明示して、すべての人々をみなもれずに救うという大悲心が込められている（親鸞『尊号真像銘文』、浄土真宗聖典註釈版644頁）。こうして、浄土教のやさしく真実なることを、龍樹（150-250）・世親（5世紀頃）・曇鸞（476～542）・道綽・善導・法然（1133～1212）、そして親鸞（1173-1262）が顕かにしていった。大悲は、阿弥陀仏の、苦悩する衆生を摂取して捨てないという本願に結晶されている。親鸞は、阿弥陀仏を「悲母（ひも）」（『教行証文類』行巻、註釈版聖典187頁）と呼んだ。親鸞は、本願成就文のこころを、「真実信心をうれば、すなはち無碍光仏の御こころのうちに摂取して捨てたまはざるなり。摂はをさめたまふ、取はむかへとると申すなり。をさめとりたまふとき、すなはち、とき・日をもへだてず、正定聚の位につき定まるを「往生を得」とはのたまへるなり」（『一念多念文意』、註釈版聖典678頁）と受けとめた。親鸞は、仏の光に照らされて自らの愚かさを知り、自然のあるがままの姿で、仏の大悲に身をゆだねたとき、真の安心がもたらされたのである。すなわち、救いの道は雑行雑修の自力の心をふりすてて、「ただ念仏して、弥陀にたすけられまゐらすべし」（『歎異抄』第二章）と師、法然が教えた道であった。親鸞は、この信心の境地を「雑行を棄てて本願に帰す」（『教行証文類』化巻、註釈版聖典472頁）と表白している。

親鸞における死の受けとめ方

それでは、法然の薫陶を受けた親鸞は、死をどのように受けとめたのであろうか。親鸞は、覚信坊という愛する門弟の死について、こう語っている。

> 「そもそも覚信坊の事、あわれにおぼへ、またたふとくもおぼへ候。そのゆへは信心たがわずしておはられて候。」（覚信の死を偲んで）（御消息13　註釈版聖典766頁）

ここより第一に、親鸞は死の現実を、悲しみと尊さの両面から受けとめていた。この覚信坊が、感謝の想いで念仏を称えて、死を迎えているところには、念仏の意義をそこに見出すことができるだろう。

また、親鸞は弟子たちの臨終に際して、数多くの手紙を送っている。たとえば、

> 「この身は、いまは、としきはまりて候へば、さだめてさきだちて往生し候はんずれば、浄土にてかならずかならずまちまゐらせ候べし。」（『末灯鈔』12通　註釈版聖典785頁）

「私は今はもうすっかり年を取ってしまいました。定めしあなたに先だって浄土に往生するでしょうから、あなたを浄土で必ずお待ちいたしましょう」という意である。ここより第二に、親鸞は、死は終わりでなく、浄土に誕生することであり、死別してもまた会える世界がある（「倶会一処」『阿弥陀経』）と明かした。親鸞はまた、浄土を「安養」「無量光明土」とも表現している。死ぬこと自体は決して不幸ではなく、人間の思いの及ばぬ死の彼方は、仏の光に満ちていると説いて、人々に死を超えた解決を示したといえるだろう。

第三に、仏は悩めるものをそのままで今ここにおいて摂取する、と親鸞は明かしている。救いの成立について、第十八願、至心信楽の願に基づき、親鸞はこう記している。

> 「真実信心の行人は、摂取不捨のゆえに正定聚の位に住す。このゆえに臨終まつことなし。来迎たのむことなし。信心の定まるとき往生またさだまるなり。来迎の儀則をまたず。」（『末灯鈔』1通　親鸞79歳　註釈版聖典735頁）

第四に、親鸞は、死の迎え方の善し悪しを問題にしなかった。悲哀に満ちた死を、めでたき往生として受けとめた。中世当時、飢饉で苦しみながら亡くなった同朋を哀れに思いつつ、親鸞はこう記している。

> 「まづ善信（親鸞）が身には、臨終の善悪をば申さず、信心決定のひとは、疑いなければ正定聚に住することにて候ふなり。さればこそ愚痴無智のひとも、をはりもめでたく候へ。如来の御はからひにて往生するよし、ひとびとに申され候ひける、すこしもたがはず候なり。」（『末灯鈔』6通　親鸞87歳　註釈版聖典771頁）

ここより平生において、人間の計らいを超えた、阿弥陀仏の本願を信順して念仏するところ、往生すべき身と定まると、親鸞は示した。臨終における人間の心の状態によって往生が決まるのではない。如来の計らいによって往生する。

第五に、死を受け容れられない人を、そのままで仏は摂取する、と親鸞は明かした。『歎異抄』第九章に、死と大いなる慈悲についてこう記されている。

「まことによくよく煩悩の興盛（こうじょう）に候にこそ。なごりおしくおもへども、娑婆（しゃば）の縁つきて、ちからなくしておはるときに、かの土へはまひるべきなり。いそぎまひりたきこころなきものを、ことにあわれみたまふなり。これにつけてこそ、いよいよ大悲大願はたのもしく、往生は決定と存じ候へ。」（『歎異抄』第９章　註釈版聖典837頁）

死を受容することは、多くの人間にはとてもむずかしい。しかし、それでよいのである。自らをいつわらずに、臨終まで残る不安や寂しさを抱えたままで、仏に救われる。なぜなら、迷い深きものを、仏はあわれみ、迷いの身と心に、仏の慈悲が貫徹するからである。

いかに看取りの環境を整え、自己の心を統御しようとも、安らかな死が迎えられるとは限らない。だからこそ親鸞は、臨終において自己の計いで念仏し、来迎を期するのをやめて、摂取して捨てない阿弥陀仏の慈悲に乗託した。第十九・二十願の道から、第十八願の道への転入である。それは「愚者になりて往生す」（『末灯鈔』６通）る道である。阿弥陀仏の慈悲に抱かれているから、臨終まで残る不安や寂しさを抱えたままで救われるのである。

第六には、浄土で仏となり、再び生死の苦しみの世界に還って、人々を迷いから悟りに導くと、親鸞は明かしている。これが還相廻向（げんそうえこう）の思想である。還相廻向とは、死を超えてつづく大いなる慈悲、仏の働きを表わしている。

「おくれさきだつためしは、あはれになげかしくおぼしめされ候とも、さきだちて滅度にいたり候ひぬれば、かならず最初引接（いんじょう）のちかひをおこして、結縁（けちえん）・眷属（けんぞく）・朋友（ほうう）をみちびくことにて候。」（『末灯鈔』14通　註釈版聖典767頁）

亡き人は、遺族にとって、真実への道標、導き手となる。念仏者は、往相還相の働きのなかに生かされ、死を超えて互いに師弟となって導きあうことを、親鸞が願っていたといえるだろう。

死に直面した人の心と救い

死に直面している患者が願っていることは、何であろうか。死を自覚した人間には、およそ三つの願いを有しているだろう。

（1）日常性の存続

第一には、「日常性の存続」である。患者は、身体的苦痛が和らぎ、少しでも病状が改善して、ささやかな日常が一日でもつづいてほしいと願う。例えば、家族と一緒に食事して、自分自身にもいい時があったことを、家族と確かめあう。自宅にもどり、家族や世界の幸福のためにわずかでも貢献できることなどがある。死を前にした人間の願いは、特別なことではない。患者のほとんどが病を通して、あたりまえの日常生活が貴重であることにめざめる。

(2) 願いの継承

第二には、「願いの継承」である。死を前にした人間は、最期まで、終わりのない夢をいだいている。その意味で、患者の愛情や志願を、看取る家族縁者が確かに受けとめていくことが望まれる。もし看取る人々が、患者の願いを確かに受け継いでいくという気持ちを、患者に伝えることができたら、その患者と家族の絆は死を超えたものとなるだろう。

(3) 再会の希望－死を越えてつづく心の絆

第三には、「再会の希望」である。死にゆく患者にわきおこってくる清らかな希望は、愛する人々との再会の希望である。患者は、現実的には、もう会えなくなることを自覚しながらも、愛する人々とまた会いたいと願うようになる。家族もまたしばしばそう願う。

重要なことは、この再会の希望は、人間の希望の質的転換を表わす。希望の質的転換とは、名誉や財産などこの世で達成しようとする願望よりも、死を超えたまことの愛情を求めるようになることである。実際、釈尊は、自分の死が近づいたときに、弟子たちに対して、「生まれたものは必ず死すという道理を何人も免れることはできない。無常の道理は絶対である。しかし、死ぬのはこの私の肉体である。それは朽ち果てるものである。真の生命は、私が見出し、私が説いた理法である。それに人々が気づいて実践しているならば、そこに私は生きている。永遠のいのちである」と説いたとされている。浄土教においては、死別しても、また浄土で会えると教え、また亡き人は仏となって遺族の心を導いてくれると説いている。このように、心の中に愛する人が生きつづけるという実感は、患者の孤独感を和らげ、死を超えて、家族と患者の心をつなぐことになるだろう。

そこで、死に直面している人間の願いを知るために、一人の女性、平野恵子の手記を紹介したい。平野恵子は、癌の告知を受けて後、三人の子どもたちへ、母親としてあげられることは一体何だろうと考えた。

「こんな病気のお母さんが、あなた達にしてあげれること、それは、死の瞬間まで、「お母さん」でいることです。……死は、多分、それがお母さんからあなた達への最後の贈り物になるはずです。人生には、無駄なことは、何ひとつありません。お母さんの病気も、死も、あなた達にとって、何一つ無駄なこと、損なこととはならないはずです。大きな悲しみ、苦しみの中には、必ずそれと同じくらいのいや、それ以上に大きな喜びと幸福が、隠されているものなのです。子どもたちよ、どうかそのことを忘れないでください」(平野恵子『子どもたちよ、ありがとう』法蔵館、18頁)

「お浄土で待っております。あなたがその貴い人生を終えて、重い宿業(しゅくごう)の身体を脱ぎ捨てる時、お母さんとあなたは、共に風となり野山を駆け巡ることができるでしょう。梢を揺らして小鳥達と共に歌をうたうこともできるでしょう。」(前掲書、36頁)

彼女は、悲しみという逆縁から生まれる真の優しさを、子どもたちに示している。人は、限りあるいのちに気づくことを通して、死に左右されない限りなきいのちを見開いていくことができるだろう。

患者と家族に対する浄土教の看取り

患者はしばしば、生涯の愛を確かめ合う最後の会話や時間をひたすら求めている。「そこにいること（be there）」「患者の発言を否定せずに黙って聞くこと」が、看取りの基本である。仏教にもとづく看取りの姿勢を、およそ次の五つの姿勢にまとめてみたい。

(1) 真実を共有する。

無常という人生の現実を、患者と家族、さらに看取るスタッフが共有することが大切である。病気の事実を患者も家族も知り、相互にその真実を共有するときに、本当の会話が成り立っていくからである。

(2) 全人的な痛みを緩和する。

身体的な苦痛を軽減することは、何にもまして大切である。身体的な苦痛が和らげば、対話することもできるからである。全人的な痛みの緩和ケアとは、患者が身体的苦痛（physical pain）・心理的苦痛（mental pain）・社会的苦痛（social pain）・スピリチュアルな苦痛（spiritual pain）をかかえていることを理解し、その苦痛を和らげることをめざす。スピリチュアルペインとは、人生の危機に直面し、「なぜ私がこんな目にあわなくてはならないのだろう」「これから私はどうなるのだろう」という深い心の苦しみである。「自己喪失の苦しみ」である。スピリチュアリティの回復とは、自分の存在意味を見出し、母なる大地のように、何があっても自分を支えてくれるような何ものかに抱かれることであるだろう。

(3)「生の完遂」を援助する。

患者が「死にたい」といった場合でも、その言葉の背後を充分に思いやる必要がある。「死にたい」という言葉は、時として単に「迷惑をかけたくない」「今の自分は好きではない」という気持ちの表現であり、さらには「生きたい」といった気持ちの裏返しでさえありうる。患者の気持ちや感情は、そのときの状況や人間関係によって変化する。一つひとつの場面ごとに、患者が今何を一番願っているかを知ることが求められる。患者は死を受容するために生きているのではない。終わりのない希望や夢を抱きながら最期まで生きている。

(4) 死の縁は無量であり、死の姿の善悪を問わない。

尊厳死とは、苦痛のない安らかな死を願ったもので、平安な臨終は人々の期待するところである。しかし、実際には「死の縁無量」といわれるように、交通事故や災害、超急性疾患など、突然に死を迎えることもある。そこで、日本では昔から、どのような悲しい死を迎えても、死ははかなくも尊いものであり、その善し悪しを問題にしなくてもよいとしてきた歴史がある。したがって医師は、安らかな死が最高の医療であるという見方を念頭におきながらも、他方いかなる「死」も尊いと受け止めることができるような深い人生観をもっておく必要がある。

(5) 患者の姿に学ぶ。

病人を看取ることは、看取る自分自身を見つめることになる。看取るものは、自分の考えを患者に押しつけたり、信仰や布教を強要したりしてはならない。むしろ、病める相手の姿の中から、生きる意味を学ぶことができるだろう。

(6) そばにいること

たとえ患者のいうことが全部理解できなくても、理解しようという心がありさえすればいい。釈尊が、罪にあえぐ阿闍世に示した姿勢に、月愛三昧(がつあいざんまい)がある。月が闇夜を歩く旅人を照らし安心をもたらすように、また月に照らされて青い蓮の花が咲くように、解釈を加えずに、静かにそばにいることが悩めるものの支えになるということである。月が闇を残したまま、人々を優しく照らすように、月愛三昧は、とがめることない無条件の受容を示している。緩和ケアの理念に、「何かをすることではなく、そばにいることである (Not doing but being)」という言葉がある。絶望的な状況におかれている人に、何もできなくてもそばにいるだけで、ささやかな支えになることを、この言葉は教えている。

(7) 念仏を称える

平生から念仏相続を縁として、生死の迷いが突き破ぶられ、仏の慈悲が満ち満ちてくる。親鸞の弟子、覚信坊が、死の床で感謝の気持ちで称名念仏していたことは、そのことを示唆している。

(8) 死別後の遺族の悲しみに長期間寄り添う。

悲しみは別れと喪失に対する自然な感情である。死別悲嘆は、感情の麻痺や無力感、孤独感、罪悪感と自責、怒りや不安、疲労と安堵感など、人それぞれに複雑な現れ方をする。ただ、悲しみ自体が傷ついた心を癒す過程でもある。葬儀や法事などで、涙を流し、悲しみを分かちあうことは、悲しみからたちあがる一歩となる。浄土教では「還相回向」の思想を説く。亡き人は浄土に生まれて仏となり、再び娑婆世界に還って、遺族の心の道標になるという意味である。真宗学者の金子大栄は、この死を超えた慈愛について、次のように表現している。

> 「花びらは散っても花は散らない。形は滅びても人は死なぬ。永遠は現在の深みにありて未来に輝き、常住は生死の彼岸にありて生死を照らす光となる。その永遠の光を感ずるものはただ念仏である。」(『金子大榮選集 第十五巻』在家仏教協会、1956 年、34 頁)

このように死に直面するとき、人は自己の人生の意味をふりかえり、真の優しさと愛情に気づく。患者とは、家族やよき理解者にめぐりあい、愛されていると実感できたとき、寂しさが和らげられ、安らぎを感じることができる人たちである。

1. 善導大師御影（精密複製）

Zendō Daishi Goei（Portrait of Shandao), Precise Reproduction

唐代に活躍した善導大師（613-681）は、称名念仏を中心とする浄土教を確立し、中国浄土教の大成者として名高い。五部九巻の著作を遺しており、なかでも『観経疏』は重要である。「偏依善導」として特に善導大師を重視した法然上人は、その教えに導かれて専修念仏を確立し、日本浄土教の礎を築いた。

本画像は、知恩寺の寺伝によると、大原談義で法然上人に感化され念仏の行者となった顕真が、喜びのあまり善導大師の真影を模写して、自ら供養したものとされる。上部色紙形には次のような讃文が記されている。

唐善導和尚真像
　　　四明伝法比丘曇省讃
善導念仏　仏従口出
信者皆見　知非幻術
是心是仏　人人具足
欲如善導　妙在純熟
心池水静　仏月垂影
業風起波　生仏殊
紹興辛巳二月一日

紹興辛巳とは紹興 31（1161）年、南宋の高宗の年号である。しかし、この讃文は書風からみて南宋のものではなく、鎌倉時代に日本で書写されたものと推察される。

善導大師の口はわずかに開いており、その口から阿弥陀如来が虚空へと舞い上がる。専修念仏を究めた方の語りはまさに阿弥陀仏の現れそのものなのである。ただし、現存する画像において、化仏（仏が衆生を救済するため、別の姿で現れること）の光明はほとんど剝落し、かすかに金色が残るのみである。

念仏者の口から化仏が現れるというモチーフは極めて多く見られるものである。「空也上人立像」（六波羅蜜寺蔵）は最も有名なものの一つであろうが、善導大師についても、「浄土五祖絵伝」（光明寺蔵）のような画像にもこのモチーフはみられる。また、知恩院および善導院所蔵の「善導大師立像」の口の内には小孔がみられ、かつてはこの孔に阿弥陀の化仏をとめた針金が刺されていたと考えられている。（古莊）

絹本著色　鎌倉時代（13 世紀）　縦 141cm 横 55cm
龍谷大学 大宮図書館蔵（原本は知恩寺蔵）
Kamakura Era, 13th century, h. 141cm, w. 55cm
Chionji temple

2. 往生要集（和字絵入）

Ōjōyōshū (Essentials for Attaining Birth, with Illustrations)

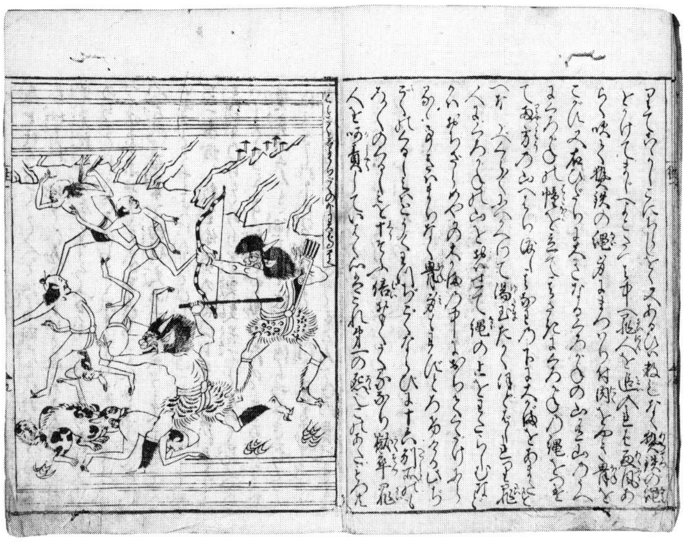

『往生要集』は恵心僧都源信和尚（942～1017）が寛和元（985）年に著わした、わが国浄土教思想史上最高の書といわれている。『往生要集』（全３巻）は、１ 厭離穢土、２ 欣求浄土、３ 極楽証拠、４ 正修念仏、５ 助念方法、６ 別時念仏、７ 念仏利益、８ 念仏証拠、９ 往生諸行、10 問答料簡の 10 章に分けられ、数多の経典から往生極楽に関する要文を引用して、念仏修行について詳述している。本書成立の翌年には宋の天台山国清寺に伝えられ、多数の随喜者を生じ、源信和尚は「南膜日本教主源信大師」と称えられたという。わが国においても宗教学・思想・文学・芸術等に及ぼした影響は多大で、地獄・極楽のイメージは多くの六道絵や浄土図の他、江戸時代には絵入本として普及した。本書は漢字平仮名文絵入となっており、各々に挿絵がある。（大宮図書館）

源信和尚（恵心僧都）著　寛文 11（1671）年跋
龍谷大学大宮図書館蔵（024・3_461）
Written by Genshin, Published with illustrations in Edo Era (1671),
Ryukoku University Omiya Library

3. 恵心僧都絵詞伝　源信和尚の臨終の場面

Genshin Sōzu Ekotobaden (A Biography of Master Genshin with Illustrations)

慶応２（1866）年、台嶺前大僧正豪海が源信和尚（恵心僧都）の 850 年遠忌に際して、追慕の心を込めて僧都の一代記を作成することを発願し、これを受けた恵忍、堯道両師が法龍に執筆依頼し、成立したものである。

臨終行儀について表された挿絵は、釈尊の入滅と同じく頭北面西して遷化された僧都の姿が鮮明に描かれている。向かい合う仏像の左手よりつながれた五色の糸を手に取ることで、仏に迎えられ浄土に導かれる様子を見ている。（大宮図書館）

法龍 編　慶応 2（1866）年　龍谷大学大宮図書館蔵（日伝記-ハ 22）
Edited by Horyu, Keio 2 (1866), Ryukoku University Omiya Library

4. 阿弥陀如来二十五菩薩来迎図（あみだにょらいにじゅうごぼさつらいこうず）

Picture of Amida Buddha and Twenty Five Bodhisattvas Coming to Welcome

この版画絵図は、極楽浄土へ往生することを願う念仏者に対し、臨終間際に阿弥陀如来が西方極楽浄土から雲に乗って観世音（かんぜおん）菩薩（ぼさつ）、勢至菩薩（せいしぼさつ）をはじめ、二十五菩薩と共に念仏者の前に姿を現し、浄土引接していく情景が表現されている。

積雪の富士山とその上方に太陽と月が描かれ、画の下段には六字名号を中心として、善導大師と法然聖人が描かれ、右に往生人と僧侶（善知識）を表し、画の周囲には法然聖人の法語（一紙小消息）が刻記されている。今まさに死を迎えんとする人に、阿弥陀如来と二十五の菩薩が極楽浄土へ誘う臨場感を描き出している。また、版画周囲左方には小さな○印が 102 個ある。これは念仏を一万遍称えては一個ずつ塗り潰していき、百万遍以上の称名念仏の数を記録する為に用いられたものである。（本多）

口絵 3-4 参照

義賢　江戸時代　龍谷大学大宮図書館蔵（024・301-24）
Drawn by Giken, Edo Era, Ryukoku University Omiya Library

5. 當麻曼荼羅図平成本（精密複製）

Taima Mandara, Heisei Printed, Precise Reproduction

當麻曼荼羅は、『観無量寿経』の内容を周縁部に図示した阿弥陀浄土変相図の一つであり、原本は當麻寺奥院蔵国宝本尊當麻曼荼羅である。

この曼荼羅は、綴織であることから綴織曼荼羅とも呼ばれ、また天平宝字7(763) 年の中将姫の浄土信仰説話にちなみ蓮糸大曼荼羅とも呼ばれている。平安時代にはそれほど有名ではなかったが、鎌倉時代初期に浄土宗西山派祖・証空上人(1177-1247) が、善導大師の『観経疏』に基づくものであることを明らかにし、後に広く流布されるようになった。

當麻曼荼羅は、図像が四つの部分に区画されており、他の浄土変相図に比べて極楽浄土中の尊像も数多く描かれ、複雑な画面構成をしている。向かって左区画には、11 の間切りがあり上方から下方へと王舎城の悲劇が描かれている。向かって右区画には、13 の間切りがあり上方から下方へと『観経』の定善十三観が描かれる。下区画には、10 の間切りがあり、中央に當麻曼荼羅の縁起を記し、右側から左側へと『観経』の散善九品が描かれる。中央の大きな区画には、浄土の荘厳相が描かれている。前面にある蓮池の蓮花からは、往生者が生まれているさまが見え、その池の畔では、阿弥陀と往生者の父子相迎の様が描かれている。中央には、阿弥陀仏、観音菩薩、勢至菩薩の三尊を中心とした聖衆が描かれ、その後方には左右対称に宝閣が描かれる。また、空中には散華や各種の楽器と共に飛天が舞い、極楽浄土のさまが描写されている。(北岑)

詳細は口絵 3-5 参照

絹本着色　縦 100cm 横 100cm（原寸縦 394.8cm 横 396.8cm）
龍谷大学 深草図書館蔵（原本當麻寺奥院）
Guan wuliangshou jing (the Sutra on Contemplation of Amida Buddha), An Imitation of Taima Mandara that is owned in Taimadera Temple okunoin in Nara, h. 100cm, w. 100cm
Ryukoku University Fukakusa Library

6. 當麻曼荼羅

Taima Mandara, Guan Wuliangshou Jing (the Sutra on Contemplation of Amida Buddha)

観無量寿経変相図の一種で、最も普及した阿弥陀浄土図の形式である。この名は、奈良県下在の当麻寺に伝来する８世紀の唐本を典拠とすることによる。図様の構成は中国浄土教の大成者である善導大師の『観無量寿経疏』を描いたものとされ、中央

奈良　當麻寺蔵の模刻　江戸時代
龍谷大学大宮図書館蔵（023・1_444）
An Imitation of Taima Mandara that is owned in Taima Temple in Nara, Edo Era,
Ryukoku University Omiya Library

の大画面（内陣）は阿弥陀仏を中心とする極楽浄土の壮麗な相を図示し、左・右・下側の三区画（外陣）は娑婆の有様を表している。内陣は「玄義分」、向かって左側の外陣は「序分義」、右側は「定善義」、下側は「散善義」に相当する。

曼荼羅の見方は、最初に、外陣左側（序分義）上の霊鷲山（りゅうじゅせん）を見た後、下から頻婆娑羅（びんばしゃら）王投獄（4区画）、韋提希（いだいけ）夫人監禁（2区画）、苦を厭う（2区画）、浄土を願う（2区画）という順で上に読み進めていく。続いて外陣右側上から日想観（にっそうかん）、水想観、宝地観、宝樹観、宝池観、宝楼観、華座観、像想観、真身観、観音観、勢至観、普観、雑想観と順に読み進めていく。さらに外陣下側右から上品上生（じょうぼんじょうしょう）、上品中生（ちゅうしょう）、上品下生（げしょう）、中品（ちゅうぼん）上生、中品中生、中品下生、下品（げぼん）上生、下品中生、下品下生と順に読み進めていく。最後は、中央大画面（内陣）を読み進めていく。内陣は、中央・左・右の3列13区分に分けられる。左列・右列は下方に見仏、中央に樹下説法、上方に宝楼宮殿が描かれ、中列は下方から舞楽、宝池、台、阿弥陀三尊、中庭、光変、虚空が描かれている。（北岑）

〈関連作品〉

中国の敦煌には、観無量寿経変相図（絹本（けんぽん）著色、139cm×88cm、9世紀後半～10世紀初め、晩唐時代、敦煌莫高窟（もうこうくつ）、エルミタージュ美術館所蔵、DX316）が残され、阿弥陀三尊を中心とする阿弥陀浄土図が描かれ、阿闍世王の物語、韋提希夫人の観想が表されている。

日本には、奈良・當麻寺所蔵の當麻曼荼羅（国宝、中将姫が蓮糸を用いて、一夜の内に織った物語で知られているこの図像の原本は、大きさ3.95m）、奈良・長谷寺所蔵の當麻曼荼羅（重要文化財、絹本著色、152.4cm×149.1cm、13世紀、鎌倉時代）、福岡・曼荼羅寺所蔵の當麻曼荼羅（重要文化財、絹本著色）、滋賀・西教寺所蔵の當麻曼荼羅（重要文化財、絹本著色、120cm×120.9cm、13世紀、鎌倉時代）、奈良国立博物館蔵（絹本着色、181.3cm×179.3cm、13世紀、鎌倉時代）、奈良国立博物館所蔵の阿弥陀浄土図（絹本著色、161.1×88.5cm、13世紀、鎌倉時代）、兵庫県姫路市・大覚寺所蔵の當麻曼荼羅中尊阿弥陀仏（絹本著色、一幅、197.7cm×100.6cm、17世紀、江戸時代）などがある。（鍋島）

7. 国宝 山越阿弥陀図（原寸大復元屏風装）

Yamagoshi Amida Zu (Picture of Amida Buddha Coming Over the Mountains), Precise Reproduction, Japanese National Treasure

口絵 3-7 参照

なだらかな稜線のつづく山々の向こうから、転法輪印を結んだ阿弥陀如来が、正面を向いて上半身をあらわしている。阿弥陀如来の背後には、大海が広がっている。観音菩薩と勢至菩薩が踏みわり蓮華に立ち、白い雲に乗って山を越え、往生人に向かって今まさに来迎せんとする様子が描かれている。観音は往生人の乗る蓮台を両手で差しだし、勢至は合掌し、両菩薩ともに身体を前にかがめ死を迎える人の心に優しく寄り添う。両菩薩の前方には、四天王が左右に立ち、臨終を迎える人が極楽往生できるように力強く見守っている。

あわせて二人の持幡童子が幡を掲げて、往生人を阿弥陀如来の方向に導こうとするのである。この四天王と二童子は、三善為康著『拾遺往生伝』(1132 年)に記載されている。阿弥陀如来は、背にほのかな白銀色の円光を背負い、画面左上のすみには、月輪の中に、大日如来の種子「阿」字が悉曇文字で記されている。密教の『大日経疏』などによれば、阿字は、本不生、すなわち、「あらゆるものが空であり生滅がないこと」「万有の根源」を象徴する。この山越阿弥陀図全体の清らかで透きとおった色調と月輪中の阿字とが指し示すように、月の光が山の向こうから届く情景を、阿弥陀如来と観音・勢至の来迎にたとえたのであろう。阿弥陀如来・観音・勢至の三尊の身体は、ともに金泥で飾られ、法衣の彩色には、金・銀泥や切金が用いられ、繊細で柔らかな印象を与える。山裾には、桜や紅葉が描かれ、日本人の愛する自然がこの絵に込められていることがわかる。

この図は、高野山で行われていた真言浄土教の念仏の本尊とされる。真言宗の僧でありながら、法然聖人の没後、法然聖人に帰依し、承久 3(1221)年、禅林寺に入った静遍僧都(1165～1223)が、高野山で尊重されている阿字月輪観を通して感得した来迎図と伝えられている。

永観堂禅林寺所蔵 京都　顔彩方式絹本著色　縦 138cm　横 118cm
鎌倉時代(12～13 世紀前半) 龍谷大学 人間・科学・宗教オープン・リサーチ・センター蔵
(この山越阿弥陀図の原絵図は、永観堂禅林寺所蔵である。禅林寺に特別に許可をいただいて、屏風装に再現した。近年の研究により実際は、軸装であった可能性が高いとされる。)
Silk Standing Screen, Eikando Zenrinji, Kyoto, Kamakura Era, 12th-13th Century, h.138cm, w. 118cm, Center for Humanities, Science and Religion, Ryukoku University
(This screen picture is a restored picture of Yamagoshi Amida Zu under the permission of Zenrinji.)

この阿弥陀如来の両手には、金戒光明寺本の山越阿弥陀図と同様に、五色の糸をつけていた孔が残っている。また、阿弥陀の白毫が深く数枚の裏打紙に達するまでえぐりとられている。『宣胤卿記』永正16(1519)年5月末の記事によると、天王寺西門西脇壁に描かれていたという恵心僧都源信和尚筆の山越阿弥陀図を写した三条西実隆所蔵来迎図の阿弥陀の白毫に、聖徳太子が勝鬘経講讃のとき、毎日行水に使う水を浄めるため、法隆寺の井戸に沈めたという珠をはめていた、という記述がある。その意味で、この図の白毫が深くえぐりとられている理由は、ここに水晶などの珠を差し込んだか、もしくは、この部分に孔をあけ、絵の裏から灯火をちらつかせて、斜め向き来迎図に必ず描かれている白毫から出る光線を、実際の光で放射し、臨終を迎えた往生者を随喜させたのではないか、と推察されている。さらにこの図は、阿弥陀如来の左右に、縦の折り目の跡が二本残っていることから、もとは屏風仕立てであったとも考えられるが、単なる折り目かもしれない。

この国宝山越阿弥陀図は、現存する山越阿弥陀図の一つとして、最古の優れた作品である。(鍋島)

8. 山越阿弥陀図(やまごしあみだず)と無常院(むじょういん)ミニチュア再現(さいげん)

Miniature of Amida Buddha Coming over the Mountains and Impermanence Hall

□絵 3-8 参照

山越阿弥陀図・無常院ミニチュア作品が、禅林寺永観堂の協力をえて、2006 年新春に完成した。日本のミニチュア造形作家の技術を結晶して、人形や舞台が作られた。この無常院ミニチュアは、山越阿弥陀図が人生の終末においてどのように使われていたか、中世の日本人がどのように死を迎えていたかを知ることができる。大きさは実際の４分の１スケールである。

中央に安置されている絵は、禅林寺所蔵・国宝山越阿弥陀図である。平安時代末期に描かれたとされ、現存する山越阿弥陀図の一つとして、最古の優れた作品である。なだらかな山々の向こうから、阿弥陀如来がこちらを向いて上半身を現している。阿弥陀如来の背後には穏やかな海が広がる。右手の観音菩薩は往生人に蓮華の台をさしだし、左手の勢至菩薩は合掌して見守っている。山の両脇には四天王がたち、悪魔から護っている。あわせて手前の二人の童子は旗を掲げ、「極楽浄土はこっちだよ」と案内している。

それでは、なぜこのような山越阿弥陀図が描かれたのだろうか。中世当時、人々は戦乱や災害、飢饉や疫病に見舞われていた。そこで平安に死を迎えられるように描かれたのである。日常生活に使われた終末期ケアである。山越阿弥陀図は古くは持仏堂に遡り、また現代の家庭にある仏壇に通じるものだろう。

ところで、この絵にはいくつかの秘密がある。一つは、阿弥陀如来の両手に五色の糸がつながれ、病人がその一方を握っていることである。五色とは、人間の五感を表わし、私の身も心もみ仏に抱かれていることを意味する。五色の糸は、極楽からこの世にかけられた虹の架け橋、死をこえた命の絆である。

二つめは、山々の中に、桜や紅葉などの木々が、同時に描かれていることである。桜と紅葉は、人生の四季を表すとも、極楽を表すともいわれる。月輪(がつりん)、月の輪は、澄みきった仏の心である。人間と自然とが一つになっていく世界を象徴している。満開の桜や紅葉をながめることで、病人と家族が、「あんなこともあったなあ」と、人生をふりかえることができたことだろう。

もう一つは、阿弥陀仏の白毫が数枚の裏打ち紙に達するほど深くえぐりとられていることである。禅林寺永観堂によると、その白毫に、水晶の珠がさしこまれ、蝋燭の灯りをうけて、光り輝いたとされている。また、夕焼けが屏風のうしろから差し込んで、白毫が光り輝いたともいわれる。次第に眼が見えにくくなる病人にとって、光は大きな安らぎをもたらしたことだろう。

大切なことは、いつも阿弥陀如来に見守られてひとりぼっちにならず、病人とみと

縦 85.5cm　横 152.5cm　奥行 102cm　(原寸の約 1／4 サイズ)
龍谷大学 人間・科学・宗教オープン・リサーチ・センター蔵
h. 85.5cm, w.152.5cm, D.102cm Collaborated with Eikando Zenrinji,
Center for Humanities, Science and Religion, Ryukoku University

る者とが、互いの願いや愛情を確認しあえることである。人は、限りある命に気づくとき、限りなく尊いものになっていく。仏に成るとは、限りなきいのち、無量寿の仏になっていくということであり、亡き後も、遺族の灯火（ともしび）となって、ずっと心に生きているということなのである。（鍋島）

制作スタッフ 総合協力　浄土宗西山禅林寺派　総本山永観堂禅林寺

監　　修	龍谷大学教授	鍋島 直樹
制　　作	株式会社方丈堂出版	光本 稔
家屋制作	有限会社製本工房	小幡 耕一
人形制作	アトリエ津田	津田 玲子
猫　制作	ミニチュア作家	内山 正一
桶　制作	檜細工師	三浦 宏

9. 二河白道図（にがびゃくどうず）

Picture of Two Rivers and the White Path

この画は、浄土真宗七高僧の第五祖・唐代中国浄土教の善導大師（613~681）の『観経四帖疏』「散善義」に説かれる二河譬（にがひ）に基づいている。二河譬はおよそ以下のように説明されている。旅人の前に、水の河と火の河とが南北に果てしなく広がっている。その水と火の二河の間にわずか幅四・五寸ほどの細い白道がある。その白道は東西に連なっている。寂寥（せきりょう）とした曠野（あれの）に頼るべき人はなく、群賊・悪獣が旅人を殺そうとする。この旅人は二河に直面し、引き返しても、とどまっても、前進しても死を免れないことを知る。旅人は、その窮極的な状況において、いかにしても死をのがれられないのなら、前に向って行こうと決心する。そのように旅人が決心したとき、東岸から「この道を行け」と勧める声を、西岸からは「汝一心正念にして直ちに来たれ、我よく汝を護らん」と喚ぶ声を聞く。一方、東岸の群賊たちは、その道は危険で、そのまま進むと死ぬにちがいないから、自分たちのところへ戻れと誘う。しかし、旅人は、ただ一心に西へ進み、ついに安楽の浄土に至り、仏に迎えられ、善友と再会して、楽しく語りあえたという。

さて、親鸞聖人は、その主著『顕浄土真実教行証文類』の信巻に、この譬喩（ひゆ）の解説

祐信　享保 16（1721）年　龍谷大学大宮図書館蔵（024・3_294）
Drawn by Yushin, 1721, Ryukoku University Omiya Library

をしている。「東の岸」は我々が生きるこの「迷いの娑婆世界」をたとえ、「西の岸」は阿弥陀仏が建立された「極楽浄土の世界」をたとえている。「水と火の二河」とは、衆生の貪りや執着の心を水にたとえ、怒りや憎しみの心を火にたとえている。「四、五寸ほどの白い道」とは、衆生の貪りや怒りが満ちる心の中に、清らかな信心がおこることをたとえている。「東岸の勧める声」は、すでに入滅された釈尊の残された教えをたとえている。「西岸の喚ぶ声」は、阿弥陀仏の本願の心をたとえている。「群賊・悪獣」とは、本願他力の教えと異なる道を歩む人や、間違った考えの人々が、旅人が白道を進むことを惑わそうとすることをたとえている。「西の岸にたどり着き、善き友と会って喜ぶ」とは、釈尊が西方浄土への道を往けとお勧めになるのを受け、また阿弥陀仏が大いなる慈悲の心をもって浄土へ来たれと招き喚ばれ、今釈尊と阿弥陀仏の願いに信順する。貪りや怒りの絶えることのない人生を歩みながらもそこに虚しく沈むのではない。阿弥陀仏の本願のはたらきに身をまかせて、ただ念仏を申して生きぬくとき、この世の命を終えて浄土に往生して、仏とお会いしてよろこびがきわまりない世界が開かれることをあらわしている。

日本では、法然聖人が『選択本願念仏集』に、二河白道図を取り上げて以来、浄土教系の各宗派で盛んに描かれるようになった。親鸞聖人も『顕浄土真実教行証文類』などにおいて、二河白道の譬喩を引用し、たえまなくつづく迷いの中で、ただ仏の本願を信じて前にふみだす決心の重要性を紹介している。合掌して進む姿には、念仏往生の意義が込められている。京都・光明寺の二河白道図（重要文化財、絹本著色、89.4cm×62.1cm、13 世紀、鎌倉時代）、奈良・薬師寺の二河白道図（絹本著色、79.2cm×38.3cm、14 世紀、南北朝時代）、奈良国立博物館所蔵の二河白道図（1 幅、絹本著色、截金、掛幅、71.0cm×26.3cm、13～14 世紀、鎌倉時代）、香雪美術館所蔵（個人蔵）の二河白道図（重要文化財、絹本著色、掛幅、71.0cm×26.3cm、鎌倉時代）、島根県益田市・萬福寺の二河白道図（絹本著色、鎌倉時代）などがある。特に、香雪美術館所蔵本には、韋提希夫人が描かれてあり、二河白道図と『観経四帖疏』「序分義」との密接な関係を思い起こさせる。（釋氏）

10. 二河白道図（『報恩列聖図画』より）

Painting of Two Rivers and the White Path

『報恩列聖図画』は、西本願寺の歴代門主より、龍谷大学の新写字台文庫に寄贈された巻物である。まず、この巻物の冒頭に、二河白道図が色鮮やかに描かれている。この二河白道図の特徴は、西の岸の阿弥陀仏が僧の姿をしていることである。また、水の河にも、火の河にも僧侶らしきものがおぼれている。白道には、在家信者が進み、東の岸に白衣の女性が合掌して、今まさに白い道に向かおうとしている。次に、「如来大悲の恩徳は身を粉にしても報ずべし　師主知識の恩徳も骨をくだきても謝すべし」という恩徳讃の書が大きく書かれている。さらに、阿弥陀如来（招喚善逝）、釈迦如来（発遣教主）、聖徳太子（左向き）、龍樹菩薩、天親菩薩、曇鸞大師、道綽禅師、善導大師、源信和尚、法然聖人、親鸞聖人、そして本願寺第８代蓮如上人をはじめ第14代寂如上人までの歴代門主が美しく描かれている。釈迦如来と阿弥陀如来は金色を織り交ぜた彩色が施され、阿弥陀如来の尊顔はきりっとひきしまっている。歴代の門主は、時代が下るごとに衣の色が変化する。「報恩願主　佑信」と記されている。

この巻物を見ると、阿弥陀仏、釈尊から七高僧、そして親鸞聖人以降の歴代門主への法のともしびが、はるか遠い昔から、絶えることなく連綿としてつづいていることが実感され、仏と師への深い恩徳が自ずとあふれてくる。いくつもの国や時代を超えて阿弥陀仏の教えが受け継がれていることに気づくとともに、その真実の道を、また次の世代に伝えていかなくてはならないことをも感じさせる。死を超える道が、師資相承していくところにあることを教える絵図である。阿弥陀仏に帰依し、師を敬愛して、ただ念仏を称え、報恩感謝に生きるところに、生死を超えてつづく真実の道があるといえるだろう。（鍋島）

全体図・中面は口絵 3–10 参照

巻子本１巻　享保 16（1721）年　縦 32.5cm　横 876cm
龍谷大学大宮図書館蔵（024.101-27-1）
1 Scroll, Kyoho 16（1721）, h. 32.5cm, Ryukoku University Omiya Library

11. 御二河白道之柵（おんにがびゃくどうのさく）（棟方志功画（むなかたしこう））

Painting of the White Path to the Pure Land across Two Rivers

口絵 3-11 参照

特別解説

浄土真宗本願寺派　善興寺　飛鳥寛栗師

棟方志功画伯の『御二河白道之柵』は、富山県高岡市中田の浄土真宗本願寺派善興寺の本堂、外陣東側壁面に掲げられている。

この倭画（やまとが）には、「昭和廿六年十一月七日畫中　棟方志功謹写」と、制作年月日と署名があり、同月の十九日に棟方は疎開先の福光町を離れ、東京荻窪へ居を移したことから、この作品は、棟方志功画伯にとって、事実上富山県在住約七年間の最後の大作となったのである。

私が、棟方に『二河譬』の制作を依頼したのは、昭和 25 年の 10 月だったと思う。同年九月に北海道函館在住の山崎長太郎さんが往生され、その葬儀参詣のため、初めて北海道に赴いた。ご遺族からは大変喜んでいただき、思いもよらぬ多額の法礼をいただいた。ご遺族の孝心の篤さを思い、有意義に使わせていただこうと考え、棟方に宗教画揮毫（きごう）を依頼することに決め、「二河譬」をテーマに選んだ。

棟方は、『二河譬』のことは全く知らなかったので、大略を話し、参考にと金子大榮著『二河譬』を渡して、「これを読んで描いて下さい。あとは全てあなたにお任せします。」と依頼し、快諾を得た。その時は別に期間を決めなかった。

ところが、翌年の 11 月 5 日付けのハガキで、突然「七日におじやま致します。……二河譬を描くに参ります。構図もおおむねきまりましたし、筆持てば自在に描ける想いであります。……」との便りが舞い込んだ。

紙本着彩　1951 年　縦 135cm　横 176cm　富山県高岡市善興寺蔵
Drawn by Shiko Munakata, 1951, h.135cm, w.176cm

一寸驚いたが、襖張りもできていたので、すぐ「お待ちしています」と、電話した。

七日、城端線戸出駅まで出迎え、何度か歩いてもらったなじみの道を歩いてもらい、中田の寺に着き、家人への挨拶もそこそこに、一茶服休された。「何処で描きますか」といわれ、御殿の一室の畳を上げ、板敷きにして襖張りを延べておいた部屋に案内すると、「やあー。これは結構。」と、さっそく画材を拡げ、例の紙縒りの鉢巻きをして、口に筆を咥え、じーっと画面を睨んでいた。

すっと立ったかと思うと、画面中央に左上から右下へ、さーっと一本の線を引いた。そしてまた、画面を見つめている。筆を取替えたかと思うと、右に左に飛び歩きながら筆を揮いはじめた。志功筆法の始まりだ。

その日、私は隣寺の報恩講出勤の約束があり出かけ、夕方、帰ってみると、ほぼ描き上がっていた。家人の話では、鼻歌を歌い、お経をとなえ、好きな第九を怒鳴って、飛び歩きながら汗して描いていたそうだ。

夕食には、母や家内の手作り料理をにぎやかな雑談に花を咲かせながら「おいしいです。これはおいしいです。」と舌鼓を打たせて食べてくれるので、母はもう大喜びだった。

早起きの棟方は、私が朝の勤行を終えて本堂から下ってくると、「もう、できました。」と現れた。御殿に行ってみると、『御二河白道之柵』の他に、もう一枚、全紙にふくよかな女菩薩を描いたのがあった。それには、「二河施無畏尊　為飛鳥寛栗師台棟方志功拝伏」と、為書きされていた。二点を前にして棟方は、「やー。いいですね。そちらもいい。いいですねー。」と独り言をいいながら、悦に入っている。以前から何度も見ている棟方だ。私はもう、驚くとともに大感激で「有り難う。有り難う。」と平伏し、握手し、平伏した。

機嫌良く朝食を摂り、飄々とし、棟方は帰っていった。

かくして『御二河白道之柵』と『御二河施無畏尊之柵』は、善興寺に残されたのである。

ご承知のごとく、善導大師の『観経疏』散善義に説かれている「二河白道之譬」を日本で初めて紹介し、信心の三心釈を明らかにされたのは、法然聖人である。その「二河譬」を「回向発願心釈」開明のため、『顕浄土真実教行証文類』信巻に全面的に引用されたのは、親鸞聖人で、さらに『愚禿抄』に、細密に選択して他力本願の大悲を明示された。

「二河譬」が絵図化されたのは、この両祖より後世のようで、両祖とも「二河白道絵図」は見ておられないと考えられる。現存する「二河白道絵図」の最も古いものは、京都の光明寺本で、13世紀後半の作とされている。その他、現代の宗教画というより、芸術作品と見ていいものも含め、私見では27本確認できるが、意外に少ない。

棟方本も芸術作品といえるが、私見では、構図が譬文（二河譬の内容）に依っていること、棟方の宗教的精神性が画面に溢れているので、宗教画といえる。

さて、棟方志功の『御二河白道之柵』とは、どのような特異な絵図なのだろうか。

特色の第一は、画面の大半を埋める二河である。青森の北海の荒波を見て育った棟方の怒濤のごとき水の河。戦火で大半の板木を焼かれ、８月の富山大空襲を間近に見聞した棟方は、全てを焼き尽くす火焔を火の河に描いた。

第二は、西岸上で迎え立つ阿弥陀如来と東岸の白道を指し見送る釈迦如来が、三尊仏であること。

第三は、白道を駆け行く白衣の旅人を導くがごとく、祝福するがごとく見つめ飛び舞う天空の天女達。

第四は、此岸で旅人を呼び戻そうと叫び、飛び跳ねる青・赤二鬼と、流し目で見守る半裸の二人の女人像。そして、岸辺に繁る毒々しい草々。群賊悪獣と文には書かれているが、愛憎貪欲を女人で、怒り怨み争いを二鬼で、もつれ合う業苦を毒草であらわした。

第五は、これは不思議なのだが、釈迦三尊の上に、鳥が４羽飛んでいる。善知鳥（うとう）なのである。なぜ、ここに善知鳥が……。

善知鳥は、青森の鳥。昔、青森は善知鳥村と呼ばれていて、今も善知鳥神社があり、しかも棟方志功の生家はその神社前だった。話は飛ぶが、謡曲の名曲に「善知鳥」がある。

陸奥へ旅をする僧が、越中の立山に登り、地獄谷で男に出遇う。男は猟師で生活していた者で、善知鳥が子育てするとき、「うとー」と呼ぶと、子が「やすたか」と答える癖を知って、外ヶ浜辺で多くの善知鳥を騙して穫った。親鳥は空を飛びながら血の涙を流していた。今、化鳥となって責めにくる。この業苦からは逃れられない。ただ残した妻子を想うと悲嘆やるかたない。「御僧よ、せめてこの蓑笠麻布を形見に届けて下さらぬか。」と涙ながらに頼み姿を消した。僧は妻子を訪ねあて、泣き悲しむ妻子に供養を勧めて立ち去る、という筋書きである。

棟方は、この「善知鳥」を師の柳宗悦の勧めで水谷良一より教わり、舞を見せられた。

棟方は、その時の感動を、「すさまじく恐ろしく、烈しく哀しい舞でした。私は、両手がワナワナとふるえて気が昂りました。コレダ、コレダと感動しました。」（『私の履歴書—孤高の画人』）と書いている。すぐに画室へ飛び込んだ棟方は籠ったきり一気に『善知鳥板画巻』三一柵を彫り上げた。その中には、救いなく終わる物語を悲しんだ棟方は、大空を飛ぶ善知鳥を描いた「成道の柵」を入れて願いをまとめている。その後、八柵を選び『勝鬘譜・善知鳥版画曼荼羅』として、第２回新文展に出展、版画として初めて特選となり、棟方版画の地位が確立された思い出の作品なのである。

棟方は、立山に登り、地獄谷も見ている。そこで彼は何を思っただろうか。富山で最後の作品となる『御二河白道之柵』に善知鳥を描き、「富山での頂ものは『他力』でした」という口癖を具現化したかったのではないか。また、白道をゆく人が菅笠をひるがえしているが、これは棟方愛用の高岡市福岡町特産で現在、国の重要無形民俗文化財に指定の菅笠である。あるいはこの白衣の人は、彼自身を画中にとの思いに依るものではないか。

棟方の『御二河白道之柵』はもろもろの秘話を語りかけている。前田智子は、その感動を邦楽三部曲『白道』に作曲、公演した。

12. 光明本尊

Kōmyō Honzon (*Sacred Light Inscription*)

口絵 3-12 参照

中央に金箔で、「南無不可思議光如来」の九字名号が蓮台の上に記され、名号からは三十四条の光明が放たれている。その光明は、金色ではなく白色で描かれている点が特徴である。また向かって右には「帰命尽十方无碍光如来」の十字名号が、左には「南無阿弥陀仏」の六字名号が記されている。これら三名号の間には左に阿弥陀如来、右に釈迦如来が描かれている。こうした図像は名号から光明を放していることから、光明本尊と呼ばれている。

さらに向かって左側（天竺震旦部）に勢至・龍樹・天親の三菩薩が蓮台に座し、その上方に菩提流支以下、曇鸞大師・道綽禅師・善導大師など７名の中国浄土教の高僧を描き、向かって右側（和朝先徳部）には源信和尚・法然聖人・親鸞聖人などの日本の先徳が、その下には聖徳太子とその侍臣が描かれている。聖徳太子の侍臣には、小野大臣妹子、蘇我大臣馬子、新羅国聖人日羅、高麗法師慧慈、聖明王太子阿佐、百済国博士慧聡などがいる。この光明本尊で注目されるのは、親鸞聖人の次の僧として真仏上人が、その後は源海上人・了海上人・誓海上人・明光上人・了源上人とつづくことで、了源上人系の門徒によって奉持されていたと考えられている。

なお、真宗史学者の平松令三氏の解説によれば、天竺については、下左側から、龍樹、勢至、天親、菩提流支、曇鸞、道綽、善導、懐感、少康、法照、となり、和朝部については、下左側から、信空、源信、聖覚、源空、親鸞、真仏、源海、明光、了海、誓海、本願、了明、了源、明心、となるだろうと説明されている。（『真宗重宝聚英』２巻）親鸞の『正信念仏偈』に「摂取心光常照護」と記されているように、阿弥陀仏の大悲の光明は、インド・中国・日本の祖師から後代の師とともに光り輝き、死を超えて念仏を称えるものをあまねく救うことを力強く示している。（岡崎・鍋島）

一幅　絹本著色　南北朝時代（14 世紀）　縦 118.8cm　横 88cm
龍谷大学大宮図書館蔵（021.1-102-1）
1 scroll; Colored Painting on Silk, Nanbokucho Era (14th Century), h.118.8cm w.88cm
Ryukoku University Omiya Library

13. 親鸞聖人安城御影（精密複製）

Anjō no Goei (Anjō Portrait of Shinran), Precise Reproduction

本像は、三河国碧海郡安静（愛知県安城市）に伝来したことにより「安城御影」と呼ばれ、『存覚袖日記』によると建長7（1255）年法眼朝円により描かれた親鸞聖人83歳（1255）の寿像である。

黒衣黒袈裟をまとい、下に黒着物、さらにその下に茜根裏の下衣が裾から見える。襟元には薄茶色の帽子を着け、手には念珠を持ち、高麗縁上畳に狸皮を敷いて坐している親鸞聖人を描く。像前には、桑の火桶、猫皮の草履、桑の鹿杖が置かれている。服装や調度品からは、神格化された親鸞聖人像ではなく非僧非俗として仏道を歩んだ聖としての日常的な親鸞聖人の姿が描かれている。図の上方には世親『願生偈』と『大無量寿経』を、下方には『正信偈』が墨書され、末尾に「愚禿親鸞八十三歳」の署名がある。天地の賛銘は、蓮如上人の筆跡である。

本像は、関東高田門徒を率いていた真仏の弟子専海が、建長7（1255）年に親鸞聖人より肖像と主著である『顕浄土真実教行証文類』の見写を許され相伝したものである。『存覚袖日記』によると、「専海―性信―唯覚―照空」と伝持され、後に三河の願照寺に所蔵されていたが、永正15（1518）年本願寺第9代実如の請いにより、本願寺へと献納された。親鸞聖人の御影が、死を超えて、人々の心に生きつづけるとともに、親鸞聖人の尊重した『無量寿経』第十八願文、天親『浄土論（無量寿経優波提舎願生偈）』、『正信念仏偈』の言葉が人々の心の依りどころとなっている。（北岑）

【最上段賛文】

無量壽經優波提舎願生
偈　　婆藪般豆菩薩日
世尊我一心歸命盡十方
无碍光如來願生安樂國
我依修多羅眞實功徳相
説願偈惣持與佛教相應
觀彼世界相勝過三界道
究竟如虚空廣大無邊際

口絵 3-13 参照

絹本著色　法眼朝円筆　賛銘親鸞筆（原本は西本願寺所蔵）
建長7（1255）年　縦127.7cm　横40.1cm　龍谷大学大宮図書館蔵（023.1-384）
Painted by Hogen Choen, Nishi Hongwanji Collections (Precise Reproduction),
Kencho 7 (1255), h. 127.7cm w. 40.1cm, Ryukoku University Omiya Library
This Image of Shinran was drawn by Hogen Choen, when Shinran was 83 years of age. The inscription below is from the Shōshinge, lines 17-36. Anjō no goei means the Image of Shinran at Anjō region, Mikawa country, Japan.

又曰
觀佛本願力遇无空過者
能令速滿足功徳大寶海

【上段下賛文】
大無量壽經言
設我得佛十方衆生至
心信樂欲生我國乃至十
念若不生者不取正覺
唯除五逆誹謗正法
又言
其佛本願力 聞名欲往生
皆悉到彼國 自致不退轉
又言
必得超絶去往生安養國
横截五惡趣惡趣自然閉
昇道无窮極易往而无人
其國不逆違自然之所牽

【下段賛文】
和朝釋親鸞正信偈曰
本願名號正定業至心信樂願爲因
成等覺証大涅槃必至滅度願成就
如来所以興出世唯説彌陀本願海
五濁悪時群生海應信如来如實言
能發一念喜愛心不斷煩惱得涅槃
凡聖逆謗齊廻入如衆水入海一味
攝取心光常照護已能雖破无明闇
貪愛瞋憎之雲霧常覆眞實信心天
譬如日光覆雲霧雲霧之下明无闇
獲信見敬得大慶即横超截五悪趣
愚禿親鸞八十三歳

（参照『図録 親鸞聖人余芳』 本願寺 2010年）

14. 国宝 親鸞聖人 鏡の御影（精密複製）

Kagami no Goei (Kagami Portrait of Shinran), Precise Reproduction, Japanese National Tresure

西本願寺に所蔵されている原本「親鸞聖人鏡の御影」（国宝）は、「安城御影」（国宝）、「熊皮御影」（重文）と並び、親鸞聖人の三御影とされる。聖人のお姿が、あたかも鏡に映したように描かれていることからこの名が付されている。

本尊と同様に礼拝対象として伝持されてきた数多くの親鸞聖人肖像画の中でも、本御影は白眉として知られる一幅である。すべて墨線で描かれ、面貌は似絵独特の繊細な線描であり、着衣は粗放な描線でデッサン風に描かれている。

本願寺第三代覚如上人が書いた巻留裏書には、藤原信実の子である専阿弥陀仏が親鸞聖人を尊拝して、感涙のうちに図画したものと記されている。

延慶3（1310）年に覚如上人により修復が行われており、御影上部には「正信偈」の文が付され現在の形態になった。「正信偈」の「憶念弥陀仏本願等の四句は覚如上人の筆である。親鸞聖人の亡き後に、覚如上人がその祖師の姿を偲び、その恩徳を讃えたことがうかがわれる。生死を超える道は、阿弥陀仏の本願を疑いなく信じて、ただ念仏を称えるところにある。その念仏の道に生かされることが、限りない仏の大悲にいだかれ、その仏恩に報謝して生きる道を開いていく。（胡）

和朝親鸞聖人真影
憶念弥陀仏本願（弥陀仏の本願を憶念すれば）
自然即時入必定（自然に即の時必定に入る）
唯能常称如来号（ただよくつねに如来の号を称して）
応報大悲弘誓恩（大悲弘誓の恩を報ずべしといへり）

（参照『図録 親鸞聖人余芳』 本願寺 2010年）

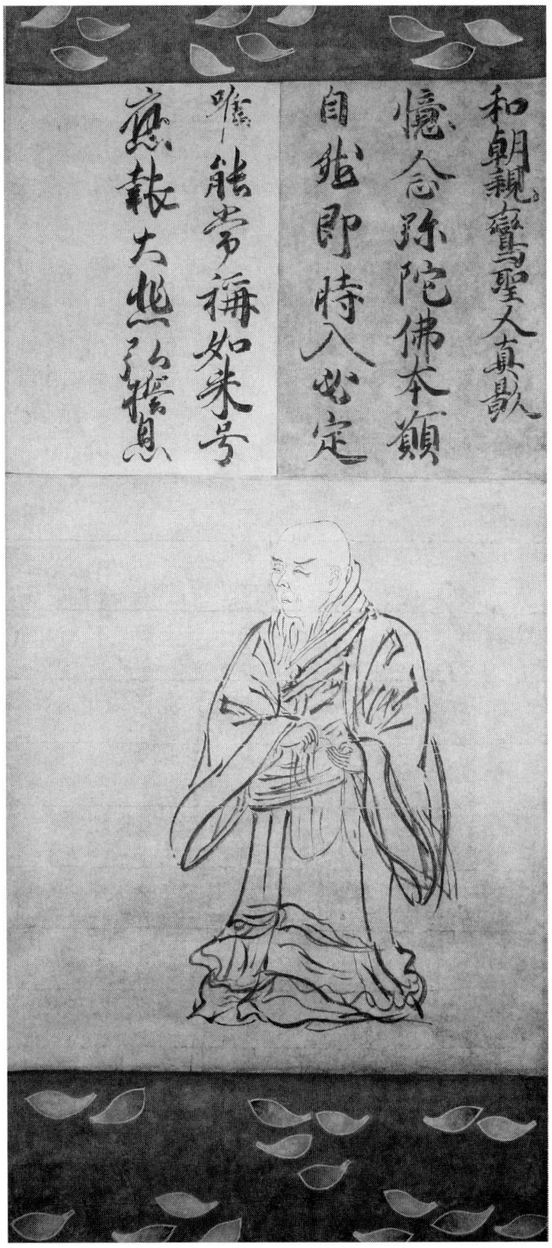

□絵 3-14 参照

紙本墨画 縦 56.6cm 横 32.7cm 鎌倉時代（13世紀）
Nishi Hongwanji Collections (Precise Reproduction),
h. 58.6cm w. 32.7cm, Kamakura Era, 13th century

15. 親鸞聖人御絵伝

しんらんしょうにんごえでん

Shinran Shonin Goeden

口絵 3-15 参照

第四軸第三図「洛陽遷化」には、親鸞聖人のご往生とご葬送の情景が描かれている。右下は善法院でご病気中の親鸞聖人、その上は親鸞聖人のご往生の様子。左半分は親鸞聖人のご遺骸を輿に納め、建仁寺の荼毘所に送ろうとしているところである。善法院は、親鸞聖人の実弟である尋有（じんう）僧都のお寺である。(大宮図書館)

第四軸　親鸞聖人ご臨終の場面　文化7(1810)年　縦193cm　横81.5cm
龍谷大学大宮図書館蔵（021.182.1~4）
Scroll no.4, Shinran Shōnin goeden (A Pictorial Biography of Shinran Shōnin), Bunka 7 (1810), h.193cm, w.81.5cm, Ryukoku University Omiya Library

16. 親鸞聖人『高僧和讃』龍樹讃（りゅうじゅさん）

Kōsō Wasan (Hymns of the Pure Land Masters), "Ryūju San" (Hymns on Bodhisattva Nāgārjuna) by Shinran Shōnin

生死の苦海ほとりなし
　ひさしくしづめるわれらをば
　弥陀弘誓（みだぐぜい）のふねのみぞ　（弥陀悲願のふねのみぞ）
　のせてかならずわたしける

（参照『高僧和讃』龍樹讃（7）註釈版聖典579頁、『親鸞聖人真蹟集成』第3巻153頁、法蔵館）

〈意訳〉

生死の苦しみの海ははてしなくつづく
　はるか昔から迷いの海に沈む私たちを
　阿弥陀仏の願いに満ちた舟だけが
　乗せて必ず浄土に渡してくださる

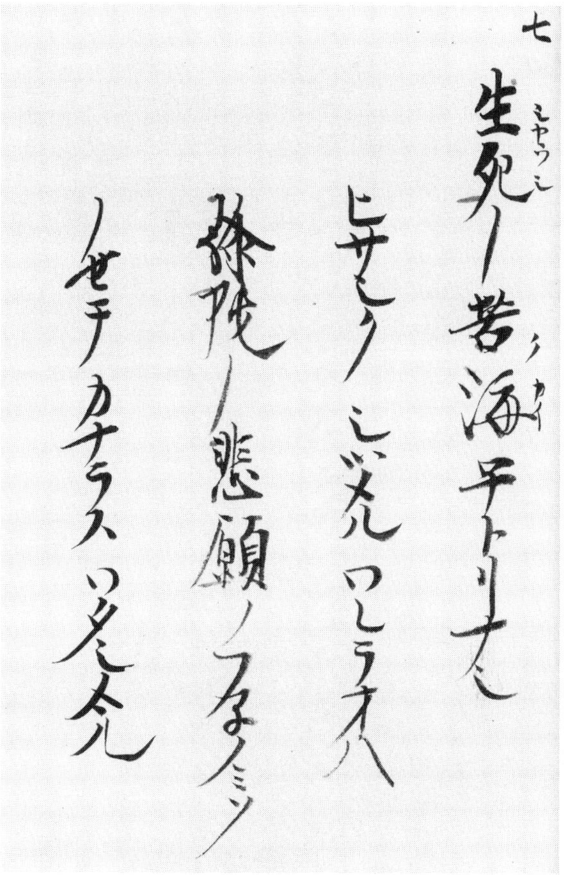

煩悩によって生き死にをくりかえす迷いの世界を海に譬（たと）え、「生死の苦海」と、親鸞聖人は説いた。親鸞聖人は、「生死の苦海」を「難度海」とも表現し、煩悩にまみれた人間は海を渡ることがむずかしく、苦しみの海におぼれてしまうとされている。しかし、この苦海に沈むものを救い、彼岸に渡してくださるものこそが阿弥陀如来の本願である。大悲の願いを船に喩えて、「弥陀悲願のふね」と説いた。（岡崎）

※『浄土和讃』と『浄土高僧和讃』は、宝治2年（1248）1月、親鸞聖人76歳の時に作られた「弥陀和讃高僧和讃都合二百二十五首」に、「大勢至和讃」を加えたものである。本文の大部分は真仏の書写である。
（参照　『親鸞聖人余芳』　本願寺　2010年）

国宝　『三帖和讃』3冊　縦27.3㎝　横19.9㎝
鎌倉時代　宝治2年（1248）
専修寺蔵　三重県津市
Sanjyo-wasan, 3 volumes
Japanese National Treasure,
h. 23.3cm, w. 19.9cm
Kamakura Era, 1248,
Senshu-ji, Tsu city, Mie Prefecture,

17. 日溪法霖像（にっけいほうりんぞう）

Portrait of Nikkei Hōrin

法霖（1693～1741）は、第四代能化をつとめ、姓・雑賀（さいが）　号・日溪、松華子　諡（おくりな）・演暢院（えんちょういん）である。『龍谷講主伝』などによれば法霖は身の丈七尺二寸という長身であったといわれている。また講義の際には一紙の備忘録さえも用いずに、滔々（とうとう）と講義したといわれている。たまたま忘れてしまったところがあれば、頭頂の智慧くぼに指をのせればたちどころに思い出して述べることが出来たという。そこで学林の聴衆は「霖公の脳裏三蔵仍（すなわ）ち百会をいだす」と嘆じたという。この肖像画はその姿をあらわしたものである。（大宮図書館）

第四代能化法霖講主影像（模写）　一幅　縦 107.1cm　横 41.9cm
龍谷大学大宮図書館蔵（023.1-209）
Nikkei Hōrin was the 4th Nouke (Shin Buddhist Teaching Head Master), 1 scroll, h. 107.1cm, w. 41.9cm, Ryukoku University Omiya Library

18. 日溪法霖遺偈（にっけいほうりんいげ）

Last Testament of Nikkei Hōrin

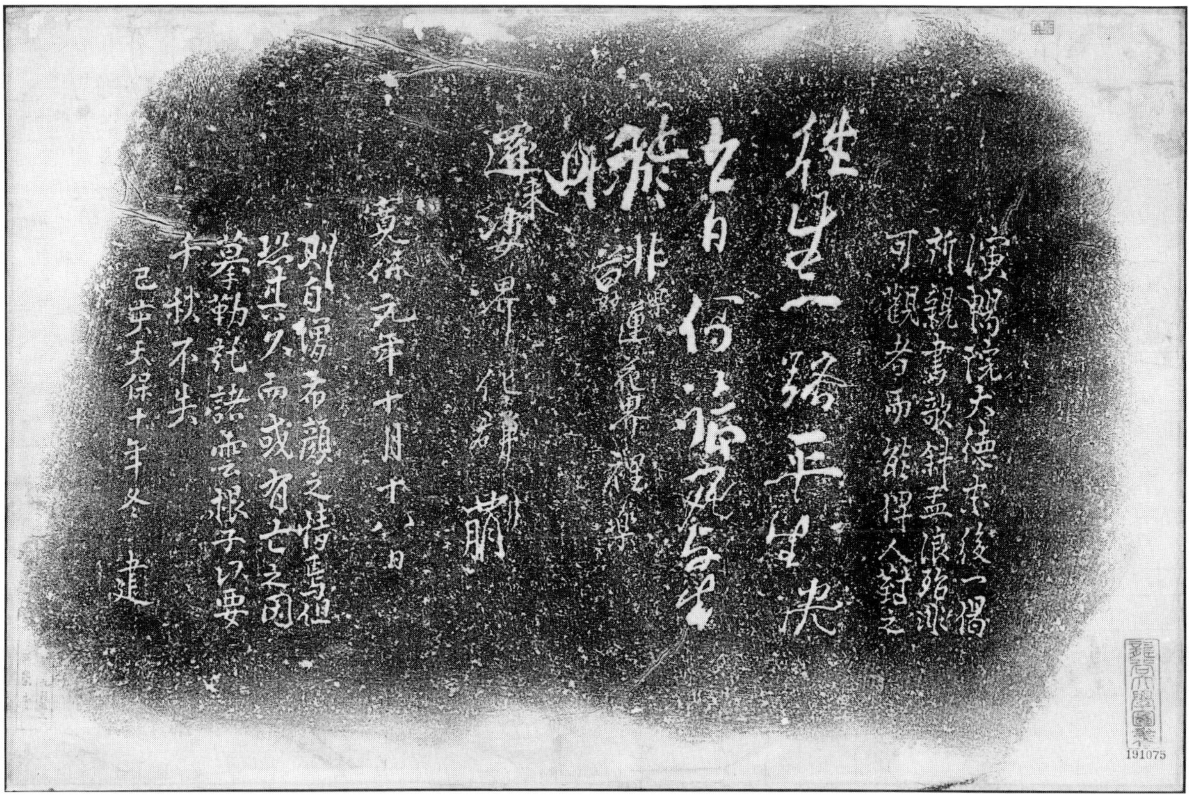

往生一路平生決　今日何論死与生
非好蓮華界裡楽　還来娑界化群萌

往生の一路は平生に決す　今日何ぞ論ぜん死と生と
蓮華界裡の楽を好むにあらず　娑界に還来（げんらい）して群萌（ぐんもう）を化せん

〈意訳〉
浄土往生へのひとすじのみちは、今ここにおいて決定している。
今さら死と生について何を論じようというのか。
もはや何も論じる必要はない。弥陀の悲願によりて、必ず浄土に往生する。
浄土に往生して、蓮華世界の中で楽しむのではない。この娑婆世界に還ってきて、苦悩する人々を救いたい。

この日溪法霖の遺偈に、現生正定聚（げんしょうしょうじょうじゅ）と彼土滅度（ひどめつど）の深い安心が示されている。それとともに、浄土に往生するのは、ただちに仏と成って、この穢土に還り、人々を救うためであると、力強く法霖が記している。（鍋島）

拓本（たくほん）　絶息頌（ぜっそくじゅ）　龍谷大学大宮図書館蔵（024.103-9）
Rubbed Copy, Ryukoku University Omiya Library

19. 九條武子〈関連作品〉

Works of Takeko Kujō

肖像写真
Photo of Takeko Kujō

九條武子（1887～1928）は、西本願寺・大谷光尊の次女として生まれる。12歳で男爵・九條良致に嫁ぐ。夫が正金銀行ロンドン支店勤務となったため渡英。1年半にして単独帰国。後、孤独を守った。佐々木信綱に師事。大正三美人の一人に数えられ、才色兼備の麗人として有名。仏教婦人会の創設や京都女子大学の創立に携わった。大正12(1923)年9月1日、関東大震災で築地の家を焼かれ、淀橋区下落合の借家に移る。関東大震災を縁として、悲惨な被災者や孤児の救援に努めるなど、さらに率先して社会事業に取り組んだ。大正9(1920)年、処女歌集『金鈴』を発行、昭和2(1927)年、歌集『無憂華』を出版した。昭和3（1928）年、41歳のとき、震災以来の過労から発病、1月17日青山の磯部病院に入院。1月27日敗血症と診断される。2月7日夜、合掌して念仏を称えつつ41歳の生涯を終える。九條武子「無憂華」には、次のような文章が記されている。

> 「善をよろこび悪をにくむは人情である。しかし悪を嫌って顧みなかったら、悪は永久に救われるときがないであろう。善はすすめるべきことである。しかし何人も、みずからの善をほこってはならない。むしろ他の悪によって、みずからの悪に泣くところがなかったならば、みずからの内面が、つねに悪の炎に燃えていることも気づかずにいよう。みずからの悪をかえりみ得ないものは、ともすれば自我の小善を高ぶりがちである。御同朋の上よりすれば、善人も悪人も、ひとしく求道の親しい友である。私たちは善そのものの肯定よりも、悪そのものの肯定によって、しみじみとみずからの内面を、反省させられずにおられない。」（九條武子「悪の内観」『歌集と無憂華』野ばら社、1927年、170頁）

彼女の亡くなった後に、追悼歌集『白孔雀』が出版された。「見ずや君　明日は散りなむ　花だにも　生命の限り　ひと時を咲く」という九條武子の歌に、彼女の死生観と超越が示されている。(鍋島)

●和歌色紙 — *Tanka Written by Takeko Kujō*

うまるるも
　死するも所詮（しょせん）ひとりぞと
しかも思ひいれば
　煩悩もあらず
　　　　　　九條武子

『無量寿経』には、「独生独死独去独来」と説かれている。色紙にしたためた九條武子のこの歌は、まさしくその経典の「独り生まれ独り死に、自らの苦楽は、誰も代わってくれることがない」という教えに相応し、九條武子は、この歌に人生究極の姿を歌い上げている。つねに煩悩の荒波にさらされながら、苦悩の人生を歩みつづけた彼女は、本来ひとは孤独であるという仏の教えをかみしめて、不断煩悩得涅槃の境涯に生かされていったのだろう。

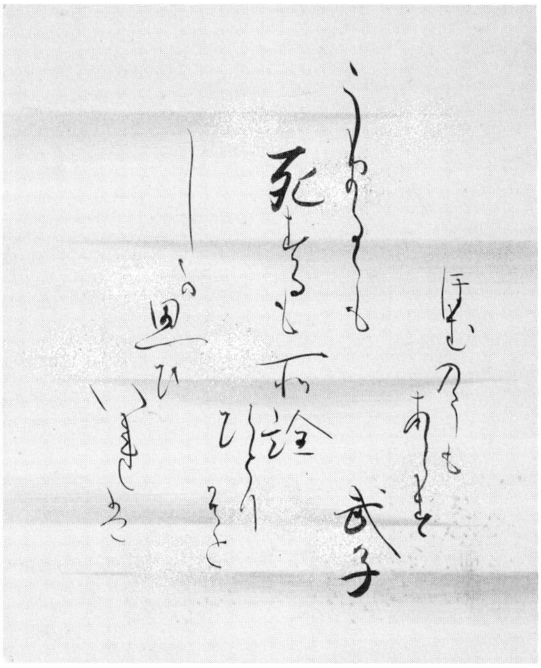

龍谷大学大宮図書館蔵
Ryukoku University Omiya Library

●四枚の短冊 — *Four Tankas Written by Takeko Kujō*

九條武子　四首の短歌
（右から順に）

瀬のおとも千鳥の声もやみにいれて
夕月早う山がくりゆく　（春）

くろがみもはじらはしけふみゆばかり
るり紺青のあさがほのはな　（夏）

のぼりくれば山の香に露に秋はいま
ただ満ちたり大空の色　（秋）

春ややにちかづくらしも朝ごとの
くしげの油こほらずなりぬ　（冬）

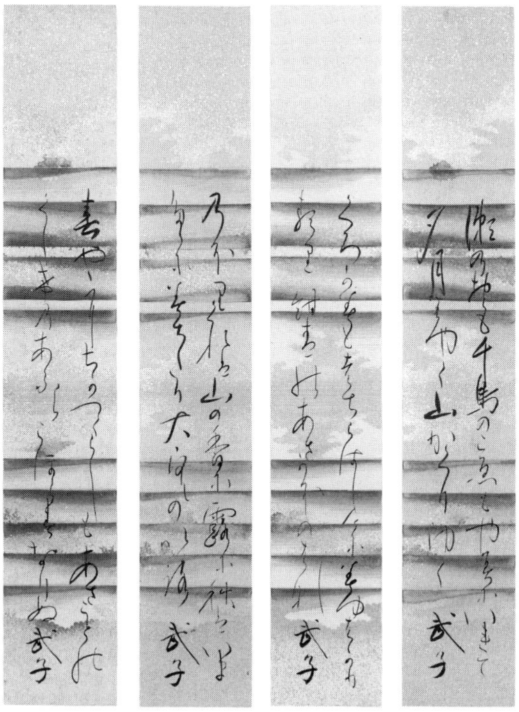

龍谷大学大宮図書館蔵
Ryukoku University Omiya Library

20. 中村久子（なかむらひさこ）〈関連作品〉

Works of Hisako Nakamura

中村久子女史顕彰会　岐阜
Association in Honor of Hisako Nakamura, Gifu

特別解説
中村久子女史と『歎異抄』
—生きる力を求めて

鍋島直樹

中村久子（1897年11月25日～1968年3月19日）は、3歳の時、凍傷がもとで特発性脱疽となり、高熱のため、肉が焼け骨は腐りました。手術すべきかどうか家族が悩んでいた時、久子の左手首がポロリと崩れ落ちました。久子はやむなく4歳の時、両腕肘関節、両足膝関節を切断しました。その手足の切断後も苦痛は去らず、手足の末端は紫色となり、疼くような痛みで昼夜を問わず泣きつづけました。ある夏の夜久子が7歳の時、父親の釜鳴栄太郎が、久子を揺り起こし、「久子、お父ちゃんが乞食になっても、死んでも決して離さないよ」と叫んで、久子を抱きしめて床に倒れました。三日後、父親は急性脳膜炎にて亡くなりました。その秋から、久子の弟栄三は父の実家に預けられ、久子と母は、母の実家に帰り、祖母丸野ゆきに面倒を見てもらいました。久子が8歳の時、生活を維持するため、母親が再婚しましたが、義父の冷たさもあり、久子は二階に置かれ、食事をいただくことも、トイレに行くこともできない悲しさを味わいました。久子10歳の春、急に眼が痛みだし、一夜の内に両目とも失明しました。母あやは、目の見えなくなった久子を背負い、高山の宮川の上流を死に場所を求めて歩きました。しかし川上医師の熱心な治療によって、久子の視力は回復しました。心中まで思い詰めた母も生き抜くことを決意しました。娘が自立できるように、久子11歳の時、母の厳しい躾が始まりました。母は着物の糸ほどきを久子にさせました。「ほどき物はようしません」という久子に、母あやは、

「できないからといって止めてしまったら、人間は何もできません。どんなことでもしなければならないのが人間なのです。できないことはないはず。やらねばならんという一心になったらきっとやれるものです。」

実父・釜鳴栄太郎
慶応元年4月29日～
　明治36年7月24日
法名・浄華院釈無畏
享年39才

実母・釜鳴あや
明治4年5月24日～
　大正9年8月18日
法名・真解院釈尼妙誓
享年46才

母方祖母・丸野ゆき
大正12年9月17日
法名・釈尼妙証
享年70才

●中村久子の肖像写真　芸人生活から晩年まで　*— Photos of Hisako*

20代後半の頃
名古屋の宝座で働く

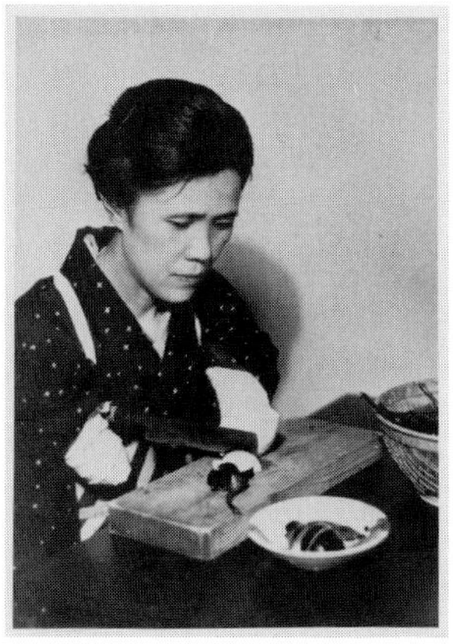

炊事中の姿
台所にて炊事仕事。右脇の庖丁の柄をはさみ、切る。時に左手で庖丁の背をおさえて切る。

はさみを使うようす
指のない久子にとっては日本ばさみは好都合であった。聞くところによると、口中にあるハサミのバネのところから幾本も折れたそうである。

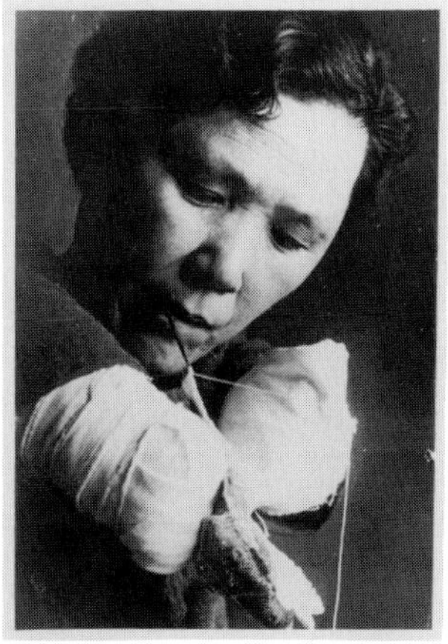

編み物中の姿
編物の時は、両腕に包帯を巻いて作業をする。

食事中の姿
久子女史の食事の様子。右腕に包帯を巻き、箸を刺しはさんで食事をする。

と言いました。その時は、母を恨むような気持ちがあふれました。時間をかけて久子はハサミを口に咥えて丹前の綿入れができるようになりました。また、母あやは、固い麻糸を口の中で結び合わせるように、久子に与えました。久子は悔しさがこみあげてきて、涙があふれました。久子は苦心してついに口の中で麻糸を結ぶことができるようになり、縫い物の猛特訓を始めました。母の厳しさは久子の将来を考えた末のまことに深い愛情でした。

また、幼い久子を深く支えたのは、久子の母方の祖母、丸野ゆきでした。母が仕事のため、久子を祖母にあずけたとき、祖母は久子を特別扱いしませんでした。祖母は、久子に来客に対する礼儀や日常生活の躾、百人一首や読書、習字を教え、近所の友達を久子のもとへ呼び集めたりしました。冬には、仏様の話を祖母が聞かせました。

「授けられた運命には少しの不満も抱かず、お念仏を申しながら、一心に努力して仏様のみ心に背かぬようにしなければならない」
「怨めば怨みが返ってくる。仏様がご覧になっていらっしゃるから、いじめられても、叩かれても決して他人様を口きたなく罵ってはいけませんよ」

祖母は、真宗で聞いた経験を基に、目に涙をためながら、久子にそう語ったとされます。祖母の優しい教育が久子の心を慰め、力強く支えました。

娘・富子に背負われて

ヘレン・ケラーに捧げた久子の人形（昭和23年）

晩年の姿

国分寺境内での記念撮影
悲母観世音菩薩像（無手足の子を抱いている菩薩像）の前

小筆を使って書くようす
久子は、毛筆で字を書くのに三つの技法を習得した。
毛筆の場合、筆を口にくわえて書く方法と、筆を右頬と右腕に挟んで書く方法である。
鉛筆、万年筆などは両腕で書く。

読書をする久子

ヘレン・ケラーに捧げた人形

ヘレン・ケラーとの再会
久子の人形を手にして喜ぶ

夫・中村敏雄とともに

久子が18歳の時、亡き夫の親友が、久子に見世物小屋生活を勧めました。母あやは、興行師の勧誘に激怒しましたが、思い悩んだ末、久子は自活を決意しました。久子は20歳の時、高山を離れ、名古屋大須「宝座」で「だるま娘」の看板で、見世物芸人の生活が始まりました。努力に努力を重ねて、生き抜くために芸を身につけていきます。興行していたある日、青年の方が、「これを一枚書いてくれ」と紙片をだしました。「精神一到何事不成」の八字でした。このひとが、書家の沖六鳳先生であることを知り、それ以来、熱心に習字の稽古も始めました。口を使って文字を書き、編み物をし、人形を縫いあげることができるようになりました。興行の小屋などで、子どもから求められると、「なせばなる　なさねばならぬ何ごとも　ならぬは人のなさぬなりけり」という言葉を、書き贈りました。

中村久子は、見世物小屋時代に、自分の経験を書いた文章が認められて、雑誌に掲載されます。それが縁となり、久子の境涯が世間に注目されます。さらには、そして、昭和12年には、ヘレン・ケラーと面談し、「私より不幸な人、私より尊い人」という賛辞を受けました。全国の学校や婦人会や寺院で、講演して歩くようになります。しかし久子はもっと香り高いもの、より深いものを求めて悩みます。

中村久子は、両手両足のない苦境の中で、ひたむきに努力し、裁縫や書道など、何でもこなせるようになりました。その努力は、彼女の支えであり、生き抜くために必要不可欠でした。しかし、全国の障がい者の模範となり、ヘレン・ケラーと会って脚光を浴びるうちに、絶体絶命の中で生き抜いてきた彼女の自信が、傲慢な心をうみました。

「逃げ場を取りあげられ、絶体絶命の場に座らされて生き抜いてきた自信、この自信こそ傲慢であり、その自信こそ慢心の正体なのだ。」

ある日、東京のある婦人会に招かれたとき、福永鷲邦という書家で熱烈な浄土真宗の門信徒に出あい、『歎異抄』に心動かされました。

「そのお言葉はまさに干天に慈雨でした。長い間土

レース編み ― Hisako's Knitting

マフラー ― Hisako's Knitting

日本人形　Dolls Made by Hisako（口絵 3-20 参照）
久子の作った日本人形。久子は多くの人達に人形を作っては贈った。つばでぬれないように縫うには、血のにじむ精進があった。

●口書きの書 — *Calligraphy Works Written by Hisako with the Brush in Her Mouth*

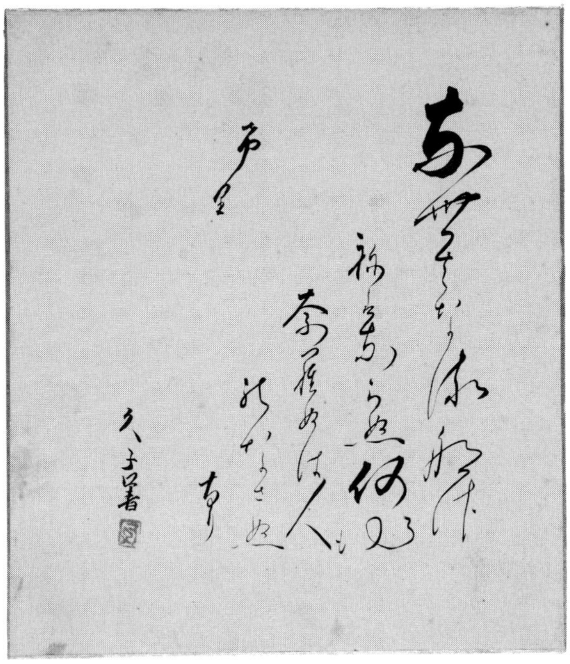

口書き色紙
なせばなる　なさねばならぬなぬごとも
ならぬはひとのなさぬなりけり

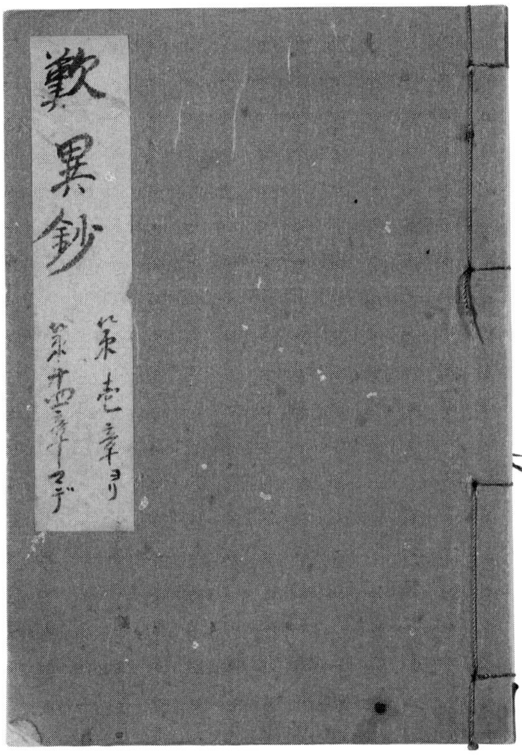

口書き『歎異抄』— Tannishō, Writing by Hisako with the Brush in Her Mouth

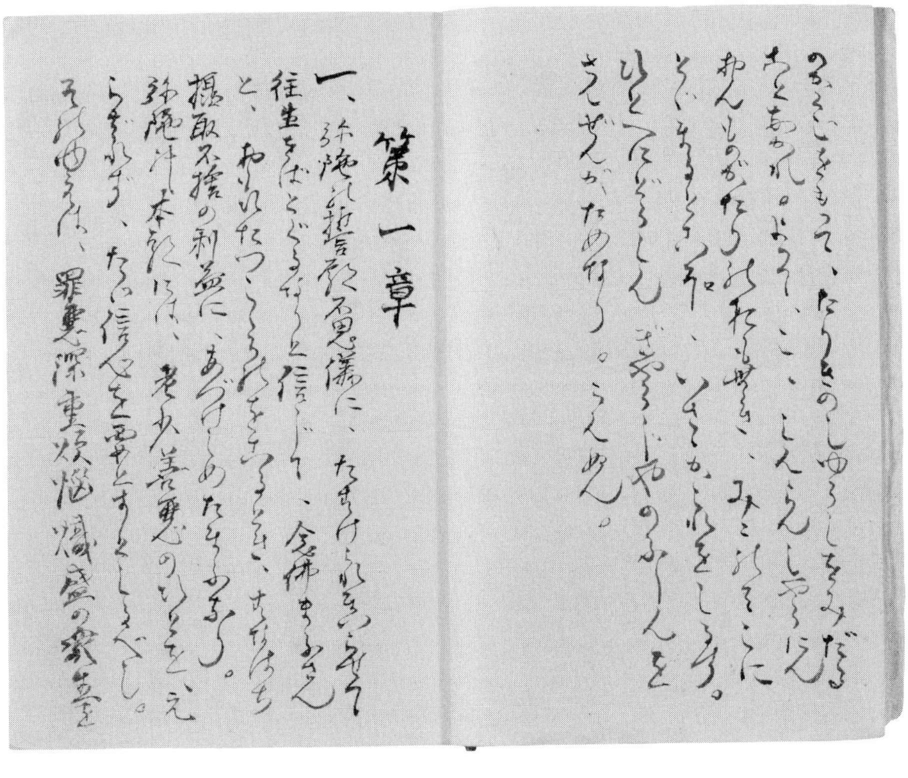

の中にうずめられていた一粒の小さい種子がようやく地上にそっと出始めた思いがしました。そして幼い日に抱かれながら聞いた祖母の念仏の声が心の裡にはっきりと聞こえたのです。そうだ、お念仏をさせて頂きましょう。そして仏様にすべてお任せ申し上げよう。ようやく真実の道が細いながら見いだせた思いがいたしました。」

久子は、最初に自分を支えてくれた見世物小屋に、もう一度戻っていきます。

自らの知恵や能力、努力によってのみ救われるのではない。自らの無力さを知り、自然のあるがままの姿で仏の大悲にすべて身をゆだねたとき、はじめて真の救いがある。あれこれと自分で思案したところで何になるであろう。幼い頃、祖母がそばで称えていた念仏の声が久子の心に聞こえてきた。ただ念仏して、阿弥陀仏にまかせよう。

こうして慢心を省み、本願を信じ、ただ念仏して阿弥陀仏にまかせるところに、真実の道が開かれました。

「業の深さが、胸のどん底に沁みてこそ、初めて仏のお慈悲が、分らせていただけるのです。業深き身であればこそ、真実お念仏が申させていただけるのです。」

心に沁みるお念仏

祈願のための念仏でも、功徳を身に得て、現状を打開するための念仏でもありません。手足のない身の現実に、どうにもならない心の中に、念仏が沁みてきました。

手はなくも　足はなくとも
み仏の　そでにくるまる　身は安きかな
(久子 43 歳頃)

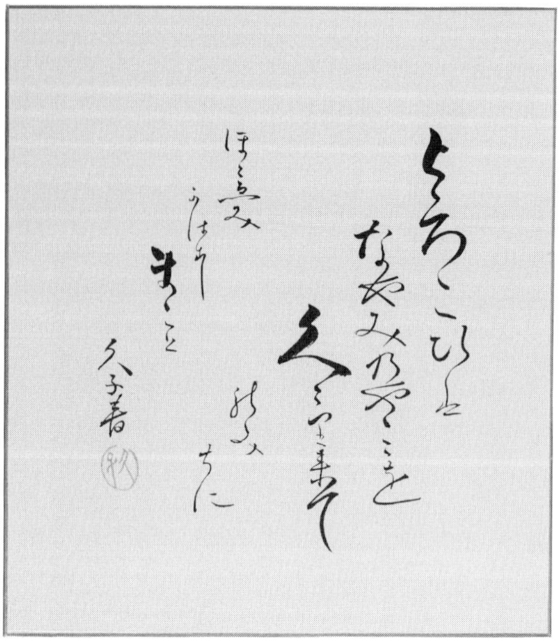

色紙
よろこびは　なやみのやみを
くぐりきて　ほほえみかわす
まことのみちに

口書き　軸装
心に沁みるお念仏

口書き色紙
南無仏

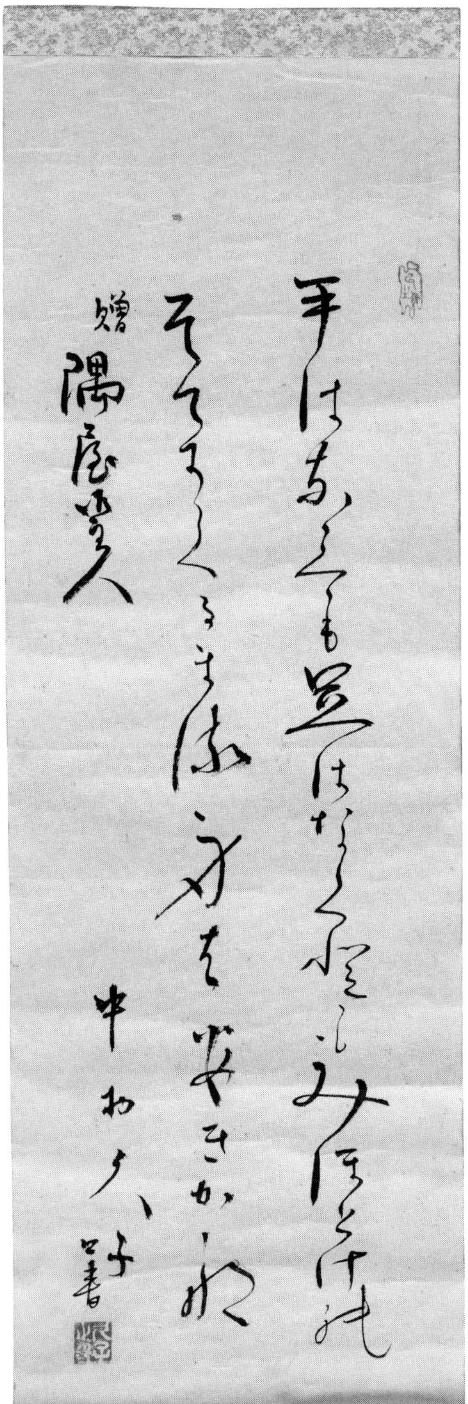

書き　軸装
手はなくとも足はなくともみほとけの
袖にくるまる　身は安きかな

口書き　軸装
唯念仏のみぞ　まこと
にておわします
(『歎異抄』後序の言
葉)

み名となえみ名となえつつ
罪ふかきわれをみつむる　ま夜中の床に

中村久子は、こう語っています。

「人生に絶望なし－如何なる人生にも決して絶望はない。」
「どんなところにも必ず生かされていく道があります。」

中村久子は、両親や祖母、夫、子ども、先生から受けたご恩、両手両足のない身にかけられた仏の悲願を深く感じとりました。母のわが子に対する願いそのままが仏の悲願となって感じられたのです。

昭和30年9月30日、中村久子が59歳の時に、『私の越えてきた道』を出版しました。その書の冒頭に、中村久子の「ある、ある、ある」という歌が掲載されています。

ある　ある　ある
さわやかな
秋の朝
「タオル　取ってちょうだい」
「おーい」と答える
良人がある
「はーい」という
娘がおる

歯を磨く
義歯の取り外し
かおを洗う

短いけれど
指のない
まるい
つよい手が
何でもしてくれる
断端に骨のない
やわらかい腕もある
何でもしてくれる
短い手もある
ある　ある　ある

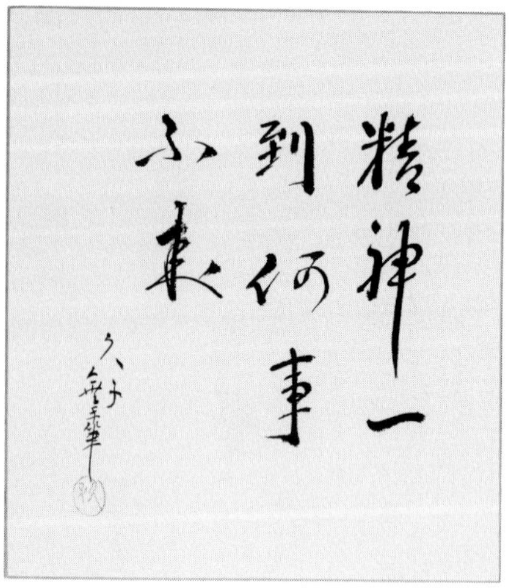

□書き色紙
精神一到何事不成

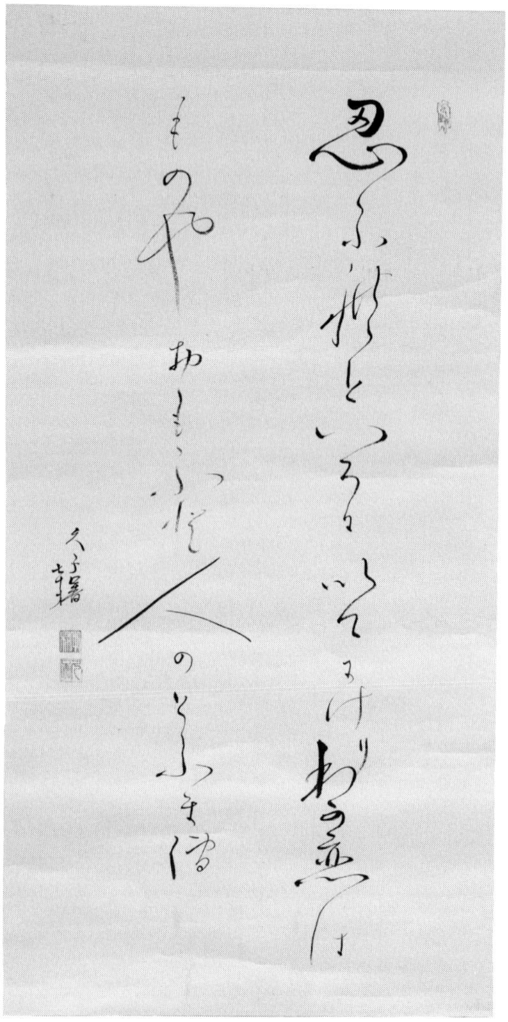

□書き　軸装
忍ぶれど　いろにいでけり　わが恋は
ものやおもふと　人のとふまで

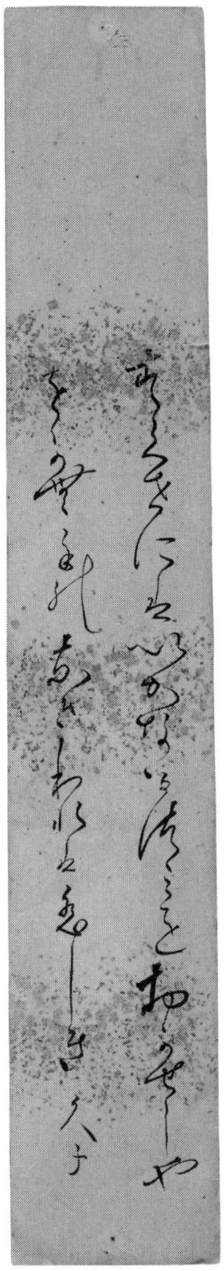

口書き短冊
しゅくせには　いかなるつみを
おかせしや　おがむ手のなき
われは悲しき

色紙「無心」

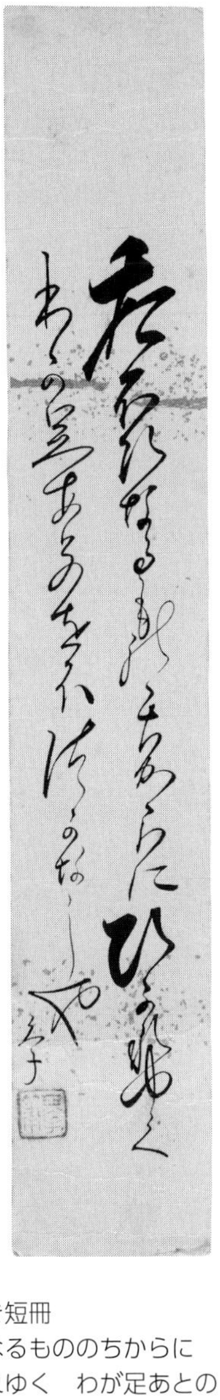

口書き短冊
大いなるもののちからに
ひかれゆく　わが足あとの
おぼつかなしや

のれん
一杯の水も仏のなみだかな（種田山頭火）

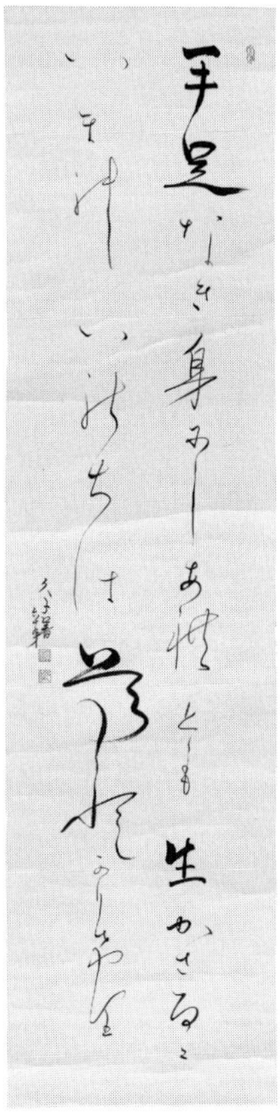

口書き　軸装
手足なき　身にあれども
生かさるる
いまのいのちは
尊とかりけり

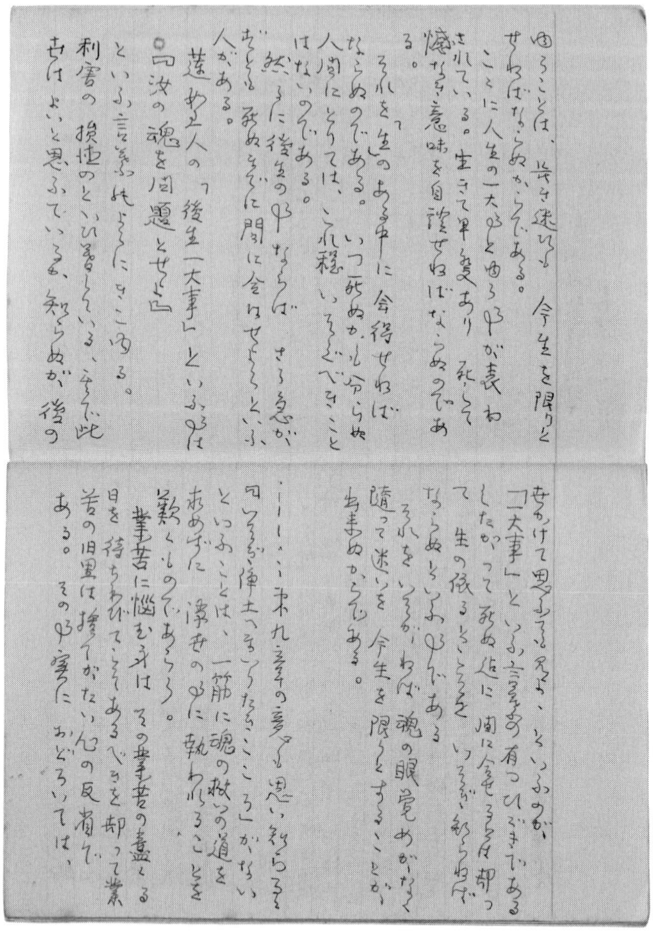

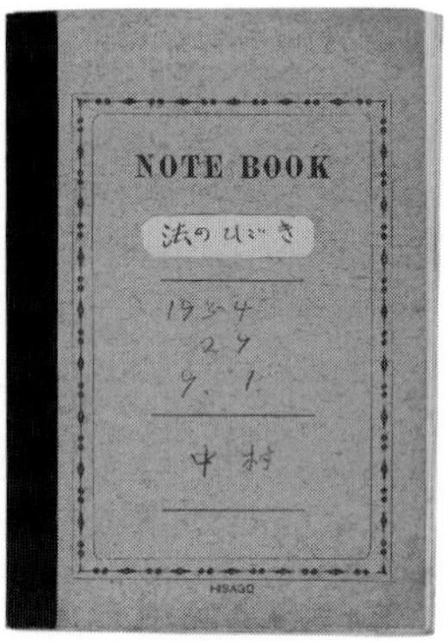

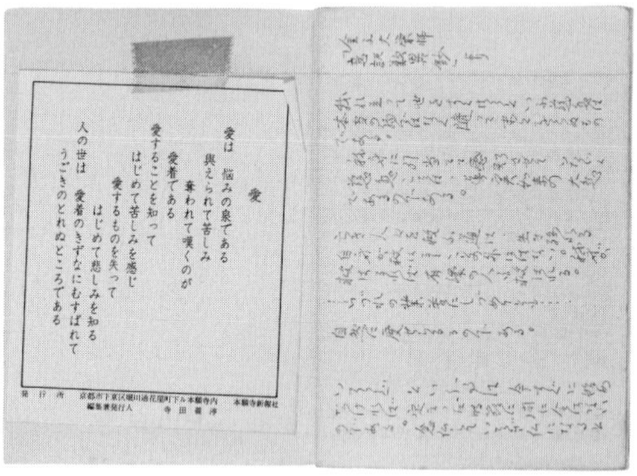

口書きの法味手帳 — Notebooks Written by Hisako with the Brush in Her Mouth

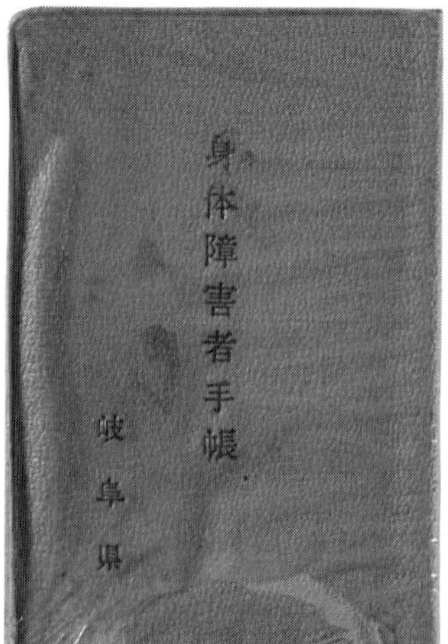

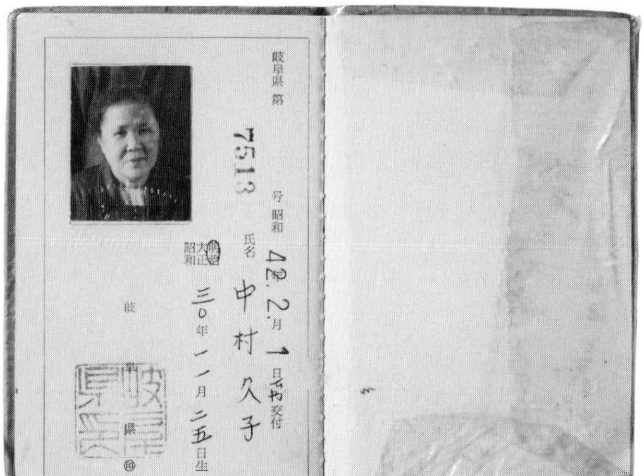

障害者手帳　Identification Notebook of Hisako

みんなある
さわやかな
秋の朝

「ない」から「ある」への心の転換、そこに本当の救いがありました。他力とは、「ある」ことへの感謝をもたらします。さわやかな秋の朝を感じとる喜びや家族への感謝があふれてきたことでしょう。

（参考文献　中村久子著『こころの手足』春秋社、1999年。中村久子女史顕彰会編『花びらの一片』真宗大谷派真蓮寺発行、2004年。）

Mrs. Hisako Nakamura and the *Tannishō*: Seeking the Power of Living

Naoki Nabeshima, Ryukoku University

Hisako Nakamura (1897–1968) was born in Hida Takayama in Gifu prefecture. When she was three years old, a severe case of frostbite developed into gangrene, and ultimately she lost hands and legs. At the age of seven, her beloved father died. A year later, her mother, Aya, remarried, and they became members of the Fujita family. In the new house, however, she was hidden and isolated from society due to strong discrimination toward handicapped people at that time. In the spring when she was ten, she temporarily lost her sight. Her mother attempted to commit suicide with her poor blind daughter. Fortunately, Hisako regained her sight thanks to the tireless work of her doctor. After this event, her mother pulled herself together and determined to live this hard life with Hisako. She taught Hisako homemaking skills, such as sewing and cooking, so that she could live independently. Her instruction was extremely strict, and Hisako felt resentful toward her mother. However, her mother's strictness came from her love and concern for Hisako's future. Another person who deeply supported Hisako was her maternal grandmother Yuki Maruno. When Yuki looked after Hisako, she did not give her any special treatment. Yuki taught her proper manners and how to read and write. She also nurtured Hisako's religious mind by sharing many Buddhist stories with her. Yuki's gentle education rooted in Shin Buddhist teaching gave Hisako the strength to live through her hard life.

When Hisako was twenty years old, she left her hometown of Takayama to join a group of traveling entertainers. She began her life as a traveling entertainer in the city of Nagoya. Hisako's show was billed as "Daruma Musume," the "Daruma Girl." "Daruma" refers to the daruma doll, a popular Japanese folk art shaped like egg with a human face and no hands or legs modeled after Bodhidharma, the founder of Zen Buddhism.

She performed all over Japan, Korea, Taiwan, and even in Manchuria (Manshu) in China. Here is what she had to say about her life as a traveling entertainer: "As for my 'art', I did needle work, knitted, and tied knots. I also did calligraphy." She performed all these "arts" only using her mouth and very short arms with no fingers. Through her work, she met a Mr. Nakatani, and they married in 1921. Fortunately, he cared for her greatly and always looking after her by becoming her arms and legs. Their first daughter, Michiko, was born in 1922. She was treated well by her husband, until he passed away unexpectedly. She re-married, but her second husband also passed away, just after she gave birth to her second daughter. She tried to survive as a popular performer, but she needed help. She married for a third time, but her third husband was not a good man. She made the decision to divorce him after she lost her third daughter to illness. It was then, however, that she met Mr. Nakamura and they married when she was 37. He looked after her with deep compassion and love. She led a wonderful life until her peaceful death at the age of 72.

During her life, she had countless hardships both physically and mentally, which are beyond one's imagination. But fortunately, she found the Nembutsu teaching by reading the *Tannishō*, the sayings of Shinran Shonin (1173–1262) recorded by his disciple Yuien. Through reading the *Tannishō*, Hisako's experiences of hardship were transformed into gratitude for her life.

Looking back on her encounter with Shinran's words in the *Tannishō*, she noted:

> The words of the *Tannishō* were like compassionate rain sinking into dry ground. I felt that a small seed, deep inside the soil for a long time, finally sprouted quietly. And I could hear clearly my grandmother's voice of Nembutsu that I had heard in my childhood. Now I shall recite the Nembutsu and just entrust myself completely to Amida Buddha! Eventually I felt I found a true path, though the path seemed narrow....

She also said, "When the depth of Karma seeps into the bottom of one's mind, that is when we recognize the Buddha's compassion. If our Karma is deep, we truly recite the Nembutsu." In Japanese, we say *Okagesama*, expressing gratitude for Amida's compassionate working. For Hisako, all the people around her helped her with deep love and became her hands and feet. Amida's compassion made her aware of her gratitude toward her parents as well as others. To support her family, she entertained people as a traveling performer for 22 years. However, despite openly being called a "freak," she never gave up her life as a human being.

She said that there are many words that support her life. These are the words that she received from her calligraphy teacher:

> Even if you are called a "freak" at a sideshow, you must be like a lotus growing in a muddy pond. You must develop a spirit that will not allow the mud to stain your spirit. Otherwise, you cannot be called a human being.

Another support was Shinran's words:

> Obstructions of karmic evil turn into virtues;
> It is like the relation of ice and water.
> The greater the ice, the greater the water.
> The greater the obstructions, the greater the virtues.
> (*Koso Wasan* 40)

These words supported her throughout her life.

During her life, she encountered others who also lived very hard lives with many handicaps. One of them was Helen Keller. Helen Keller was a great woman who lived in a world of darkness and silence. Keller was loved and admired not only within the world of the disabled but by the entire world. In Japan, Keller is known as the "great person of the three heavy sufferings (blindness, deafness, muteness)." Helen Keller came to Japan in 1937 to give a public talk. Hisako was also blind for a while when she was a child. When the two ladies met for the first time, Helen touched Hisako's body. When her hands came to where Hisako's hands and legs were supposed to be, she was surprised and cried.

In tears, she kissed Hisako's cheek and hugged her very gently. Hisako presented her with a Japanese doll wearing a *kimono* that she had sewn using only her mouth. The two became friends and met two more times in their lives.

Hisako experienced many hardships as well as many wonderful things. By receiving the compassionate working of Amida Buddha, Hisako showed us the way to live life to its fullest, despite the difficult circumstances that we may be faced with.

In 1955, when Hisako was 53, she published the book titled *The Road I have Crossed Over* (*Watashi no koetekita michi*). At the beginning, there is a poem titled, "Aru Aru Aru (I have them, I have them, I have them all!)"

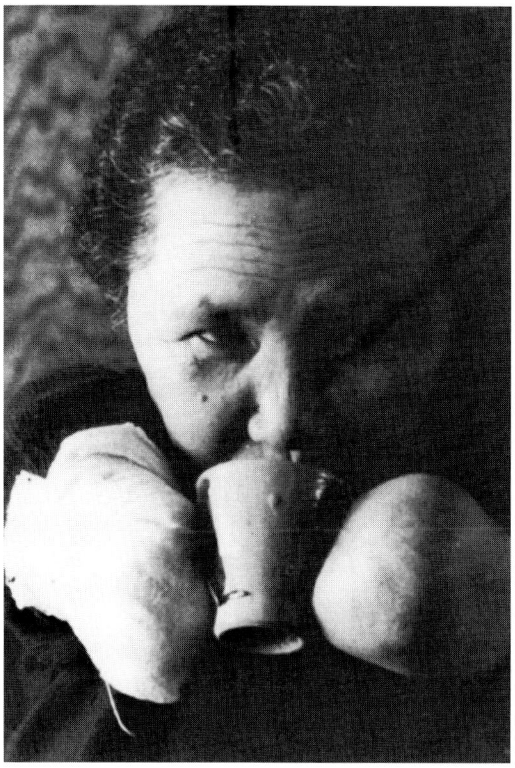

Aru Aru Aru—I have them, I have them, I have them all...
A refreshing autumn morn...
"Please hand me a towel."
A husband who answers, "Oi (Ok)!"
A daughter who says, "Hai (Yes)!"

Brushing my teeth
And then removing my false teeth
To clean them further,
And washing my face...

Though short and without fingers,
My round and strong stump of an arm
Does everything for me.
A limb without a bone.
A soft arm, a short hand.

I have them, I have them, I have them all...
It's all I need.
What a refreshing
Autumn morn...

The conversion of mind from *nai* (I do not have) to *aru* (I have) was her true salvation of body and mind. She may have been filled with joy and gratitude toward her family, and she was able to feel the fresh autumn morning.

(Reference: *Kokoro no Teashi* [Legs and arms in my mind] by Hisako Nakamura; *Hanabira no Ippen* [A Flower Petal] by Association in Honor of Mrs. Hisako Nakamura), (Translated by Eisho Nasu and Masumi Kikuchi)

21. 妙好人石見の才市(みょうこうにんいわみ さいち)　〈関連作品〉

Works of Myōkōnin Saichi in Iwami Province

妙好人［石見の才市］顕彰会(けんしょうかい)　島根・安楽寺
Association in Honor of Saichi Asahara, Shimane, Anrakuji,

讃題(さんだい)は、安楽寺住職であった梅田謙敬師によって、次のように書かれている。

角の有るは機　掌を合わすは法　法よく機を摂し　柔軟の三業　火車の因滅し　甘露心にあきたる　未だ終焉に到らずして　華台迎接す

「角のあるのは機の私、合掌するのは法のみ教え、法はよく機を摂取して、柔軟の身口心の三業で、煩悩の燃えさかる車の因が滅し、甘露が心にいっぱい満ちている。いまだ人生の終焉にいたらずに、極楽浄土の華の台が迎える」という意である。「甘露心にあきたる」とは、甘露、甘い蜜のような仏さまの本願が、心に満ち満ちていることを意味する。

浅原才市は、なぜ自分の肖像画に角を書かせたのであろうか。安楽寺の話によれば、当時、浅原才市は、皆から尊敬されるようになり、よき人として慕われた。しかし、才市は、絵師に特に自分から頼んで、鬼の角をかきくわえてもらったという。才市は、角のある姿こそが、本当の私であると喜んだとされる。才市は、「あまりみなさんが、私をよくお寺に参ると言うでな。わしが寺に参るのは、鬼が寺に参るのだと言うことを見てもらいます。温泉津の画工さん（若林春暁氏）に頼んで、鬼が仏さんを拝んどる絵を書いてもらいました」「来月は御正忌(ごしょうき)*さんでな、それで、この本堂に、アレをかけてもらって、みんなに、わしが仏さんを拝むのは、この通りまったく鬼だ、ということを見てもらいますよ」と語ったという。（寺本慧達著『浅原才市翁を語る』（発行所 長円寺）、柏村印刷、昭和27年、97–98頁）

肖像画
Portrait of Saichi
In Iwami Region,
Shimane,
1 scroll,
Meiji Era,
口絵 3–21 参照

よい人間に思われようとも、自分自身はあさましい嘘の皮で包まれている。鬼のような角をもっている。角がはえた鬼のまま、仏にいだかれている。そうした才市の心境がここに表れている。才市の歌に、こんな歌がある。「さいちや、うそ（嘘）のかわ（皮）でおれい（御礼）をする　ほかからみたらほんのことさいちや　うそのかわでひとをだます　あさましあさましあさましや　あさましのもうそのかわ　うそのかわならみはないよ　うそのかわ」。仏にいだかれるとは、自分がいつも嘘の皮でお礼をのべ、ひとを騙していることに深く深くきづくこと、いや、仏にいだかれているからこそ、嘘の皮でとりつくろっている自分のままが慚愧されてくる。その慚愧は、またそのまま歓喜となる。信心に生きるとは、自分の嘘にであうことである。角がはえたままの才市は、合掌してほほえんでいる。角があるままで、仏に受け入れられているからである。（鍋島）

瑞泉寺の服部師らが中心となり、真実の教学を復興するために、明治２年に宣教会（教えをのぶる会）を設立した。年寄りと若い者とを一組とし、二人一組で布教に赴くとともに、お互いに教えを聞きたずねあった。お布施は一切いただかない。この写真は、安楽寺で宣教会が開かれた時のものである。浅原才市は、「宣教会はみだのかい、才市を仏にする会で、ご開山様、わしが会」と喜んだ。大正５年には、才市が宣教会に一円もの大金を寄付している。（安楽寺住職であった梅田謙敬師談をもとに、鍋島）

＊御正忌とは、親鸞聖人の往生された１月16日の命日に際し、仏恩と師恩に感謝してつとめられる法要。御正忌報恩講と呼ばれる。

肖像写真
Photo of Saichi
２列目左から二人目、大正 11 年９月 11 日〜12 日、安楽寺にて

●愛用した『正信偈』（左）と『御文章』（右）
― *Shōshinge Cherished by Saichi (Left) and Gobunshō (Rennyo's Letters) Cherished by Saichi (Right)*

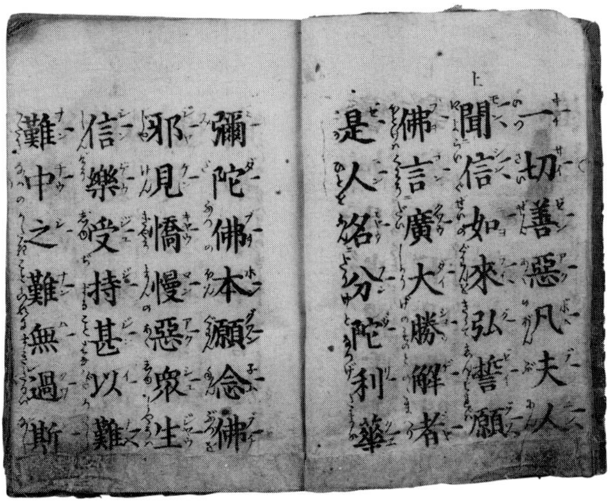
一切善惡凡夫人
聞信如來弘誓願
佛言廣大勝解者
是人名分陀利華
彌陀佛本願念佛
邪見憍慢惡衆生
信樂受持甚以難
難中之難無過斯

すりきれるほど愛用している

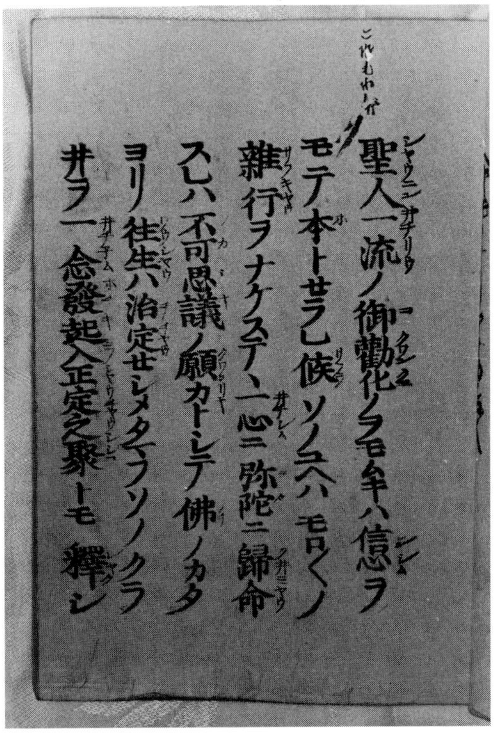

聖人一流ノ御勸化ノヲモムキハ信心ヲ
モテ本トセラレ候ソノユヘハモロモロノ
雜行ヲナゲステヽ一心ニ弥陀ニ帰命
スレハ不可思議ノ願力トシテ佛ノカタ
ヨリ往生ハ治定セシメタマフソノクラ
ヰヲ一念發起入正定之聚トモ釋シ

「これもわしし」と才市が記している。この私のために書かれた『御文章』であるという気持ちである。（安楽寺住職であった梅田謙道師談）

●口あい

才市は心に湧きでてくる歌を、仕事の合間に、木の切れ端に書いた。その歌を『口あい』とよぶ。下駄職人をしながら心からあゆれる詩をかんなくずなどに書きとめた。安楽寺住職であった梅田謙敬師は、才市の詩に感銘した。人の勧めで、才市はそれらのたくさんの『口あい』の詩をノートに清書して整理した。

「どをでこをでの
　をもにとられ
　をもにとられて
　らくらくと」
（どおでこおでの　重荷をとられ　重荷とられて楽々と）

「うたがいのこころとられて
　なむあみだ
　なにごとも　ぶつにつかわれ
　ごをんうれしや　なむあみだぶつ」
（疑いの心とられて　南無阿弥陀仏
　何事も　仏につかわれ　御恩うれしや南無阿弥陀仏）

ああしたら助かるだろうか、こうしたら助からないだろうかという凡夫の思惑はいらない。すべての重荷をとられて、仏様にまかせきっている。そんな心境が伝わってくる。（鍋島）

詩（木片）
Saichi's Poems on Wooden Rags

使用した大工道具
Carpenter's Kit Used by Saichi

手作りの下駄と木片に書かれた詩
Japanese Wooden Clogs Made by Saichi,
Saichi's Poems in Wooden Rags

●詩 — *Saichi's Poems*

浅原才市にとって、念仏は苦しみを抜いてくださる仏様の慈悲であった。

しかも、「苦を抜かずともくださる慈悲」と記している。現実の苦しみは苦しみとしてありながらも、そんな私に仏様が慈悲をかけてくださっている。そう感じて念仏を申していたことがうかがわれる。（鍋島）

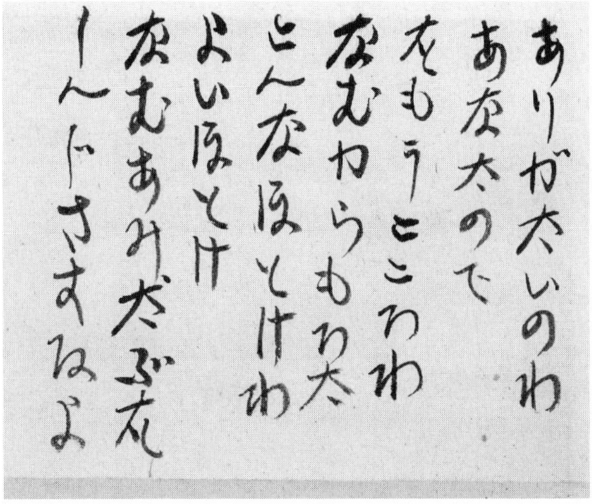

「ありがたいのは
あなたので
おもうこころは
なむからもろた
こんなほとけは
よいほとけ
なむあみだぶと
しんじさするよ」

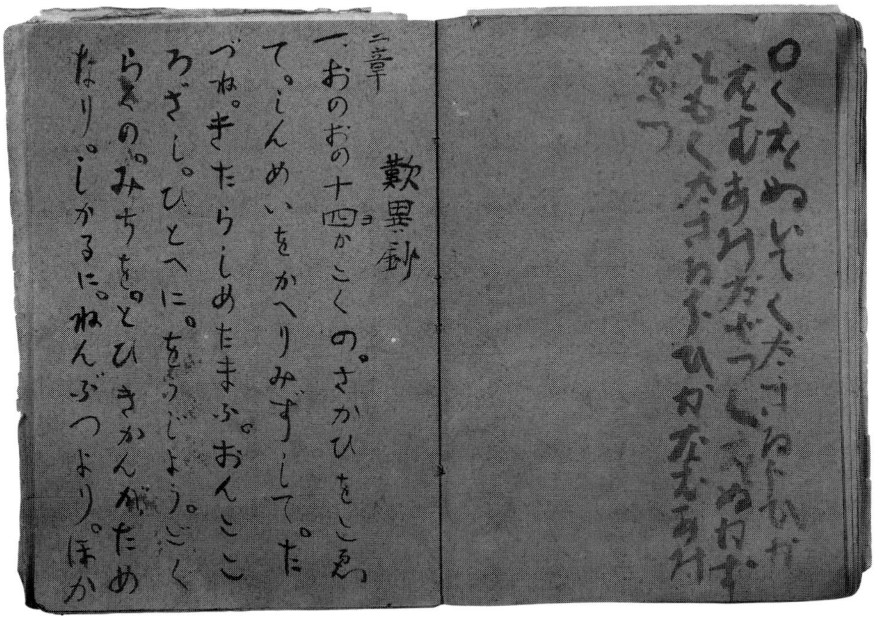

「くをぬいて　くださるじひが
なむあみだぶつ
くをぬかずともくださるじひが
なむあみだぶつ」

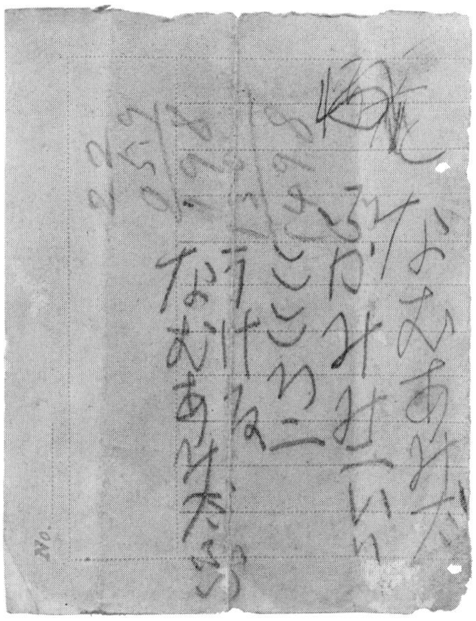

「なむあみだぶが
みみにいり、こころにうける、
なむあみだぶつ」

●『口あい』ノート

— "Kuchiai" Notebooks Written by Saichi

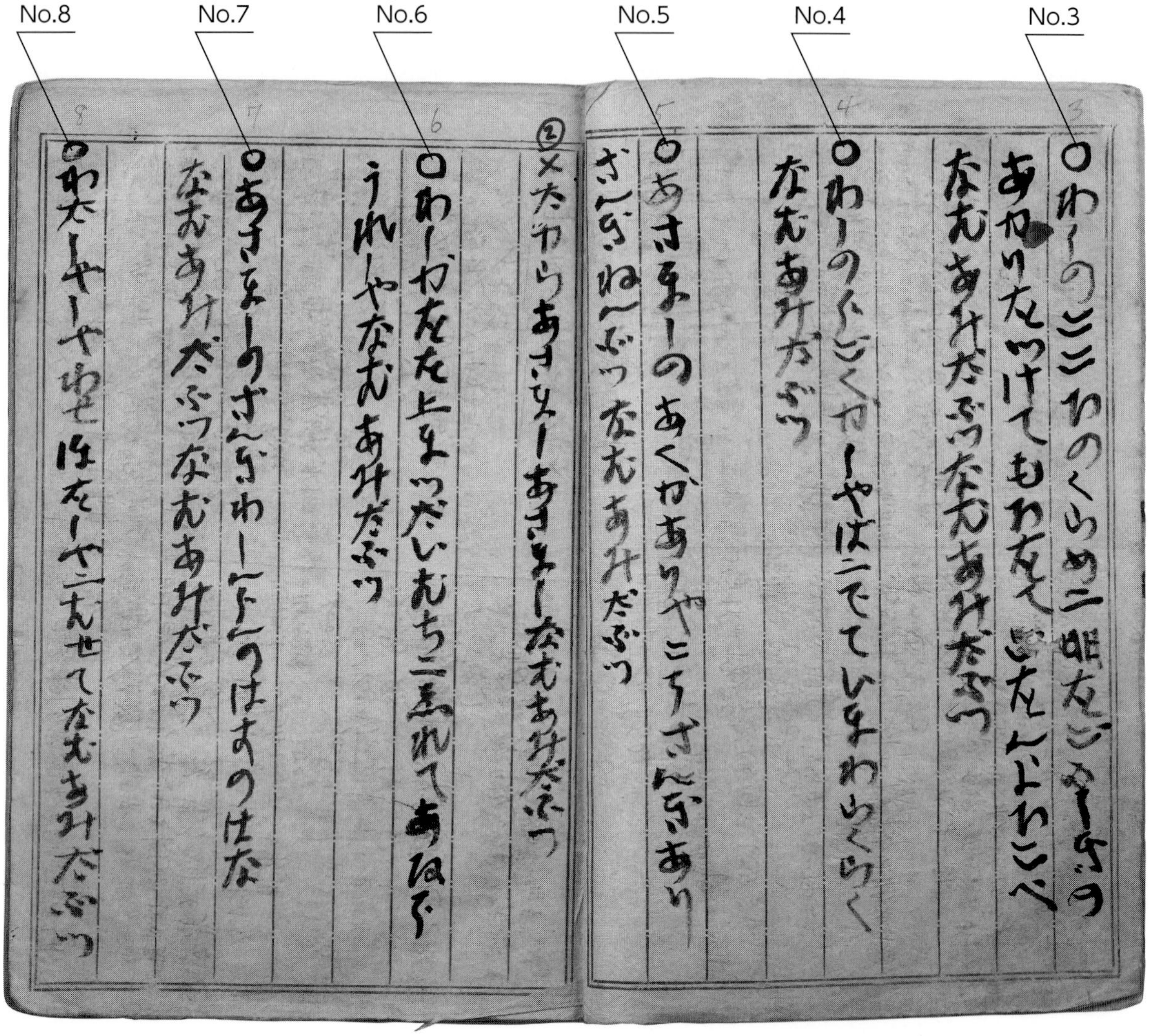

『口あい』ノート1
"Kuchiai" Notebook 1 Written by Saichi

楠 恭　編『定本 妙好人才市の歌 全』（法蔵館 S.63［1988］）三の第六ノートのNo.3–No.8（三の pp.136–137）。原文を写すに当たって次のような字の置き換えをした。（梅田淳敬）

カ → か
か → が
太 → た
太" → だ
へ' → べ

No.3
わしのこころのくらめ二明をごふしぎの
あかりをつけてもろをてごをんよろこべ
なむあみだぶつなむあみだぶつ
わしの心の暗目に 名号不思議の
灯をつけてもろうて ご恩よろこべ
南無阿弥陀仏 南無阿弥陀仏

No.4
わしのじごくがしやば二でていまわらくらく
なむあみだぶつ
わしの地獄が娑婆に出て 今は楽々
南無阿弥陀仏

No.5
あさましのあくがありやこそざんぎあり
ざんぎねんぶつなむあみだぶつ
×たからあさましあさましなむあみだぶつ
あさましの 悪がありゃこそ慚愧あり
慚愧念仏 南無阿弥陀仏
×宝あさまし あさまし 南無阿弥陀仏

No.6
わしがおお上まつだいむち二ゑれてあるぞ
うれしやなむあみだぶつ
わしが往生 末代無知に入れてあるぞ
うれしや 南無阿弥陀仏

No.7
あさましのざんぎわしんじんのはすのはな
なむあみだぶつなむあみだぶつ
あさましの 慚愧は信心の蓮の華
南無阿弥陀仏 南無阿弥陀仏

No.8
わたしやしやわせほをしや二むせてなむあみだぶつ
わたしゃ幸せ 報謝にむせて 南無阿弥陀仏

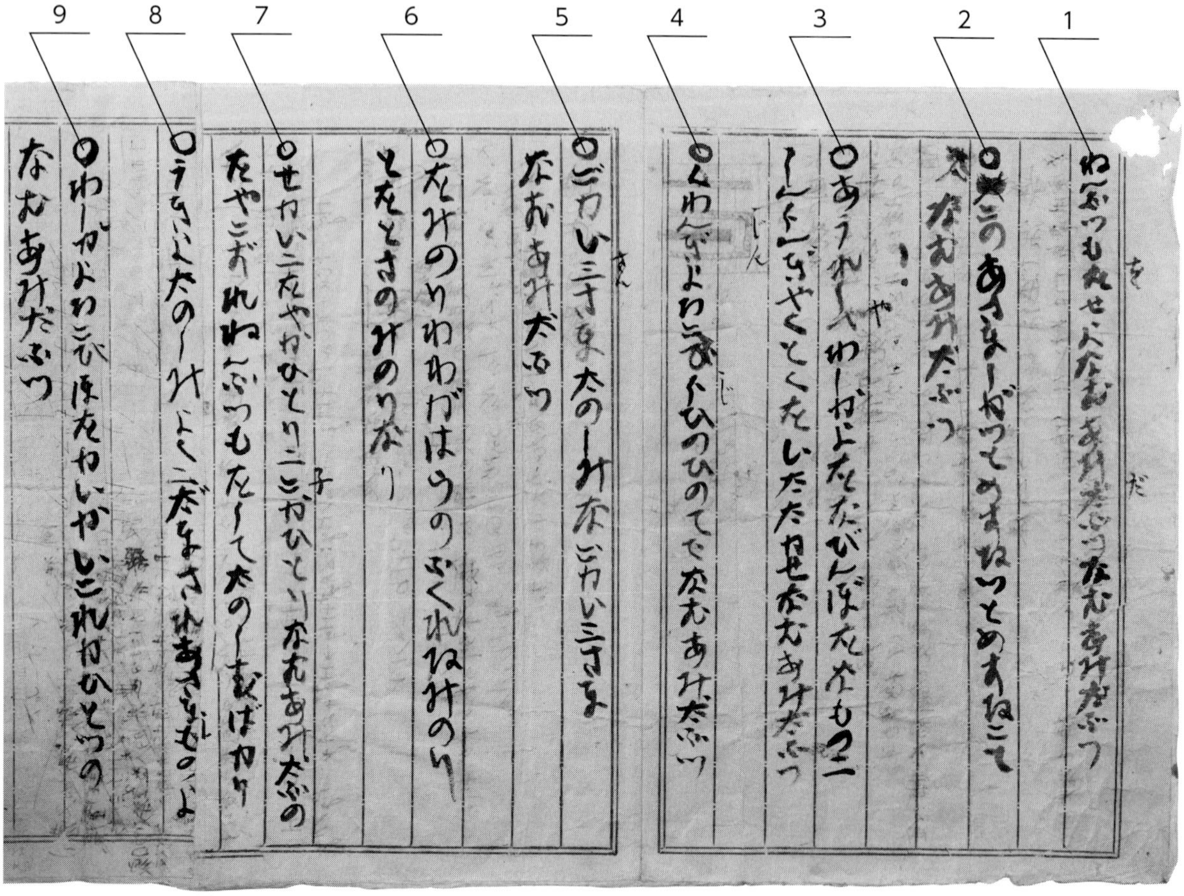

『口あい』ノート 2
“Kuchiai” Notebook 2 Written by Saichi

1　ねんぶつもをせよなむあみだぶつなむあみだぶつ

念仏申せよ　南無阿弥陀仏　南無阿弥陀仏

2　このあさましがつとめするつとめするこそ
なむあみだぶつ

このあさましが 勤めする 勤めするこそ
南無阿弥陀仏

3　あうれしやわしがよをなびんぼをなもの二
しんじんぎやくとくをいたたかせなむあみだぶつ

あ うれしや わしがような貧乏な者に
信心獲得を頂かせ 南無阿弥陀仏

4　くわんぎよろこびじひのひのてでなむあみだぶつ

歓喜 喜び・慈悲の火の手で南無阿弥陀仏

＊鈴木大拙編著『妙好人 浅原才市集』（春秋社、1967）の「ノート 32」No.14−No.25（pp.449−450）を参照した。「慈悲の火の手」は鈴木大拙に依ったが、「火の手」というのは慈悲の比喩としては突飛な感じを受ける。「悲の手」かとも思われる。（梅田淳敬）

5 ごかい三さまたのしみなごかい三さま
なむあみだぶつ
御開山さま 楽しみな御開山さま
南無阿弥陀仏

6 をみのりわわがはらのふくれるみのり
とをとさのみのりなり

＊1行目：「わがはら」：鈴木では「わがわら」となっていて、「腹？」という注が付いています。写し間違えたけど、正解に達したというところでしょうか？

お御法は わが腹のふくれる 御法
尊さの 御法なり

7 せかいにをやがひとり二こがひとりなむあみだぶの
をやこずれねんぶつもをしてたのしむばかり
世界に親が一人に子が一人 南無阿弥陀仏の
親子連れ 念仏申して楽しむばかり

8 うきよたのしみよく二だまされあさましものよ
浮世楽しみ 欲にだまされ あさましものよ

9 わしがよろこびほをかいがいこれかひとつの
なむあみだぶつ
わしが喜び 法界海 これが一つの
南無阿弥陀仏

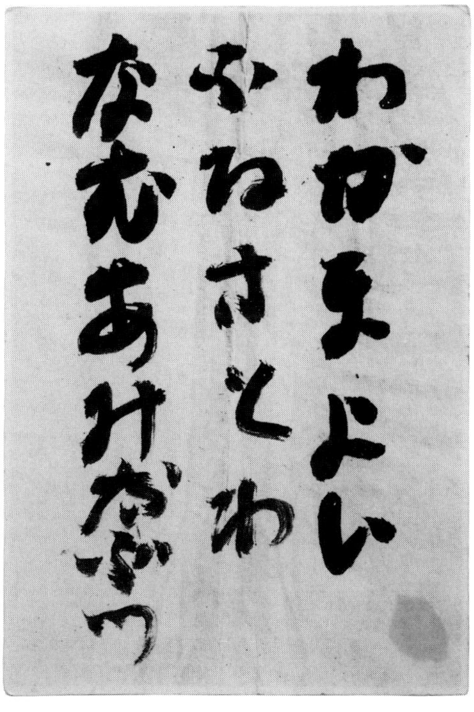

『口あい』ノート3
“Kuchiai” Notebook 3 Written by Saichi
「わがまよひ　ふるさとわ　なむあみだぶつ」

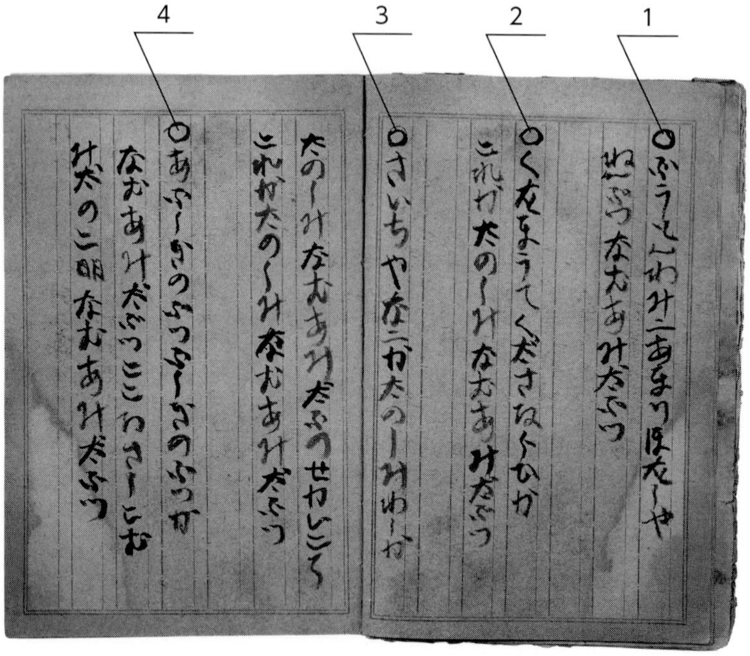

『口あい』ノート4
“Kuchiai” Notebook 4 Written by Saichi
妙好人 石見の才市顕彰会編『慚愧と歓喜』(平成9(1997)年)「ノート1」に収められているもの(pp.63-64)

1 ぶうとんわみ二あまりほをしや
ねんぶつなむあみだぶつ
仏恩は身に余り 報謝
念仏 南無阿弥陀仏

2 くをまうてくださるじひが
これがたんしみむあみだぶつ
苦をもろうて くださる慈悲が
これがたのしみ 南無阿弥陀仏

3 さいちやな二がたのしみわしが
たのしみなむあみだぶつのせかいこそ
これがたのしみむあみだぶつ
才市ゃ何が楽しみ わしが
楽しみ なむあみだぶの世界こそ
これがたのしみ 南無阿弥陀仏

4 あふしぎのぶつふしぎのぶつが
なむあみだぶつこころさしこむ
みだのこ明なむあみだぶつ
あ 不思議の仏 不思議の仏が
南無阿弥陀仏 こころ射し込む
弥陀の光明 南無阿弥陀仏

＊『慚愧と歓喜』では、1行目「不思議の仏が」の「が」が落ちているようである。

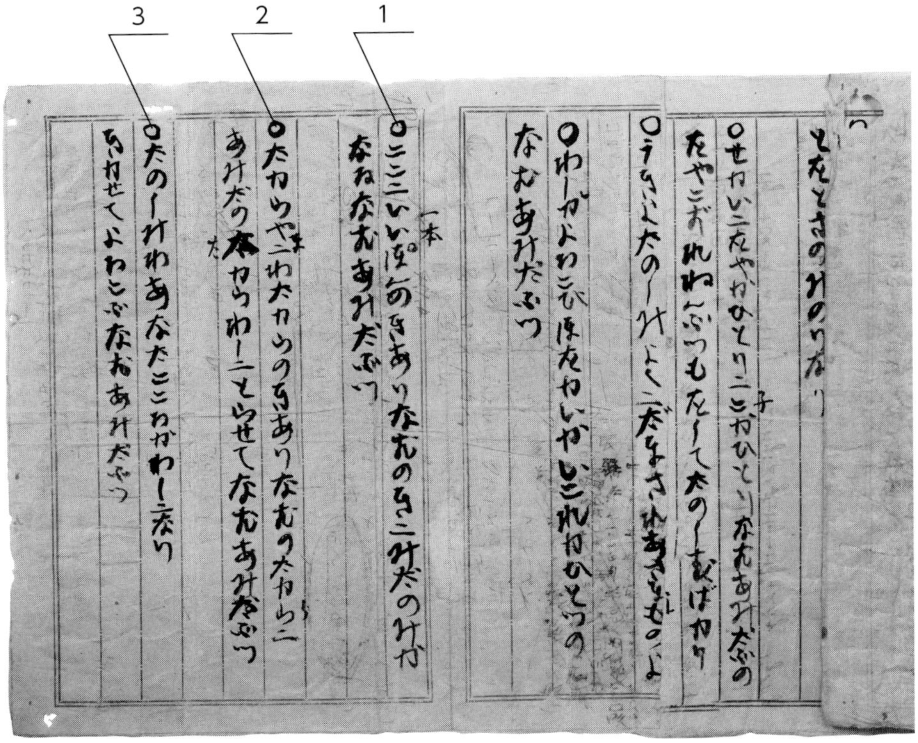

『口あい』ノート５
"Kuchiai" Notebook 5 Written by Saichi

1　ここ二いいぽんのきありなむのき二みだのみが
なるなむあみだぶつ

ここに一本の木あり 南無の木に 弥陀の実がなる南無阿弥陀仏

2　たからやま二わたからのきありなむのたから二
あみだのたからわし二とらせてなむあみだぶつ

**宝山には宝の木あり 南無の宝に
阿弥陀の宝 わしに取らせて南無阿弥陀仏**

3　たのしみわあなたこころがわし二なり
きかせてよろこぶなむあみだぶつ

＊鈴木「たのしみも」_「たのしみわ」

**楽しみは あなた［の］心がわしになり
聞かせて喜ぶ南無阿弥陀仏**

特別解説
妙好人　浅原才市（1850～1932）の求道と歌

妙好人「石見の才市」顕彰会

浅原才市は嘉永3（1850）年、石見国大浜村小浜（現温泉津町小浜）に生まれ、父は要四郎、母はスギといった。

才市45歳のとき、父が82歳で往生した。父の死後、「親の遺言、南無阿弥陀仏」と才市の求道の念は激しく燃え、60歳を過ぎた頃から彼の心は次第に明るく開け、如来様の絶対のまことの心が自分に働きかけ、そして自分を包んで下さるという感動が自然に「南無阿弥陀仏」とともに「口あい」（詩）となって口からあふれ出るようになった。それをカンナ屑や下駄の歯切れに書きとめて、何度も読み返し味わって「お念仏」を喜んでいた。

その一生は、才市自身の言葉通り「帳面つけるも南無阿弥陀仏」「ご恩うれしや南無阿弥陀仏」の生活であった。のちにすすめられて「口あい」をノートに清書し、そのノートは約70冊にもなり、歌われた詩は1万首に及んだ。才市の日常生活は、実に平凡な目立たないもので、ただよくお参りするお同行であったが、その詩を読むとその信仰は例えようもなく深く、浄土真宗の信心の極致を示している。まさに鈴木大拙博士が絶賛された「日本的霊性」そのものである。

かぜをひけば せきがでる
さいちが ごほうぎのかぜをひいた
ねんぶつのせきが でる でる

なんと素晴らしい歌であろう。浄土真宗の自然法爾（じねんほうに）の世界が実に素直に詩われている。如来様のお慈悲の確かさを心ゆくまで味わっていたのである。

わしわ せかいのひとの
ほをとをにんであります
ゆうもいわんもなく
をやがしぬればよいとをもいました
なしてわしがおやわ
しなんであろうかとをもいました
このあくごを だいざいにんが
これまで こんにちまで
だいちが さけんこにおりましたこ
と
わしがちちをや 八十三さい
を上しました を上どさまえ
わしがははをや 八十四さい
を上しました を上どさまえ

自宅
Saichi's House
70才代　下駄職人の頃
House of Saichi
口絵3-21参照

わしもゆきます やがてのほどに
をやこ三にんもろともに
しゅ上さいどのみとわなる
ごをんうれしや なむあみだぶつ
あくにあく あくをかさねて
しゃばでもつくる
あさましとは みなをそだ
をそだ をそだ わしがな みなあくだ
ええも わるいも みなあくだ

あさましが ないならば
みだの上をどわ できんのに
あさましがあるゆえに
こさえてもろた みだの上どを

しぬること あじよて（味わって）みましょ
しぬるじゃのうて（なくて）いきること
なむあみだぶに いきること
なむあみだぶつ なむあみだぶつ

いきること
きかせてもろたが なむあみだぶ
うれし うれし いきるがうれし
なむあみだぶつ

さいちゃ りん十すんで そをしきすんで
みやこに こころすませてもろて
なむあみだぶつと うきよにをるよ

ええな
せかいこくうが みなほとけ
わしもそのなか なむあみだぶつ

わしほど しやわせなものわない
にんげんに うまれさせてもろて
またごくらくに うまれさせてもろて
なむあみだぶつ なむあみだぶつ

（※上記の解説は、妙好人［石見の才市］顕彰会のパンフレットに書かれています。安楽寺（島根県温泉津）の梅田謙道師が才市の歌を抜粋し、解説文を執筆し、顕彰会の皆様と相談してまとめたとうかがいました。顕彰会の皆様に心から感謝いたします。）

詩碑（安楽寺境内）
Monument of Saichi Asahara's Poem
(in Anrakuji)
口絵 3-21 参照

梅田謙敬の肖像
Portrait of Rev. Kenkyo Umeda,
梅田謙敬師は、安楽寺住職であり、勧学として龍樹の研究に尽くし、浅原才市を育てた。「世界虚空がみなほとけ」という才市の詩に、梅田謙敬師の教学があらわれている。

安楽寺本堂
Main Hall of Anrakuji
才市は毎日、安楽寺におまいりに来ていた。口絵 3-21 参照

Saichi Asahara's Quest for the Truth through Poetry

Iwami no Saichi Kenshōkai (Association in Honor of Myokonin Iwami's Saichi)

Saichi Asahara (1850–1932) was born in Kobama, Iwami province (present Shimane Prefecture). His father was Youshirou and mother Sugi. When Saichi was forty-five, his father died at eighty-two. After his father's death, he remembered, "My father's last will was to say 'Namo Amidabutsu'." After that time, Saichi himself eagerly sought the path of Nembutsu (Namo Amidabutsu). When he became sixty, he realized that his mind was opened towards the Light of the Buddha. He finally could recognize the working of Amida Buddha's compassion.

Saichi's realization of being embraced by Amida Buddha then turned into poems along with the recitation of Nembutsu, "Namo Amidabutsu," which flowed naturally from his mouth. Saichi was a woodworker, and at first he wrote poems on discarded wood chips and rejoiced in the Nembutsu by reading them to himself. Later, his friend asked him to collect his poems. He wrote over 10,000 Nembutsu poems in about 70 notebooks.

Saichi described himself as an ordinary Nembutsu follower who regularly attended temple services. However, when we read his poems, we see that they demonstrate an extraordinary depth of realization of Shinjin (mind entrusting Amida Buddha). D. T. Suzuki (1870–1966), the famous Buddhist scholar, edited and complied a book of Saichi's poetry, *Myokonin: Asahara Saichi shū*, and praised Saichi as a person who genuinely embodied Japanese spirituality.

The following is a representative piece of Saichi's Nembutsu poerty.

When you catch cold, you cough.
Saichi has come down with the cold of Dharma,
The cough of nembutsu keeps coming out—cough, cough

I am so despicable.
Whether I said it or not,
I wished for my parents' death.
I thought
Why don't my parents die?
Embracing such evil karma,
I am still living today
Without falling through the ground.

When my father was eighty-three,
He died and attained the Pure Land.
When my mother was eighty-four,
She died and attained the Pure Land.
I will also go there sooner or later.
We, three of us,
Will be saved and eventually be together.
How grateful, Namo Amidabutsu!

Evil and evil... by piling up evils
I create evils in this Saha world.
"How wretched!" is all lies.
Lie, lie, I have just evils.
Good or bad, everything is evil.

If there is no wretchedness,
There is no Amida's Pure Land.

Because there is wretchedness,
Amida established the Pure Land.

Let's think on our own dying.
There is no dying, but living.
It is living in Namo Amidabutsu.
Namo Amidabutsu, Namo Amidabutsu,

It is living.
I was able to hear Namo Amidabutsu.
How happy, how happy, how happy, I am living!
Namo Amidabutsu.

O Saichi, after your death and funeral,
You may live in the Land of Bliss.
I am in this fleeting world because of reciting Namo Amidabutsu.

How wonderful!
This world's space is filled with Buddhas.
I am in it, Namo Amidabutsu.

I am so fortunate indeed,
Because I was born as a human.
Besides I will be born into the Pure Land.
Namo Amidabutsu, Namo Amidabutsu.

(Reference: *Myokonin: Iwami no Saichi*, Iwami no Saichi Kenshōkai, ed. [Anrakuji Temple, Kobama, Yunotsumachi, Ohtashi, Shimaneken]), (Translated by Eisho Nasu and Masumi Kikuchi)

◉ 製作・協力

製作

文部科学省私立大学戦略的研究基盤形成支援事業
龍谷大学 人間・科学・宗教オープン・リサーチ・センター
(平成22年度~24年度)

製作担当

凸版印刷株式会社　岡崎正人
凸版印刷株式会社トッパンアイデアセンター　杉山英治
株式会社トータルメディア開発研究所　高橋伸幸

制作・進行

斉藤　豊　花坂　修

研究協力

歐亞美術（代表取締役　栗田功）
浄土真宗本願寺派本願寺（京都府京都市）
浄土宗西山禅林寺派永観堂（京都府京都市）
浄土真宗本願寺派善興寺（飛鳥寛栗、飛鳥寛恵〔富山県高岡市〕）
中村久子女史顕彰会（岐阜県高山市・代表 三島多聞〔真宗大谷派真蓮寺〕）
妙好人「石見の才市」顕彰会（島根県大田市・事務局 梅田淳敬〔浄土真宗本願寺派安楽寺〕）
真言宗 當麻寺　奈良県葛城市
百万遍 知恩寺　京都府京都市
天台宗 聖衆来迎寺　滋賀県大津市
法相宗 興福寺　奈良県奈良市

人間・科学・宗教オープン・リサーチ・センター共同研究者（龍谷大学）

廣田デニス	文学部教授・CHSR ユニット 1 代表
那須英勝	文学部教授・CHSR ユニット 1 研究員
松居竜五	国際文化学部准教授・CHSR ユニット 1 研究員
楠　淳證	文学部教授・CHSR ユニット 1 研究員
高田信良	文学部教授・CHSR ユニット 2 代表
杉岡孝紀	文学部教授・CHSR ユニット 2 研究員
嵩　満也	国際文化学部教授・CHSR ユニット 2 研究員
林　智康	文学部教授・CHSR ユニット 3 代表
井上善幸	法学部准教授・CHSR 副センター長・ユニット 3 副代表
都築晶子	文学部教授・CHSR ユニット 3 副代表

小南一郎	文学部教授・CHSR ユニット 3 研究員
大田利生	文学部教授・CHSR ユニット 3 研究員
内藤知康	文学部教授・CHSR ユニット 3 研究員
川添泰信	文学部教授・CHSR ユニット 3 研究員
龍溪章雄	文学部教授・CHSR ユニット 3 研究員
高田文英	文学部専任講師・CHSR ユニット 3 研究員
井上見淳	文学部専任講師・CHSR ユニット 3 研究員
藤丸　要	経済学部教授・CHSR ユニット 3 研究員
殿内　恒	社会学部教授・CHSR ユニット 3 研究員
鍋島直樹	文学部教授・CHSR センター長・ユニット 4 代表
吾勝常行	文学部教授・CHSR ユニット 4 副代表
玉木興慈	短期大学部准教授・CHSR ユニット 4 副代表
田畑正久	文学部教授・CHSR ユニット 4 研究員
深川宣暢	文学部教授・CHSR ユニット 4 研究員
海谷則之	文学部教授・CHSR ユニット 4 研究員
友久久雄	文学部教授・CHSR ユニット 4 研究員
武田　晋	文学部教授・CHSR ユニット 4 研究員
加藤博史	短期大学部教授・CHSR ユニット 4 研究員
黒川雅代子	短期大学部准教授・CHSR ユニット 4 研究員

CHSR 博士研究員	岡崎秀麿（平成 22 年度)、胡 暁麗（平成 23 年度)
CHSR 研究助手	釋氏真澄、本多 真、北岑大至、古莊匡義

プロジェクトの概要

平成22年度～24年度文部科学省私立大学戦略的研究基盤形成支援事業
龍谷大学 人間・科学・宗教オープン・リサーチ・センター
「死生観と超越―仏教と諸科学の学際的研究」

◆研究目的・意義

龍谷大学は進取と共生の理念を掲げ、自己中心性を省み、相互に依存し関係しあっているという縁起思想を尊重しています。その理念に鑑(かんが)み、この研究目的は、仏教・浄土教の死生観を礎にしながら、仏教学、真宗学、宗教学、哲学、歴史学、医学、教育学、心理学などの諸科学との対話を通して、真に生命を守り育む教育研究を構築することにあります。死生観研究の意義は、人々がそれぞれの死を見つめ、限りある人生の意味や人間を見直し、互いに愛情をもって接するというところにあります。仏教の「生死(しょうじ)」の意義は、「死生」と同様に、あらゆるものが無常にして稀有であることを自覚させるとともに、曠劫(こうごう)より久しく流転輪廻し、迷い・苦を繰り返しているという反省を促し、時空を超えてあらゆるいのちが相互に関係しあっている一体感も育むことです。超越とは、迷い・苦悩を超えて真の依りどころを見出す意義を有しています。ビハーラ活動とは、仏教・医療・福祉のチームワークによって、支援を求めている人々を孤独のなかに置き去りにしないように、その心の不安に共感し、少しでもその苦悩を和らげようとする活動です。この研究では、生老病死の四苦を超える仏教死生観と医療との協力によるビハーラの意義を再評価し、生きる意味、死から生まれる志願、慈愛、感謝を育む教育研究を世界に発信していきます。

◆研究体制 ―四つのリサーチユニット―

センター長：鍋島 直樹【文学部教授】
副センター長：井上 善幸【法学部准教授】

ユニット１　死生観の実際と仏教思想―日常生活に根ざす宗教性
　　　　　　ヒロタ・デニス【文学部教授】
ユニット２　宗教多元世界における死生観・救済観の対話的研究
　　　　　　高田 信良【文学部教授】
ユニット３　インドから日本に流れる死生観・救済観の再評価
　　　　　　林　智康【文学部教授】
ユニット４　仏教と医学・心理学・人間科学を通じた死生観と
　　　　　　ビハーラ・ケアの研究
　　　　　　鍋島 直樹【文学部教授】

まとめ

この研究プロジェクトは、自然と人間の持続可能な発展を求める世界において、数千年にわたる悠久の歴史の中で受け継がれてきた仏教の縁起説や東洋の死生観の意義を再評価することにあります。「あらゆるものは因と縁によって生滅し、それだけで独立自存する固定的実体はない。すべての存在は相互に支えあい依存しあっている」という仏教の縁起説、「無常を通して死を超えた慈しみを育む」「すべての有情は世代や地域を超えて父母兄弟としてつながり、生死の苦を乗り越える」という仏教の死生観を基盤とし、儒教の「礼」「仁」「恕(じょ)」「義」、道教の「無為自然」「万物斉同」「真人」という東洋の世界観に学びながら、多様な文化、民族を尊重し、生命のかけがえのなさとつながりを育むような「死生観と超越」の視座を再構築して、世界に還元していくことをめざします。

Summary of Project

Center for Humanities, Science and Religion (CHSR), Ryukoku University
"Interdisciplinary Research in Buddhist Perspectives on Living, Dying, and Transcendence"

◆ Project summary, research purpose, and specialty

Through the pursuit of "Innovation and Interdependence," Ryukoku University explores the significance of the Buddhist concept of *engi*-the awareness that all beings arise and exist in interdependence and mutual support-in diverse fields of study. The project now underway at Ryukoku's Open Research Center furthers this aim by seeking to design a framework for education and study that ponders the nature and the support of life. It conducts this research through initiating dialogue among various disciplines, including Buddhist studies, Shin Buddhist studies, religious studies, philosophy, history, medical science, education, and psychology. Based on Buddhist views of life and death, with a focus on the understanding of the Pure Land Buddhist tradition, this research project will provide an opportunity for self-reflection on death, the meaning of mortality, and the significance of compassionate interaction with others. The Buddhist concept of *shōji* (samsaric existence) awakens us to the view that all things are both transient and unique. It urges us to reflect on the fact that all beings have passed through a long process of rebirth to repeat existence in anxiety and suffering, and fosters a sense of unity by making us realize that every single life is mutually related to every other throughout the bounds of space and time. Further, the concept of "transcendence" points us beyond the limits of anxiety and suffering. One facet of this research will thus reevaluate the ideals of Buddhist terminal care (vihāra), where medical care is guided by the Buddhist view of life and death that transcends the four sufferings of birth, aging, sickness, and death. Other units will explore, through comparative study, the Buddhist intellectual traditions of Asian cultures and their significance for the contemporary global community.

◆ Research organization: 4 research units
Director: Naoki Nabeshima, Professor, Faculty of Letters
Associate Director: Yoshiyuki Inoue, Associate Professor, Faculty of Law

Research Unit 1: Buddhist Perspectives on Dwelling in the World: Everyday Life as the Locus of Religious Existence
Dennis Hirota, Professor, Faculty of Letters
Research Unit 2: Life and Death in the Context of Religious Pluralism: A Dialogical Approach
Shinryo Takada, Professor, Faculty of Letters
Research Unit 3: Life, Death and Salvation in East Asian Thought
Tomoyasu Hayashi, Professor, Faculty of Letters
Research Unit 4: Thanatology and Vihāra Care: Buddhism, Medical Science, Psychology, and the Humanities
Naoki Nabeshima, Professor, Faculty of Letters
(Translated by Dennis Hirota)

研究論文

仏教の死生観と超越
―愛別離苦の悲しみと涙の意味

鍋島直樹

キサーゴータミーの物語―愛する人を亡くした悲しみ

愛する人を亡くした悲しみを、人はどう受けとめたらよいのであろうか。死別の意味を考えさせてくれるエピソードに、キサーゴータミー（Kisagotami 吉離舎瞿曇彌）の悲しみについて説かれた物語がある。赤松孝章[1]、菅沼晃[2]らの先行研究によると、キサーゴータミーの説話は、紀元５世紀頃のブッダゴーサ（Buddhaghosa）の著作と伝えられる『ダンマパダ・アッタカター』（『法句経註』）の第８サハッサヴァッガ・12に説かれている。キサーゴータミー説話は、『ダンマパダ』（『法句経』）114偈の註釈のところで紹介されている。また、『南伝大蔵経』巻27にもよく似た教説が説かれている[3]。ここでは赤松氏による『ダンマパダ・アッタカター』のパーリ文訳を忠実に参照して[4]、キサーゴータミーの物語を紹介したいと思う。

キサーゴータミーは、コーサラ国のサーバッティにある貧しい家に生まれた。身体がやせていたので、キサー（やせた）と呼ばれた。やがて年頃になったキサーゴータミーは結婚して、かわいい男の子に恵まれた。しかし彼女の幸せは長くはつづかなかった。その子が両足で歩けるようになった頃、ふとしたことで急に亡くなってしまった。死を見たことがなかったキサーゴータミーは、人々が自分の子を火葬にするように連れ出そうとするのを拒んだ。キサーゴータミーは「私はこの子どもの薬を探してきます」と言い、死んだ子どもの亡骸を抱いて、「私の子どもの薬を知っている人はいませんか」と、家から家をたずね歩いた。そのとき、人々は、「娘さん、あなたは正気を失っている。死んだ子どもを助ける薬をたずね歩いているよ」と答えた。

ある賢者がそれを見て、「この娘ははじめて子どもを生んだ。しかし彼女はこれまで死というものを見たことがない。なんとか彼女の力になってあげたい」と思い、彼女にこう言ってあげた。「キサーゴータミーさん。私はその子の薬を知りません。しかしその薬を知っている人を知っています」と。すると、「誰が知っているのですか」とキサーが尋ねたので、その賢者は「釈尊であれば、きっとその薬を知っているでしょう」と答えた。

こうしてキサーゴータミーは、その賢者の助言を信じ、急いで釈尊のもとに行って、「どうかこの子を助ける薬をください」と頼んだ。釈尊は彼女の気持ちをよく理解し、「キサーゴータミーよ、よく訪ねてきました。それでは村に行って家を訪ね歩き、ひとつかみの芥子（白カラシ）の種をもらってきてください。ただし、息子でも、娘でも、今まで誰も死んだ人のいない家からでないといけないよ」と語った。

「わかりました。尊師」と釈尊に礼拝して、キサーゴータミーは亡くなった子どもを抱きかかえ、村の中に入った。そして、最初の家の戸口に立って、「この家に芥子の種がありますか。それが私の子どもに効く薬だというのですが」と言った。その家の人が「芥子の種はありますよ」と答えると、「それならどうか私にわけてくださいますか」とキサーゴータミーは頼んだ。その家の人たちが芥子の種を取ってきて彼女に渡すと、「本当にありがとうございます。それから、お尋ねしたいのですが、この家で息子さんでも娘さんでも、今までに亡くなった方はいませんか」とキサーゴータミーが尋ねた。「何をおっしゃっているのでしょうか。娘さん。生きている人は実に少なく、死んだ人の方が多いのです」とその家の人が答えると、「そうでしたか。大変申し訳ありません。この芥子の種をお返しします。それは私の子どもの薬ではありません」と彼女は応え、その家をあとにした。こういう風にして、キサーゴータミーは、死者が出たことのない家から芥子の種をもらうために、必死に家々を訪ね歩いた。しかし彼女は一軒の家からでさえも芥子の実を得ることができなかった。やがて、キサーゴータミーは夕刻になってこう思った。「ああ、重大なことに、私は『自分の子どもだけが死んだ』という思いをなしていた。しかしこの村全体において、まことに、生きている人よりも死んだ人の方が多いのだ」と。このように考えたとき、彼女の子どもに対する愛着で弱くなっていた心がかたきものになった。

彼女は子どもを森に置いて、師のところに近づいて礼拝した。そのとき、釈尊はキサーゴータミーに「あなたは芥子の種を得ましたか」と尋ねた。「私はひと粒も得ることができませんでした。尊師。村全体において、実に、生きている人より死んだ人の方が多いのです」とキサーゴータミーは答えた。それを聞いた釈尊は、「あなたは『私の子どもだけが死んだ』と思い込みました。しかし、死はすべての生き物の常の姿なのです。大洪水のように、死の大王は、思いの尽きることのない人々すべてを運び去り、苦しみの海に投げ入れるのです」と告げた。そして釈尊は、法を示して、この偈(げ)を説いた。

> 子どもや家畜に気を奪われて、心が執着している人を死はさらっていく。眠れる村を大洪水が流すように。(『ダンマパダ』第287偈)

釈尊がこの偈を説き終わったとき、キサーゴータミーは預流果(よるか)(さとりに向う流れに入った宗教的境地)に到達した。キサーゴータミーは釈尊に出家を願いでた。釈尊はキサーゴータミーの願いを受け入れ、彼女を比丘尼(びくに)たちのところへ送り、出家させた。こうして、彼女は戒律を授かって、キサーゴータミー尼となった。

以上が、キサーゴータミーの物語である。この物語は、芥子の種の物語とも呼ばれる。釈尊は相手の心情をよく理解し、相手の悩みに応じて巧みに譬喩を用いながら、教えを説いた。それは応病与薬、対機説法の姿勢である。この芥子の種の物語は、釈尊の説いた譬喩として世界中でよく知られている。

また、このキサーゴータミーの悲しみについて、『尼僧の告白　テーリーガーター』には、こう記されている。

> 貧苦なる私(キサーゴータミー)にとっては、二人の子どもは死に、夫もまた路上で死に、母も父も兄弟も同じ火葬の薪で焼かれました。
>
> 一族が滅びた憐れな女よ。そなたは限りない苦しみを受けた。さらに幾千の苦しみの生涯にわたって、そなたは涙を流した。
>
> さらにまた、私は、それを墓場の中でみました。子どもの肉が食われているのを。私は一族が滅び、夫が死んで、世のあらゆる人々には嘲笑されながら、不死

の道を体得しました。

わたしは、八つの実践法によりなる尊い道、不死にいたる道を修めました。私は、安らぎを現にさとって、真理の鏡を見ました。(『尼僧の告白　テーリーガーター』第219–222偈[5]

先ほどの芥子の種の物語では、子どもを突然に亡くして悲しむ姿が説かれていたが、この『尼僧の告白』には、芥子の種の物語よりもさらに厳しい現実が説かれている。すなわち、キサーゴータミーは、子どもだけでなく、夫や親兄弟のすべてを亡くしたというのである。この『尼僧の告白』を読むと、愛するものすべてを失った彼女の悲痛さや驚きが沁みて伝わってくる。それとともに、キサーゴータミーは、愛するものとの死別の深い悲しみの中で、八正道を修めて、ついに不死なる道を体得し、心の平安をえたことがわかる。

この芥子の種の物語は、およそ二つのことを教えてくれる。一つは、釈尊が死んだ子を抱いたキサーゴータミーの「どうか私の子を治す薬をください」という願いをそのまま受けとめたことである。釈尊は「あなたの子はすでに死んでいる」とは彼女に告げなかった。なぜなら、キサーゴータミーはわが子の命を救うことだけを一心に求めていたからである。そこでまず、釈尊は、彼女の心情のすべてを理解し、「わずかひとつかみの芥子の種をもらってきてください。ただし、芥子の種は、死者のでたことのない家からもらってきてください」と助言した。わが子を救うために何かをせずにはいられないキサーゴータミーに、釈尊は一つの作法を与えたのである。言い換えれば、釈尊はいのちの無常さに気づくためのファーストステップをキサーゴータミーに示したといえるだろう。二つめは、キサーゴータミーが、自らの足で多くの家を訪ねるうちに、死が普遍的なものであることをおのずから知ったことである。釈尊は、亡くなった幼子を、決して奇跡や特別な力を用いて生き返らせたりしていない。むしろ釈尊は、キサーゴータミー自身が、わが子の死の事実に気づくのを待った。わが子の死を受けいれる前に、なんとか助けようとするのは当然の親心であろう。また、死の現実を受け入れるには、十分に悲しむ時間が必要である。村の人々は、彼女に芥子の種をあげることができなかったが、愛児をなくした彼女の悲痛さがわかったことだろう。なぜなら、すべての家庭が愛するものを亡くしたつらさを経験していたからである。キサーゴータミーは、家から家を訪ね、どんな家庭にも愛する人の死があることを知り、わが子の死が特別ではないことを、全身で感じ取ったのである。「生きている人よりも死んでいる人の方が多い」。彼女はそう気づくと、今まで苦しみ悩んでいた心が消え去っていった。愛する子の死に直面したキサーゴータミーが、釈尊の助言と多くの人々の支えによって、みずから諸行無常の現実に気づいていったのである。この物語は、無常を受け入れるのには、時間がかかることをも教えてくれる。死別の悲しみを乗り越えることは誰にとってもむずかしい。しかしそれでいいのである。悲しむ過程そのものが、亡き人と自分の愛情を深くふりかえる貴重な時間となる。キサーゴータミーは、愛別離苦を縁として、八正道という不死なる道を見いだした。それでは、死別の悲しみとどう向きあえばよいのだろうか。人は死んで消えてしまうのではない。亡くなった人は愛する人々の心に生きている。手を合わすところに、亡くなった人のまごころは還ってくる。涙は愛情の証である。亡くなった人から受けた愛情を自らの心に受けとめて、生きぬいていこう。こうしてキサーゴータミーは耐えがたい死別の悲しみから、いのちの無常さを実感し、同じ悲しみをもつ人々に寄り添っていった。死別の悲しみを共有してくれる人がいるとき、その支えあいが生きる力となる。キサーゴータミーは、愛児を失くすという深い悲しみから、同じような悲しみをもつ人々への慈しみを見出していったのである。

パターチャーラーの物語―涙の意味

キサーゴータミーのように、愛するものを失って悲しむ女性の物語が他にも伝えられている。菅沼晃著『ブッダとその弟子 89 の物語』によりながらパターチャーラーという女性の物語を紹介したい[6]。パターチャーラー（Patāchāra）は、最愛の夫を失い、つづいて二人の子どもも亡くし、さらには両親も兄弟も亡くしてしまった。子どもを亡くした直後、親兄弟の遺体までもが火葬にされているのを見て、彼女は気が動転して、衣服が自分のからだから落ちるのも気づかずに、裸のままで街中を呆然と歩いた。大声で泣きながらあたりをさまよった。気がつくと、いつしか祇園精舎の前に来ていた。静かな木陰で話をしている釈尊の方に彼女は自然に近づいていった。釈尊が彼女に、「気を確かにもちなさい」と声をかけると、彼女ははっと正気にもどり、その場にうずくまった。近くにいた男性が上着を投げてくれた。彼女はそれを身にまとい、釈尊に礼拝して、わが子をはじめ家族すべてを失った悲しみを釈尊に打ち明けた。そのとき、釈尊はそれを聞いて、「パターチャーラーよ。案ずることはない。私こそ汝のよりどころとなろう。汝は家族を失って悲しんでいるが、遠い昔から今まで、子を失った親が流した涙は、四つの海の水の量よりも多い」[7]と言葉をかけた。その言葉を聞いて、パターチャーラーの悲しみは少しずつ薄らいだ。さらに、「無常の世にあっては、涅槃の世界だけが真実である」という釈尊の説法を聞いて、心が落ち着いていった。こうしてパターチャーラーは出家して、持戒第一と呼ばれるほどに、修行に専念したと伝えられている。

このパターチャーラーの物語を読んで心に残ったのは、釈尊の彼女にかけた言葉である。すなわち、「遠い昔から今まで、子を失った親が流した涙は、四つの海の水の量よりも多い」という釈尊の言葉の中に、パターチャーラーの悲しみをそのまま受けとめる釈尊の優しさを感じる。重要なことは、悲しみ自体が深い愛情の裏返しであるということである。ただ悲しむな、泣くなというのではない。愛するものを亡くして、茫然自失となり、大声で泣くことの中で、最愛の家族に尽くしてきた愛情や家族からもらった愛情を彼女は身にしみて感じただろう。涙は愛情の表れであり、相手の気持ちも、自分自身の心をも知ることにつながる。したがって、諸行無常の真理に気づくためには、キサーゴータミーやパターチャーラーがそうであったように、悲しむ過程自体に意味があるということである。悲しみを隠して押し殺そうとすると、かえって死の現実から目を背けがちになる。自分のありのままの感情も表出されず、自分を見失ってしまうことになりかねない。多くの人が、死別後に、「あのときこうしてあげればよかった」という後悔や罪責感にさいなまれる。しかし、その悲しむ時間を充分に経ることを通して、愛する人の死から、本当に大切なものを受け取り、みずから真実の生き方を求めていくことにつながっていくのだろう。そうした涙の意味をこの物語は教えてくれている。

晩年の釈尊
―アーナンダの不安と釈尊の言葉「自らを島とし、法を島とせよ」―

それでは、釈尊の晩年にスポットを当てながら、死を超える道とはなにかについて考えたいと思う[8]。

それは、80歳になった釈尊が、ヴァイシャーリー近くの竹林で、雨安居(うあんご)を過ごしたときのことであった。この雨安居の間に、釈尊は恐ろしい病にかかり、死ぬほどの激痛に襲われた。釈尊はその痛みを耐え忍び、少しずつ回復していった。そのとき、そばで仕えていたアーナンダ（Ānanda、阿難）は、「釈尊がなにも説かれないうちは亡くなるはずはないと安心していました」と釈尊に話した。アーナンダは心の底で、釈尊がもし死んでしまったら何をたよりにしたらいいのだろうと思っていたのである。すると、アーナンダに対して、釈尊はこう語った。

> 「アーナンダよ。修行僧たちはわたしになにを期待するのであるか？　わたしは内外の隔てなしにことごとく理法を説いた。完(まった)き人の教えには、何ものかを弟子に隠すような教師の握り拳は存在しない。……『わたしは修行僧のなかまを導くであろう』とか、あるいは『修行僧のなかまはわたしを頼っている』とか思うことがない。
> アーナンダよ。わたしはもう老い朽ち、齢をかさね老衰し、人生の旅路を通り過ぎ、老齢に達した。わが齢は八十となった。……
> それゆえに、この世で自らを島とし、自らをたよりとして、他人をたよりとせず、法を島とし、法をよりどころとして、他のものをよりどころとせずにあれ。」
> （『大パリニッバーナ経』第2章25～26[9]）

この釈尊の言葉から大切なことをいくつも学ぶことができるだろう。一つには、釈尊には、晩年までひそかに隠しているような秘密がなかったことである。折に触れ、人々に説いてきたことが教えのすべてであると釈尊が語った。そこに、アーナンダの「釈尊はまだ何かを説いてくれるにちがいない」という疑いをふりきるようなすがすがしさがある。二つには、比丘たちはどうしても釈尊に頼ってしまうが、釈尊自身は自らを「修行僧たちを導く人」であるとも、「修行僧たちに頼られている」とも思っていないことである。釈尊という人格に依存しすぎる必要はない。四諦八正道や縁起の教説をはじめとして、今まで説いてきた真実の教えをこそよく思惟(しゆい)し、その真実の教えを実践していけば、きっとそこに道が展けてくる。釈尊はそう示したのである。三つには、釈尊がいなくなっても、これからは、自らを明かりとし、法を明かりとして生きていけばよいということである。アーナンダは25年もの間、釈尊のそばに仕え、釈尊が人々に教えを説くのを間近で聞いてきた。それだけ釈尊を頼っていたアーナンダにとって、釈尊に死が近づいていると感じるのは不安だったことだろう。だからこそ、釈尊は、釈尊という人格にすがるのではなく、あなた自身と、真実の教法とを依りどころにすればよいと、アーナンダに説いた。それは「法に依りて人に依らざるべし」[10]と経典に説かれるところである。特定の人格に依憑(えひょう)せずに、法に依り法に直参せよということである。

ところで、中村元らの研究によると、「自らを島とし、自らをたよりとせよ、法を島とし、法をよりどころとせよ」という文中にでてくる原語ディーパ（dīpa）は、

「島」「洲」「洲渚」という意と、「灯明」という意をもっていると明かしている[11]。どちらかといえば、日本の仏教徒たちの間では、「自灯明、法灯明」という教説がなじみぶかい。そこでそれぞれのたとえの真意を確かめてみると、まず、「島」「洲」というたとえには次のような背景がある。インドでは、大洪水になると、大地があたり一面水びたしになり、対岸が見えなくなる。たったひとりで大海原に放り出されたような状態である[12]。その中で、洪水にも流されずにのこっている島が人々のよるべとなることから、自分自身を島とし、法を島とせよ、という譬喩が用いられたという。押し寄せる波にのみこまれることなく、足元に流れる川に流されないように、自分自身を、そして法を大切にしてゆけ、という意趣である。また、「灯明」というたとえには、次のような意味が込められている。中国や日本では、インドで起きるような大洪水はめったにない。むしろ地域によっては、明かりのない暗闇がはてしなくつづく。灯明は、夜の暗闇を照らす灯りであり、心に希望をともしてくれる。闇夜に浮かぶ月の光が、そっと人に安らぎを与えるように、迷いの多い暗黒世界では、灯りがたよりになることから、自らを灯とし、法を灯とせよ、というたとえが用いられたとされている。

これに関して、思い起こされる親鸞の和讃がある。

> 無明長夜(むみょうじょうや)の灯炬(とうこ)なり
> 　智眼(ちげん)くらしとかなしむな
> 　生死大海(しょうじだいかい)の船筏(せんばつ)なり
> 　罪障(ざいしょう)おもしとなげかざれ（『正像末和讃』(36)[13]）

「如来の本願が、暗闇を照らすかがり火であり、自分の智慧の眼ではなにも見えないと悲しまなくていい。如来の本願が、苦しみの大海に沈む人を救う船であるから、みずからの罪が重いとなげかなくてよい」という内容である。親鸞においては、真の依りどころを、灯りや船にたとえている。そこに釈尊の「自灯明、法灯明」に通じるものがあるだろう。

このように、私の亡き後は、あなた自身の心のあり方を反省し、世間に流されず、あなた自身を大事にして生きてゆけばよい、と語り、また、あなたの行くべき道を指し示す真実の教えに学び、それを実践していけばいいと、釈尊は教えた。その法とは、三法印、四諦八正道、縁起、中道などの体系づけられた根本教理であるとともに、釈尊がさまざまな悩みに応じ、一人ひとりに対して説いた譬喩もまた、かけがえのない教法である。

これに関連して、釈尊は、死期が迫ったときに、アーナンダに、次のようにも説いている。

> 「アーナンダよ。あるいは後にお前たちはこのように思うかもしれない。『教えを説かれた師はましまさぬ、もはやわれらの師はおられないのだ』と。しかしそのように見なしてはならない。お前たちのためにわたしが説いた教えとわたしの制した戒律とがわたしの死後にお前たちの師となるのである。」（『大パリニッバーナ経』第６章１[14]）

たとえ、今ここに存在する釈尊の姿形が見えなくなり、声が聞けなくなっても、師がいなくなったのではない。師は教えとしてあなたの心に生きている。釈尊の亡き後も、その説いてきた教法と戒律が、師となり依りどころになるだろうと、釈尊はアーナンダを慰めた。その姿形を超えて教えとなった仏は、後に法身として表現されていく[15]。形あるものから、形なきものへの想いの深まりが、仏の真心に遇うために重要なのである。ここにも、死を超える道が、釈尊の説いた法を自分の心に保ち、その法に導かれながら、精励に生きていくところにあることがわかる。

註）

1　赤松孝章「キサーゴータミー説話の系譜」3頁、高松大学紀要34号。赤松孝章の論文には、キサーゴータミー説話のパーリ文全文とその和文試訳が発表されている。赤松氏の研究によると、そのキサ―ゴータミー説話には、（1）長者の莫大な財産が突然炭になり、特別な人物によって黄金に変わる話、（2）死んだ子を生きかえらせるために薬を探す話、（3）布薩（同一地域の僧が毎月2回集まって罪科を懺悔する行事）の日に灯明を見て生滅の法を観察し、真理をさとる話の三つの話が記され、（2）が中心の物語であり、（1）と（3）が追加されて集大成した物語であるとしている。また、3〜4世紀頃に成立した『南伝大蔵経』に、子どもを亡くしたキサーゴータミーが生き返らせる薬を求めて、釈尊にお願いした話が記されている（『南伝大蔵経』第27巻438–443頁）。漢訳仏典では、『雑譬喩経』第23話と『衆経撰雑譬喩』第36話に、同系統のキサーゴータミー物語が説かれている。種々の考察より、物語の原型は、やせほそった貧しいキサーゴータミーという女性が子どもをなくして、釈尊によって安らぎの境地に至りついたというものであったとしている。キサーゴータミー説話の系譜を整理すると、パーリ語聖典『ダンマパダ』114偈（中村元訳『ブッダの真理のことば 感興のことば』岩波文庫、1978）→ブッダゴーサ註釈伝『ダンマパダ・アッタカター（法句経註）』ダンマパダ114偈註にキサーゴータミー物語が説かれる。また、『南伝大蔵経』27巻にもキサーゴータミーの物語が説かれている。紀元前3世紀頃にまとめられた『テーリーガーター』（中村元訳『尼僧の告白―テーリーガーター』岩波文庫、1982）212–218偈、『サンユッタ・ニカーヤ』（中村元訳『ブッダ悪魔との対話―サンユッタ・ニカーヤⅡ』68–70頁）、『アングッタラ・ニカーヤ』（南伝大蔵経17巻36頁）、『ジャータカ（釈尊の本生譚）』第438話などの物語などにも、キサーゴータミーの名が見える。（赤松、前掲論文、13–14頁）

2　菅沼晃著『ブッダとその弟子89の物語』175–176頁（法蔵館、1990年）。

3　3〜4世紀頃に成立した『南伝大蔵経』に、「キサーゴータミーは貧しい商人の家に生まれ財産ある家に嫁ぎ、子どもを生んだが、子は幸福のまっただなかで死んでしまった。キサーゴータミーは悲しんで死体を抱いていた。それを見て同情した人の助言で、医者、仏のもとに行って、子どもを生きかえる薬を下さいとお願いした。釈尊は死者のない家からカラシの種をもってきなさいと彼女に話した。彼女はカラシを求めたが得られなかった。仏は、生滅を見ないで百年生きるよりも、生滅を見て一日生きることの方がよりすぐれていると彼女に教えた。これを聞いたキサーゴータミーは真理を見る眼が清らかとなり、出家して、阿羅漢の位に達し、持粗衣第一の地位を与えてくれた」と説かれている（『南伝大蔵経』第27巻438–443頁）。赤松孝章によると、これに相応するパーリ語仏典は見当たらないという。（赤松、前掲論文、12頁）

4　赤松孝章「キサーゴータミー説話の系譜」6–9 頁参照（高松大学紀要 34、2000 年）。

5　『尼僧の告白　テーリーガーター』50 頁。

6　菅沼晃著『ブッダとその弟子 89 の物語』177–180 頁。

7　前掲書 179 頁。

8　ブッダの晩年については、『マハーパリニッバーナスッタンタ』に説かれ、その翻訳である中村元著『ブッダ最後の旅　大パリニッバーナ経』（岩波文庫、1980 年）、片山一良訳『パーリ仏典・長部（ディーガニカーヤ）大篇一』（大蔵出版、2004 年）、渡辺照宏著『涅槃への道　仏陀の入滅』（ちくま学芸文庫、2005 年）、下田正弘著『パリニッバーナ　終わりからの始まり』（日本放送協会出版、2007 年）、また漢訳の『遊行経』などを参照した。

9　『ブッダ最後の旅—大パリニッバーナ経』62–63 頁（岩波文庫、1980 年）。MPS. 2, 25〜26, DN. Vol.2, p.100, 中村元著『ゴータマ・ブッダⅡ』186 頁（春秋社、1992 年）。

10　『大般涅槃経』大正蔵 12 巻 40–b、『大宝積経』大正蔵 11 巻 478a など。『大智度論』の四依にも、「語諸比丘、從今日應依法不依人。應依義不依語。應依智不依識。應依了義經不依未了義。」（大正蔵 25 巻 125a）と記されている。

11　「当自作灯明　無我必失時　失時有憂慼 謂墮地獄中」（『中阿含経』、大正蔵 1 巻 645c）、「自熾燃。熾燃於法。勿他熾燃。當自歸依。歸依於法。勿他歸依 」（『長阿含経』第 2 巻「遊行経」、大正蔵 1 巻 15b。島と灯明の意義については、中村元著『ゴータマ・ブッダⅡ』191–195 頁参照。

12　下田正弘著『パリニッバーナ　終わりからのはじまり』77 頁（日本放送出版協会。2007 年）。

13　『浄土真宗聖典註釈版』第 2 版、606 頁（本願寺出版社、2006 年）※略して『註釈板聖典』と表記する。

14　『ブッダ最後の旅』155 頁。MPS.6, 1.

15　『パリニッバーナ　終わりからのはじまり』90–92 頁。

研究論文

須彌山説論争と佐田介石
—『視実等象儀詳説』を中心にして—

岡崎秀麿

はじめに

近世から近代にかけ仏教（思想・教団）は、多くの批判にさらされ、思想的、体制的に大きな転換を迫られた。批判は、イエズス会士によるキリスト教の伝来や、蘭学者たちの活動による西洋科学的知識、天文地理の知識の流入に伴って台頭してきた、本居宣長等に見られるような実証性を特徴とする学問や、山片蟠桃・富永仲基らに代表される大阪・懐徳堂の人々からなされた合理主義的、科学的立場に基づく、いわゆる近代的態度からもたらされた。また、幕末維新期における日本国内の変革は、神道や朱子学、儒教からの批判をも仏教者へと提示させることとなった。仏教者もこうした批判、いわゆる排仏論を無視することはできず積極的に反駁を行ったが、特にキリスト教に対しては、それを排耶（論）＝護法（論）と位置づけたことで多分に政治的な要素を帯びさせた[1]と共に、キリスト教研究を学林・学寮と呼ばれたような各宗派の研究機関における不可欠な研究課題と位置づけたことで仏教者がそれまで全く持ち合わせていなかった思想・世界観との思想的対決・交流が否応なく迫られた。

単に思想的だけでなく、仏教者の研究態度や体制にまで変革が求められたため、この時代は「仏教形成への重要な契機」[2]と評され多様な角度から研究がこれまでなされてきている。本論考では、その中でもキリスト教的世界観、科学的世界観と仏教との対立を端的に表す須彌山説論争、及びその論争の最晩年に活躍した佐田介石（1818～1882、以下、介石と記す）に注目することで、仏教で説く教理・教学が科学的知識の批判にさらされた中で、何が問題となり、どのように介石が応答していったのかを見ていく。

一、須彌山説論争

平坦な大地の中心に須彌山（妙高山、Cumeru）と呼ばれる高さ16万由旬（1由旬：約7キロメートル）の山がそびえており、これを中心として順次に方形の七つの山（山脈）が取り囲み、これらすべてを鉄囲山と称する円形の山（山脈）が最も外側で締め括っている。これらの世界は、果てしない虚空のなかに浮かぶ円盤状の風輪が存在し、この風輪の上に同じ円盤状をした水輪、その上に金輪があり、この金輪の上に山、海、島などが載っている。その海には四大洲（四つの大きな島）があり、その中の南に位置する贍部洲に我々人間が住んでおり、贍部洲の下には無間地獄など8つの地獄が存在するとされる。また、太陽や月は須彌山を中心として（須彌山の中腹辺りの上空を円形状に浮かんでいる）めぐっているとされる。仏教的世界観とも言いうるこの須彌山説、特に贍部洲は、インド人の具体的な地理的知識から構成され、形成されたと考えられている。

須彌山説を中心として論争が繰り広げられたのは、享保15（1730）年に、西洋天文学の影響を受けた『天経或問』が刊行されたのを契機として、主に大阪・懐徳堂の儒学者たちが排仏論の中で須彌山説を批判し始めたことによる。これに仏教者側が応じていった（護法論）のであるが、その護法論には、

> 根本教理をなした輪廻思想や来世観の否定にまでつながる須彌山説否定が、もっとも斬新な地動説の科学的批判によりなされるという事態をむかえて、仏教界全体が異常なまでの危機意識におののいた[3]。

と指摘されるような基本的認識があった。しかもその批判は、本居宣長が『沙門文雄が九山八海解嘲論の弁』において、

> 況や西洋の人は常に万国を経歴して、北極南極は船中日用の目当なれは、仏者なとのただ書籍のうへのみにていふ空論とは同日の論にあらず、洋中を往来して北極の下に近き所までも現に行見ることなるが、いはゆる七金山の麓を見たる事もなく、須彌山といふへき物もあることなきは、これ須彌山も七金山もみな妄説にして、実にはあることなきこといと明白なり[4]。

と端的に述べているように、キリスト教伝来を契機とし流入してきた近世合理主義、実証主義、科学的世界観といった立場からなされた。知識人だけでなく民衆にとっての一般的な「現実」「事実」であった世界観、その世界観を形成していた仏教思想がまったく「現実」とそぐわないという難問に陥ったため、須彌山説論争における仏教者側の須彌山説擁護にも、科学的・実証的な説明が求められたのである。

日本に根付いていた仏教の世界観と新たな世界観との対決というものは、室賀信夫、海野一隆による仏教系世界図の研究成果に顕著にみられる[5]。その研究では、地球説・地動説が入ってくるまでの日本では、経典と仏教の伝来に準拠したインド・中国・日本という三国の世界観しか有しておらず、新たにヨーロッパ等の国々が明らかになったとしても、経典で説かれる世界観の上にそれらの国々を当てはめることによって解決が試みられたことが詳論されている。須彌山説論争とは、科学的世界観と仏教経典の世界観との対決、仏教経典に主として依拠する仏教者が科学的世界観によって批判されるという構図だったとも言いうる。

須彌山説論争に対する研究は、戦前の昭和９年に日本史家・伊東多三郎[6]が近世から明治までの論争を概観したことに始まり、1960～70年代にかけ柏原祐泉が近世後期の仏教思想の特徴の一つとして須彌山説論争を位置づけ、近世以後の展開については科学史の吉田忠[7]によって明治初期までの須彌山説論争の詳細が研究されている。これらの研究は、主として日本の近代化の過程を明らかにすることに主眼を置き、須彌山説論争に対しても、仏教者がその批判の根拠である実証性や科学的世界観をどのように受容し、応答していったのか、という問題意識の下になされている。そのため、

> 須彌山説の実証的・実験的説明は、その研究者たちの異常なまでの熱意にかかわらず、その内容自体は陳腐なものでしかなかった。それは、危機感のなかで、強い護法意識をかきたてることに役立っただけに終わった。しかし一面において、それは日本仏教がはじめて近代科学と接触したことを意味した。以後の仏教が、科学的精神や哲学的思考を無視してはありえず、とくに浄土教が来世観の近代的

> な再確立を要請されたことをおもえば、以上の近代科学との接触のもつ意味は、甚(はなは)だ大きかったのである[8]。

と、仏教者の須彌山説擁護論（護法論）の内容自体には見るべきものはないが、近代仏教の確立に果たした役割は大きい、と評価されるに終わっていた。これは、明治8年（1875）11月27日の「信教の自由保証の口達」が出されて以降、キリスト教＝邪教という構図が意味をなさなくなったことに伴い、排耶＝護法を打ち出した須彌山説論争が全く論じられなくなったことも関係している。

しかし、では「来世観の近代的な再確立」とはどのような方法論を用いてなされるべきなのであろうか。須彌山説論争で仏教者がなした論理・方法論が陳腐な内容であったと判断するならば、仏教と科学（的世界観・的方法論）とはいかなる関係で論じられるべきなのであろうか。確かに、近代科学の基準によってのみ仏教者の主張を判断することは無理であろうが、須彌山説論争が仏教の近代化に一定の役割を果たしたのであるならば、「陳腐なもの」とはいかなる論理であり、それを乗り越えた「近代的な再確立」とはいかなる論理であるかの提示は不可欠な作業ではないだろうか。こうした問題意識もあってか、近年では、常塚聴(つねづかあきら)、西村玲(にしむらりょう)、日野慶之(ひのよしゆき)[9]らが須彌山説論争に活躍した特定の仏教者に注目した論考を発表している。

二、佐田介石

本論考で注目する介石は、

> 又須彌妄説ナルトキハ、先ツ第一仏モナケレハ法モナク、地獄モナク極楽モナキコトニ相成ルヘシ。故ニ須彌ヲ以テ世間ナミノ山ト詠メ、之ヲ妄説トイタシ候フトモ仏法ハ立ツヘキモノト心得テハ八万四千ノ法皆悉ク崩ルヘシ[10]。

と須彌山説批判に対し強い危機感を抱いていた人物であり、須彌山説論争の最後を扼(やく)する人物である。須彌山説論争を概観しながら、介石の歴史的な立ち位置を確認する。

享保15（1730）年、マテオ・リッチらイエズス会士の著作を利用して、主としてアリストテレス宇宙論を紹介した游子六（游芸）著『天経或問』が発刊される。日本には延宝年間に輸入されたと推定され、西川正休が訓点を施し出版したことによって、日本において専門家から一般人にまで多方面に影響を及ぼした。これを契機として須彌山説批判が起こり、それに即座に対応していったのが、文雄(ぶんゆう)（1700～1763）の『九山八海解潮論』、『非天経或論』、普寂(ふじゃく)（1707～1781）の『天文弁惑』などである。文雄、普寂の後を引き継ぎ仏教天文学を研究したのが円通（1754～1834）である。円通は、地動説を否定し、『立世阿毘曇論』の記述によって実用的な暦学の体系を構築しようとしたが、それは、地動説は一般に普及し始め、とくに山片蟠桃の『夢之代』[11]のように、文雄が描いた須彌山図をそのままかかげ地動説によって論破するものが現れたことから、仏教側でも天文学的論証によって須彌山説擁護をなさなければならなくなったからである。円通の研究、活動は梵暦研究、梵暦運動として大きな影響力を持つようになり、円通にはおよそ1000人の弟子がおり、京都・名古屋・江戸の三都に梵暦社中という結社をつくり活躍していたと言われ、京都大行寺の信暁、嵯峨天龍寺の学僧環中禅機、名古屋の義明、伊勢の霊游などが有力な弟子とされる。また、円通自身は、文化6年（1809）春、仁孝天皇が皇太子となったのを機に、30年に及ぶ梵暦研究の成果をまとめ、『仏国暦象編』5巻を撰述している。

介石は、文政元年（1818）に肥後国八代郡の浄土真宗本願寺派浄立寺に生まれた後、同国飽田(あきだ)郡小島町の同派正泉寺の佐田氏の養子となっている。18歳から京都に上り、西本願寺の学林、東福寺、南禅寺等で学問に励み、30歳の頃、須彌山説の問題に関心を深め、円通の高弟である環中のもとに至り、仏暦研究を始めている。介石は、明治12年（1879）に天台宗に転じ、明治15年（1882）に上越高田で亡くなっている。介石の活動が須彌山説擁護だけにとどまるものではないことは、日本史家・田村貞雄が介石について、

> 僧侶。欧化政策の反対者。肥後の人。真宗の寺に生まれ、京都で仏教を学んだ。洋学の興隆に反発し、仏教の教理から独自の天動説を考え、須彌山を中心とする天体の運行を主張した。維新後は文明開化に反対し、国産品の愛用、舶来品排斥を主張し、建白書を提出したり、各地を遊説したりした。とくに1880年に描いた《ランプ亡国論》は有名である[12]。

と述べていることに表れている。また、明治11年（1878）に初編、明治12年（1879）に後編が刊行された『栽培経済論』に代表される経済論研究や、『世益新聞』という当時としては新しい事業であった新聞の発行も行っており、思想的というだけでなく活動家としても注目すべき点が多い。しかしながら、介石に対する評価は、著述家である内田魯庵が、

> 介石はランプ亡国論以上に頗(すこぶ)る突飛な奇論を吐いている。奇論と云ったら墓の下の介石は威丈高になって肩を怒らすだろうが、介石が存生した明治十年頃でも地球が太陽の周囲を循環する遊星であるのは小学児童も知っていたに拘わらず、世界が宇宙の中心で日輪月輪が周囲を繞(めぐ)っているといふ何百年前か何千年前かの須彌山説を堂々と力説したんだから、奇論に違ひない[13]。

と述べるように、西洋文明・文明開化に奇論を述べて熾烈(しれつ)に反対運動を起こした「奇人」として捉えられることが多い。そのため、1930年代から始められた介石研究においては、浅野研真[14]、本庄栄治郎[15]に代表されるように介石の再評価という側面が強く押し出される結果ともなっている。しかし、近年では、西洋の「文明開化」と対峙し、日本独自の「開化」を構想した介石という視点に立ち、「開化」（政府）と「迷蒙」（民衆）の間に位置する存在として新たな介石像を提示した奥武則[16]の研究なども発表されている。

介石死後における研究は、内田魯庵が言うように少なからず「奇人」という介石評が前提にあるように受けとられる。しかしながら、介石存命中の介石に対する評価は、それとは逆であったとも言いうる。例えば、介石は師である環中、円通が制作した須彌山儀という器機にならい、自身の研究成果を踏まえた新たな器機・視実等象儀を製作している。視実等象儀の噂は介石の活動と相俟(あいま)って広く知れ渡っていたようで、介石の郷里、熊本の藩主・細川斉護(ほそかわなりもり)は江戸出府の途上、西本願寺を訪れ観覧希望を出しており、安政6年（1859）3月22日には、西本願寺門主・広如の御上覧に

も供することになっている。その視実等象儀は文久２（1862）の夏、京都の騒乱により焼失してしまうが、明治10（1877）に再び製作し、完成品を明治政府が殖産興業政策の一環として開催した国内生産物の博覧会である第１回内国勧業博覧会に出品している。器機製作にはかなりの予算が必要だったと考えられるが、そうしたものは寄付金によっていたらしく、そのような援助者が介石には多くいたことが予想される。晩年は新聞を含めた著作活動と同時に地方遊説（演説活動）を積極的に行うが、それによって介石の思想に共感し、運動を支持する団体、結社[17]が次々と結成されている。

介石研究は思想的・歴史的に細分化しつつ、その言動や行動、歴史的状況などを把握していかなければ十分なものにはなり得ないであろう。「奇論」という評価の当否は差し控えるが、単に「奇論」とだけで片付けてしまうと、介石の評価を不当な形で判断してしまうことになってしまうかもしれない。

そこで、本論考では介石の須彌山説擁護論、特に『視実等象儀詳説』（以下、『詳説』と記す）に注目するが、その理由を以下に述べる。

介石の天文学関係の書物は、文久３年の『鎚（つい）地球説略』より始まり多くの書物を残しているが、明治９年（1876）以降、『視実等象儀記』初編、『詳説』、『天地論往復集』、『日月行品台麓考』、『天地論往復集』続編と立て続けに出版を行っている。また、先ほど言及した視実等象儀は明治10年に製作し直されている。この明治９年というのは須彌山説（または、仏教天文学）にとって大きな節目の年にあたる。それは、明治６年（1873）から政府は太陽暦を採用し、地動説の立場を採っており、学校でも地動説が教えられていた。これには教導職と学校教員との軋轢（あつれき）も生じたらしく、政府・教部省は明治９年（1876）６月22日に須彌山説説教の禁止を口達し、公式に天動説否定の見解を示している。つまり、介石の須彌山説擁護論は、政府の公式見解以後更に積極的に行われていたのであり、冒頭に引用した介石の問題意識には、文明開化を求める政府によって仏教の基盤が完全に破壊されるような状況に追い込まれていたという認識が表れていたのである。介石の須彌山説擁護論の活動時期に注目するならば、『詳説』は介石が亡くなる２年前に出版されており、分量的にも最も整った形で須彌山説擁護論を展開していると考えられる。

三、『詳説』に見る介石の須彌山説擁護論

介石は、何らかの形で須彌山説の証明をなすことを目的とした。『詳説』[18]ではいかなる方法でその証明がなされているか。『詳説』に沿って窺ってみる。

『詳説』は上下２巻からなっており、上巻は17の問答から構成されているが、第１の問答は、

> 問て曰く。視実等象儀といへる器械は何のために製造したるや。答て曰く。天象地理の真象の真象たるゆへんの理を尽さんがためなり[19]。

と、視実等象儀の製作由来を真象を明らかにすることに求めている。それ故、続く問答から近代的知識の特徴である実験・観測では真象が求められないことを示すことによって、自身の論理の論述へ繋げている。第３問答では、西洋には望遠鏡、測量術、航海術があり天文地理を知ることができるのではないかという問いに対して、

> 如何ぞ広大なる大地上を遍く一目に見尽すべけんや。故にその人目に及ぶ限りを切り取て測筭するに過ぎず。是を以て仮令洋人たりとも天地の実形を有りの侭に見届けたるもの有るにあらず[20]。

と、どれほど技術が優れていようとも、天文地理の全てを把握することはできないといい、真象を知ることは「眼に非すして心」[21]に求められている。その上で介石は、真象は人目に隠れているが、それを知ろうとするならば視象・実象の両象があることを知らねばならないという。視象・実象とは、

> 天地の実状を見ること能はす。大を小と視成し、遠きを近く視成し、高きを卑きく視成す如きを視象と名く（視象とはみなすかたちと訳す）。その実象とは、天地の有りの侭の象のことなり。設へは万里の天は万里のそのままにて一分一厘も増減なきを実象と名く（実象とはありのままのかたちと訳す）[22]。

と説明される。視象について介石は、視大小・視広狭・視高低・視遠近・視平円の5種があるという。これらは、例えば視高低では、原宿や吉原宿から見る富士山は高いが、伊勢の浅間から見る富士山は低いといった素朴な体験から説明をなしており、近代科学と対置する実証性とは殆ど言い得ないように思えるが、こうした説明によって介石は我々の認識、知覚の仕組みでは見えるものは現象の世界だけであって、実象は捉えられないと結論づける[23]。

介石は、視象・実象という概念に加え、この視・実両象があることを知ろうとすれば、「天頂より東西両天頂に向うほど高く上がり、その形ち弓の背の如く円く見える」垂弧と、「日月所在の天が地の方指して天に遠ざかるほど天象が次第に次第に縮まりて狭くなる」縮象とを知らねばならないという[24]。視象・実象、垂弧・縮象という概念によって介石は何を説明しようとしたのか。『詳説』上巻においてそれは、「平天平地の世界（実象）」だと言いうる。それは、平天平地の説では日月は横旋するはずなのに、我々には地下・上天に出没するように見えるではないか、という問いに対する、

> 日月の出没する処、垂弧の極に至て東西両端の天が地と合する処にあるがゆえに、この地上の人地下より日月出没する様に視成せり。その実は日月出没の天は数万里の高きにあり決して地下より出没するにはあらず。地上の人目はただ視象をみて実象を見ること能はざるゆえただ地下より出没する一辺を見るのみ[25]。

との言葉に表れている。平天平地を主張する介石にとって、実際我々が見る日月の運動の現象は単純に認められず、実際の天と現象の天とは区別されなければならない。それ故、現象の天である日月の上昇・下降と横旋とがいかに関連付けられるかが説明されるべきであり、それが垂弧・縮象といった論理で示されているのである。

この論理が導き出す重要な事柄がある。それは、介石が守らんとした須彌山説では、日月の出没は須彌山に隠れるという動きで説明されていたことに関係する。つまり、現象の世界と須彌山説は同一の世界を説明していたが、介石の論理では須彌山説（実象）は我々の知覚では捉えられないとされ、日月の運動も垂弧・縮象によって説明が一応はなされてしまう。その点を介石も自覚しており、問答を設け最終的には、

須彌は是れ世界中の高山の長なるかゆえにインドにて世俗に於て日月は須彌に隠れて没すると云ひ習はせ来るゆえ、仏かつの世俗の説に随て日月須彌に隠れて没すとときたり[26]。

と応え、日月が須彌山に隠れるというのは世俗の説であって、それに仏が従っただけであると言う。先ほど介石の説を「平天平地の説」[27]として須彌山説と言及しなかったのは、『詳説』上巻では、日月の運動に対する須彌山説の位置づけを無きものにしたとしても、我々の知覚の不完全性を指摘することで、我々の現象の天（視象）と実象とを両立させることが求められているからである。こうした介石の態度が、『詳説』上巻で示された「須彌山」に言及がない視実等象儀の図に表れていると言える〔右下図〕。

介石は、特に日月の運動という天文現象を「平天平地の説」より説明しようとするが、そのためには須彌山説の役割の無力化と共に、北極中心の世界観の導入が必要であった。介石が、視実両象には北極を天地の中心とするものと、須彌山を中心とするものとの２重があると言っているが[28]、前者が『詳説』上巻で説明されたのである。では、介石にとって須彌山はいかに説明されているか。これが『詳説』下巻の内容となるが、下巻は須彌山の有無を論じる部分（12 の問答）と須彌山を中心として視実両象あることを論じる部分（22 の問答）から構成されている。

まず、介石がどのように須彌山の有無を論じているかを見てみたい。『詳説』上巻において実象は我々の知覚では認識しえないと述べたように、介石は我々の認識方法から論を進める。我々が物を知るには、「面たり目前にある品を現に見て知る」現量知と、「目前に見えざる品を外の品に見比べ推し量りて知る」比量知との２種しかなく、

かの須彌山の如きも亦世人の行くへき見るへき処にあらざれは是れ比量知にて知るべきものなり[29]。

と、比量知によって須彌山は知ることができるという。比量知とは、火が現に見えなくとも煙によって火の存在が知られるということで説明されるが、介石は須彌山を知る比例証として「天色の蒼碧」と「万水悉く堤防に依る」という２つの例を提示する。ここでは後者の例を見てみる。

介石は、他流の説では引力によって水が止住すると言っており堤防の力によらないのではないか、と問う。それに対して、日本全国の水を見てみるに、湖、池、盃、椀であれ堤防なくして止まるものはないのだから、大洋の外の水も堤防がなければならないという比例でもって、

人目の及はさるところの百万里外の大洋たりとも、その辺際に至ては果して堤防なくんば有るべからず。然に四大海の辺際に於て堤防あるところの説を立てたるものは、天地開闢以来釈迦より外に誰かある。その釈迦の説

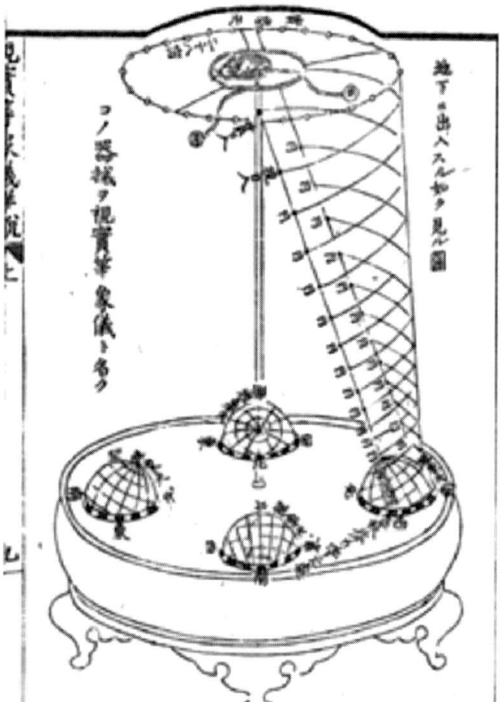

きたる四大海の外周の堤防は是れ鉄囲山なり[30]。

と言う。ここで特徴的なのは、「人目の及はさるところの」という点である。『詳説』上巻で介石が西洋的知識であっても天文地理の全てがわかるわけではないという批判をなしていたが、それと同じように、介石自身も鉄囲山であれ、外洋の果ては知らない。しかしながら、自分の周りを見渡せば水が止住するのは堤防があるからであって、それに比例、または類推していけば鉄囲山がなければ海の水が止住していることを説明できない、という形で論証を行い、しかも鉄囲山を説く須彌山説は、釈迦が修行によって得た天眼によるとして、あくまで我々とは知覚能力が違うと述べるのである。

では、天眼による須彌山説と我々の知覚・認識による北極中心の天とはいかに関係するのか。それに対し介石は、

問て日く。この地上の人目に見ゆるところの日月衆星は北極を中心として旋(めぐ)れり。須彌を中心として旋れる姿た見えず。その故は北極の天の近くして数万里に過ぎず。須彌中心の天は数十万里の遠きにありて、その遠近同日にあらず。故にもし須彌ありとすれば須彌山の中心が近づき来て北極星の中心と相合して同一の天象の如く見えずんば有るべからず。若し須彌の中心の天と北極の中心の天と相合して同一の天象の如く見えるといはば、如レ此北極中心の天と須彌中心の天と遙かに遠近の別ありながら如何なる理ありて同一の天象の姿の如く見ゆるや[31]。

と、我々に見えるのは北極中心の天（人目に見える天）だけであって、須彌山を中心とする世界は見ることができない。そのため、須彌山があるとすれば、須彌山を中心とする世界が北極中心の世界まで近づき同一の天象のようにならなければならないが、それはどのような理によるのか、と問う中で答えていく。まず、北極中心と須彌山中心の天の相違に、北極中心は一洲に限り須彌山中心は四洲にわたる、北極中心は狭く須彌山中心は広い、北極中心は低く須彌山中心は高い、の３点指摘している。その上で、

須彌中心の日月の天が北極中心の天の処に来ては次第次第に縮象して狭く成り詰め北極中心の天と同天象の如く視成せり。如レ此須彌中心の天と北極中心の天とはその広狭大に異なれども、高卑の別あるによりて、この地上より遙かに見るときは両天象が同一の天象の如く視成されたるなり[32]。

と言う。須彌山中心の天が縮象することによって北極中心の天と同天象と見られるというのである。仮に縮象（及び垂弧）によって北極中心と須彌山中心の天が同天象と見られるといっても、それは我々の知覚の問題であって須彌山説から導かれたものではない。つまり、須彌山説中心の天が縮象するからといって北極中心の天となるとは限らないはずである。しかしながら、介石は先の文に続けて、

如レ此両天象同一の天象に視成す理あるがゆへに須彌の天心が北極の天心の処に来たるべき理あり。故に北極の天心も之を推し伸(のぶ)れは須彌の天心にある理なり。須彌の天心も亦縮むれば北極の天心と合すべき理あり[33]。

と、先の縮象の理があるのだから、須彌山中心の天の中心と北極中心の天の中心とも同一となる理があると簡単に結論付けてしまっている。

ここで「天心」とあるのは、〔右下図〕で黒丸で示されているものだと考えられるが、唐突に見える介石の「天心」という概念の導入は、介石が求めた須彌山説擁護にとって最も重要な概念だと考えられる。

『詳説』上巻で介石がなしたのは、我々の知覚の問題を指摘しつつ日月の運行、即ち一般の天文現象を説明する中で地不動の立場を論証することであった。その上で、下巻では須彌山説の擁護を行うが、上巻の議論を踏まえる限り須彌山中心の天が北極中心の天と同一であると言わねばならない。しかしながら、介石が用いた概念である視象・実象、垂弧・縮象は我々の知覚の問題であって、須彌山説からは導き出されないのであって、いくら須彌山説が釈迦の天眼に依るといえども、須彌山中心の天からは北極中心の天と同一であるとは論証しえない。従って、我々通常の天文現象である日月の運行が北極中心であると示すためには、先ほどの介石の問いの言葉を借りれば、「この地上の人目に見ゆるところ」からその論証は出発しなければならないのであった。その上で、須彌山中心の天との関係を同一と言うためには、北極・須彌山中心の天の中心が同一のものとして結ばれなければならず、それが「天心」の概念だと考えられる。

こうした介石の論証は、我々の知覚の問題を指摘しつつ、我々一般の天文現象から須彌山説を擁護しようとしたものとして受け取れる。しかしながら、その努力にもかかわらず須彌山説は天文現象に無関係なものとなってしまったと言わねばならない。なぜなら、北極中心の天文現象を前提とし、その上で我々の知覚、即ち比量知（比例）から須彌山説の証明をしたために、結果は須彌山説が天文現象とは無関係であることを指摘したと考えられるからである。

小結

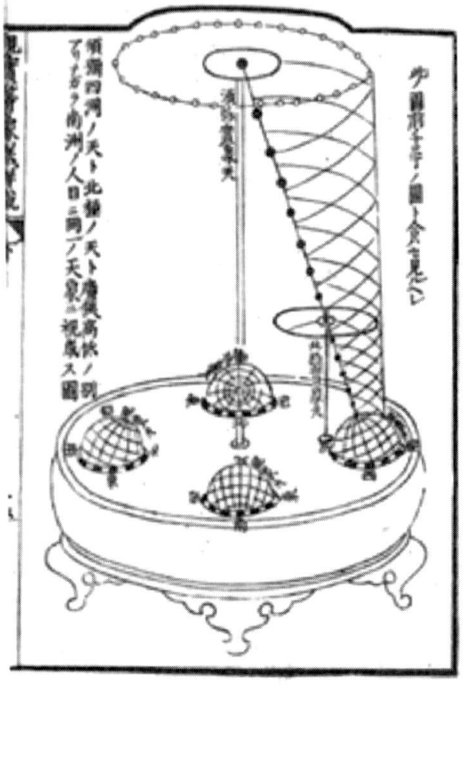

介石の須彌山説擁護に対しては、介石は科学的実証性を否定した[34]、或いは、須彌山の役割を減じてでも須彌山説論争に終止符を打とうとした[35]、などと評されている。確かに、介石の言葉には実証性や認識・知覚に対するあまりにも単純な批判が見受けられ、擁護するはずの須彌山説の位置づけもそれまでの学僧と異なるように考えられる。しかし、須彌山説を釈迦の心眼による説であり実象として知覚不能な範囲へと持ち込みながら、同時に一般的認識から須彌山説を擁護しようとする態度に異なりはないであろう[36]。確かに、澤博勝が、

> 「科学」に基づいた仏教批判が登場したことで、それに敏感に対応した一部の学僧の学問的戦略は、仏教を我々の見知がおよぶ世界を超えた本来の意味での「宗教」に昇華させることであった[37]。

と指摘するように、須彌山説を「宗教」の領域に押し込み守ろうとしたとも受けとりうる。だが、「平天平地」の地不動の立

場を堅持し、しかも一般の天文現象を前提としながらも須彌山説を擁護しようとした論理的態度、及びそれを視実等象儀という機器を用いてあらわそうとした実証的態度には、明治初期の一思想家として、近代科学と仏教との関係を問う上で示唆に富んでいると評していいのではないか。

介石に対しては更に研究すべき点は多い。しかし、ここで当初の問題に立ち返るとすれば、介石の議論を踏まえた上での「仏教（宗教）と科学の関係」、または「浄土観の近代的な再確立」とはどのようなものなのであろうか、との問いが生じる。一般的な天文現象を無視した須彌山説擁護、即ち、仏教（宗教）の領域だけに偏った擁護論の立場ならば、それは介石からは否定されるであろう。介石は、あくまで我々に一般的な天文現象を前提としながら須彌山説擁護に苦心したからである。介石を始めとする近代初期の学僧が科学と仏教（宗教）の問題に対してどのように応答したのかを基本的視座としながら今後研究を続けていくことにしたい。

（本論考は、2010年11月1日に、龍谷大学 人間・科学・宗教オープンリサーチセンター ユニット2ワークショップにおいて、須彌山説論争や佐田介石に対する先行研究や問題点を中心として発表した内容を、論文としてまとめたものである。）

註）

1 「明治維新直後、東西両本願寺は維新政府への忠誠を誓い、進んで勤王護法主義による政府協力を打ち出した。そして、その第一は対キリスト教を念頭に置いたものであり、その防御策であった。」（阪本是丸著『明治維新と国学者』144頁（大明堂、1993年）。

2 柏原祐泉著『日本近世近代仏教史の研究』323頁（平楽寺書店、1969年）。

3 柏原祐泉「護法思想と庶民教化」（『続・日本仏教の思想5　近世仏教の思想』岩波書店、1973年）。また同様の主張として「須彌山説が破壊されたならば、真宗で説く弥陀の西方浄土の存在も虚説に陥るという、あくまで実体論的な浄土観念に基づくものであり、従って真宗の梵暦研究は、科学的宇宙観を受けいれるキリスト教を、単に幕府や維新政府の禁教政策に基づいて排斥するばかりでなく、須彌山説擁護の立場からもとくに排撃するという破邪意識を伴なう強い護法観によって裏づけされているものであった」（赤松俊秀・笠原一男編『真宗史概説』420頁（平楽寺書店、1963年）とも指摘されている。

4 『本居宣長全集』14巻、167頁（筑摩書房、1990年）。

5 室賀信夫、海野一隆「日本に行われた仏教系世界図について」地理学史研究Ⅰ、1957年、「江戸時代後期における仏教系世界図」地理学史研究Ⅱ、1962年。

6 吉田忠「近世に於ける科学的宇宙観の発達に対する反動について―特に僧侶の運動に就いて―」宗教研究1-2、1934年。

7 「近世における仏教と西洋自然観との出会い」、安丸良夫編『近代化と伝統―近世仏教の変質と転換―』（春秋社、1986年）、吉田忠「明治の須彌山説論争」東洋文化75号、1995年。

8 柏原祐泉前掲論文参照。（註3）

9 常塚聴「須彌山と地球―科学的宇宙論と仏教的宇宙論の接触―」現代と親鸞20号、2010年。

西村玲著『近世仏教思想の独創―僧侶普寂の思想と実践―』（トランスビュー、2008年）日野慶之「仏教近代化状況下の須彌山説理解―佐田介石を手がかりとして―」龍谷教学43号、2008年。

10 『須彌須知論』1丁右、国立国会図書館近代デジタルライブラリー。

11 「この図は京師了蓮寺文雄のかく処なり。その余の俗本に人寿などを書たるもあり。みな出次第の方便なれば、真顔を以て弁ずるに足ざれども、又この仏に陥る人をさとさんが為の一助なきにあらざれば、ここにしるしてその妄説をあらはす。」富永仲基、山片蟠桃「天文第一」197頁、『日本思想体系43』岩波書店、1973年）

12 『大百科事典』第6巻、266頁（平凡社、1943年）。ここに「文明開化に反対し」とあるが、介石が1874年10月に提出した「二十三題ノ議」と題する建白書の中で、「欽而案するに文明開化と申事西洋に限れる事ニ非す。西洋ニハ西洋に固有する処の文明開化あり。日本ニハ日本に固有する処の文明開化あり」牧原憲夫著『明治建白書集成』第3巻、973頁（筑摩書房、1986年）と述べているように、単純に反対したとは言い得ない。

13 『内田魯庵全集』補巻2、31～32頁（ゆまに書房、1987年）。

14 『明治初年の愛国僧佐田介石』（東方書院、1934）。浅野は、浄土真宗大谷派の僧侶で、昭和3年（1928）にフランスに留学し、帰国後は新興教育研究所創立に参加している。浅野は介石の全集刊行も考えていたほどに精力的な介石研究を行い、介石をして「民衆的愛国家」と評していた。

15 「佐田介石の研究」、『日本経済思想史研究』増補版下（日本評論社、1966年）。

16 奥武則著『文明開化と民衆』（新評論、1993年）。

17 常光浩然著『明治の仏教者』上巻80頁（春秋社、1968年）によれば、保国社（大阪府）、観光社（東京府）、六益社（京都）、護国社（滋賀県滋賀郡）、共憂社（滋賀県蒲生郡）、博済社（滋賀県坂田郡）、済急社（岐阜県）、輔国社（愛知県）、魁益社（三重県）、保国社分社（兵庫県・島根県・山口県・徳島県）、六益社分社（丹波・丹後・但馬）などが挙げられている。

18 本論考では、国立国会図書館近代デジタルアーカイブのものを用いる。引用に際しては、片仮名はひらがなに、旧字体は新字体に改め、適宜句読点を付した。

19 上巻1丁右

20 上巻2丁左

21 上巻3丁右

22 上巻4丁右

23 「右の如く人目の見るところの天象に於ては5箇の視象ありて人目にては実の天象を見ること能はす。その実の天象は隠れて肉眼に見えざるゆへ実の天象あることは心眼に非れは知ること能はす」（上巻6丁左）

24 「眼に見ゆるままの天体（之を視象天といふ）と実際の天体（之を実象天といふ）この間に区別がある。併しその区別を来たす所以には一定の法則があるから、その法則を心得てかかる時は実象天と視象天とを連絡せしむることが出来るといふ説である」（木村泰賢「佐田介石氏の視実等象論」宗教研究1-2号）

25 上巻16丁左

26 上巻17丁左

27 『詳説』上巻の最終、17問答（上巻18丁右～19丁右）において介石は、自分は平天平地の説を主張するが、それは文部省において依用する「地動地球の説」に反対することになるのではないか、と問い、文部省等「天朝の趣意」はあらゆる説を用い知識を進歩させることに主眼があるのであって、だからこそ勧業博覧会にも視実等象儀は出品することができたのであり、そもそも「平天平地」「地不動」の説は「皇国神道の説」であると述べている。

28 上巻8丁左

29 下巻2丁右

30 下巻9丁左

31 下巻11丁左〜12丁右

32 下巻12丁左

33 下巻12丁左

34 常塚聴「近代日本における仏教と科学―真宗僧佐田介石を例として―」宗教研究83-4号、2010年。

35 吉田忠「明治の須彌山説論争」東洋文化75号、1995年。

36 西村玲は文雄の須彌山説擁護論を評して、「この聖説と実証の併用は、これ以後、明示に至るまで須彌山説護法論に一貫して見られるレトリックである」という（『近世仏教思想の独創―僧侶普寂の思想と実践―』123頁（トランスビュー、2008年）。

37 澤博勝著『近世宗教社会論』（吉川弘文館、2007年）。

研究論文

親鸞の阿弥陀仏観

内藤知康

序

2007年の8月、カナダのカルガリー大学において国際真宗学会が開催された。その国際真宗学会に於いて、武蔵野大学のケネス田中教授を中心として、「阿弥陀仏を現代にいかに表現するか」とのテーマでパネルが設けられた。筆者もそのパネルに参加し[1]、「親鸞の阿弥陀仏観」と題して発表し、その内容は、「How to Express/Explain Amida Buddha in the Contemporary World Clues from Shinran's understanding of Amida Buddha」として『Pure Land』(New Series 24, December, 2008) に掲載された。本論文は、この論文を核として敷衍し、また当該論文では取り上げなかった新たな角度からの検討を加えたものである。

一

親鸞の阿弥陀仏観については、

ア、衆生救済の仏

イ、因願酬報の仏

ハ、二種法身の方便法身

の三面を見ることができる[2]。

アの「衆生救済の仏」とは、例えば、『浄土和讃』の

> 十方微塵世界の　念仏の衆生をみそなはし
> 摂取してすてざれば　阿弥陀となづけたてまつる (2-495)[3]

に見られる。ここでは、念仏の衆生を摂取不捨する仏であるゆえ、阿弥陀と名づけると言われていて、衆生救済の仏であるからこそ阿弥陀仏なのであることが明らかにされている。

イの「因願酬報の仏」とは、「真仏土文類」の冒頭の文、

> 謹案真仏土者、仏者則是不可思議光如来、土者亦是無量光明土也。然則、酬報大悲誓願故、曰真報仏土。既而有願、即光明寿命之願是也。(2-120)
>
> つつしんで真仏土を案ずれば、仏はすなはちこれ不可思議光如来なり、土はまたこれ無量光明土なり。しかればすなはち、大悲の誓願に酬報するがゆゑに、真の報仏土といふなり。すでにして願います、すなはち光明・寿命の願これなり。

に、第十二願・第十三願酬報の阿弥陀仏であることが示されている。これは、道綽の『安楽集』に、

> 問曰、今現在阿弥陀仏是何身、極楽之国是何土。答曰、現在弥陀是報仏、極楽宝荘厳国是報土。然古旧相伝、皆云阿弥陀仏是化身、土亦是化土。此為大失也。(1-382)

問ひていはく、いま現在の阿弥陀仏はこれいづれの身ぞ、極楽の国はこれいづれの土ぞ。答へていはく、現在の弥陀はこれ報仏、極楽宝荘厳国はこれ報土なり。しかるに古旧あひ伝へて、みな阿弥陀仏はこれ化身、土もまたこれ化土なりといへり。これを大失となす。

と論じられものを先駆として、善導が『観経疏・玄義分』に

問曰、弥陀浄国為当是報是化也。答曰、是報非化。(1-457)

問ひていはく、弥陀の浄国ははたこれ報なりやこれ化なりや。答へていはく、これ報にして化にあらず。

と論じるものに基づくものである。なお、親鸞は、善導が是報非化の理由として三文を挙げる中、

無量寿経云、法蔵比丘在世饒王仏所行菩薩道時、発四十八願。一一願言、若我得仏、十方衆生、称我名号願生我国、下至十念、若不生者、不取正覚。今既成仏。即是酬因之身也。(同前)

『無量寿経』にのたまはく、「法蔵比丘、世饒王仏の所にましまして菩薩の道を行じたまひし時、四十八願を発したまへり。一々の願にのたまはく、〈もしわれ仏を得たらんに、十方の衆生、わが名号を称してわが国に生ぜんと願ぜんに、下十念に至るまで、もし生ぜずは、正覚を取らじ〉」と。いますでに成仏したまへり。すなはちこれ酬因の身なり。

を重視し、阿弥陀仏を因願酬報の報身仏とする。

ハの「二種法身の方便法身」とは、『一念多念文意』の

一実真如と申すは無上大涅槃なり。涅槃すなはち法性なり、法性すなはち如来なり。宝海と申すは、よろづの衆生をきらはず、さはりなく、へだてず、みちびきたまふを、大海の水のへだてなきにたとへたまへるなり。この一如宝海よりかたちをあらはして、法蔵菩薩となのりたまひて、無礙のちかひをおこしたまふをたねとして、阿弥陀仏となりたまふがゆゑに、報身如来と申すなり。これを尽十方無礙光仏となづけたてまつれるなり。この如来を、南無不可思議光仏とも申すなり。この如来を、方便法身とは申すなり。方便と申すは、かたちをあらはし、御なをしめして、衆生にしらしめたまふを申すなり。すなはち阿弥陀仏なり。(2-616)

や、『唯信鈔文意』の

法身はいろもなし、かたちもましまさず。しかれば、こころもおよばれず、ことばもたえたり。この一如よりかたちをあらはして、方便法身と申す御すがたをしめして、法蔵比丘となのりたまひて、不可思議の大誓願をおこしてあらはれたまふ御かたちをば、世親菩薩は「尽十方無礙光如来」となづけたてまつりたまへり。この如来を報身と申す。誓願の業因に報ひたまへるゆゑに報身如来と申すなり。報と申すは、たねにむくひたるなり。(2-648)

にみることができる。この二種法身について述べられている釈においては、「無礙のちかひをおこしたまふをたねとして、阿弥陀仏となりたまふがゆゑに、報身如来と申すなり」(『一念多念文意』)、「この如来を報身と申す。誓願の業因に報ひたまへるゆゑに報身如来と申すなり。報と申すは、たねにむくひたるなり。」(『唯信鈔文意』)と釈されるように、方便法身と報身とはほぼ同じ性格の身と見ることができるが、報身が果位の阿弥陀仏についての所論であるのに対し、方便法身は、「この一如よりかたちをあらはして、方便法身と申す御すがたをしめして、法蔵比丘となのりたまひて」(『唯信鈔文意』)と述べられるように、因位の法蔵菩薩から果位の阿弥陀仏にかけて語られるものである。

二

以上のように、親鸞の阿弥陀仏についての説示には三面を見ることができるが、基本はアの「衆生救済の仏」であろう。

イの因願酬報の仏とは、善導においては、「四十八願を発したまへり。一々の願にのたまはく」と述べられているが、意図するところは第十八願酬報ということである。親鸞は第十二・十三願酬報と示すが、法然の第十八願一願建立の法門を五願開示した中の第十二・十三願であるから、第十八願廓中の第十二・十三願である。第十八願とは衆生救済の根本願であるゆえ、衆生を救済せんとする第十八願を建立し、その第十八願に酬報して成仏した阿弥陀仏[4]とは、当然衆生救済の仏であるということになる。

曇鸞は『往生論註』において、阿弥陀仏の名号は衆生の無明を破り、志願を満たすべきものであるのに、称名・憶念しても、破闇満願しないのは何故かとの問いを設け、それは二不知三不信のゆえであると答える。その二不知とは、阿弥陀如来を実相身・為物身であると知らないということであるが、実相身が法性法身に、為物身が方便法身にあたるとの説と、方便法身中の実相身・為物身であるとの説とがある。しかし、逆に言えば二知三信によって破闇満願するのであり、二知三信とは疑蓋無雑の信楽一心を意味する。法性法身とは、「こころもおよばれず」(『唯信鈔文意』前出)と釈される身であるから、二知が考えにくく、方便法身中の実相身・為物身であるとの説にしたがうとするならば、実相身・為物身とは、第十八願の「若不生者不取正覚」に当たると考えられよう。すなわち、実相身即為物身とは、如来の正覚(実相身)は衆生救済のため(為物身)であり、衆生の救済(為物身)を抜きにして如来の正覚(実相身)はないという、いわゆる往生正覚一体を意味しているということになる。ここにも、第十八願酬報の阿弥陀仏とは、衆生救済の仏であるとの意趣をみることができる。

ハの方便法身は、先に述べたように因願酬報の報身とほぼ同じ性格の身ではあるが、既述のように、因位の法蔵菩薩から果位の阿弥陀仏にかけて語られるものである。すなわち、衆生救済の仏である因願酬報の阿弥陀仏を、因位の法蔵菩薩に及んで示されるものが方便法身であり、同じく衆生救済の仏に帰着するものである。

そして、親鸞において、阿弥陀仏が衆生救済の仏であるということは、帰命、南無の対象としての阿弥陀仏であるということである。親鸞は、『唯信鈔文意』において、

「尊号」と申すは南無阿弥陀仏なり。(2-639)

と、本来衆生の帰命を意味し、衆生に属するべき南無までも含めて、仏号として仏に属して示す[5]。続いて

この如来の尊号は、不可称不可説不可思議にましまして、一切衆生をして無上大般涅槃にいたらしめたまふ大慈大悲のちかひの御なななり。

と南無阿弥陀仏の仏号とは、一切衆生救済のはたらきそのものであると釈するのである。

また、親鸞は、南無の意訳とされる帰命(きみょう)について、「行文類」には、

帰命者本願招喚之勅命也。(2-22)
「帰命」は本願招喚の勅命なり。

と釈し、『尊号真像銘文』においては、

帰命は、すなはち釈迦・弥陀の二尊の勅命にしたがひて、召しにかなふと申すことばなり[6]。(2-588)

と釈する。すなわち、衆生救済の仏としての阿弥陀仏は、衆生を南無・帰命せしめるべくはたらき続け、衆生は、阿弥陀仏のはたらきを受けて南無・帰命してゆくことによって救われてゆくとまとめることができよう。

ところで、親鸞教義において、信の対象(=所信)、帰命の対象(=所帰)とは阿弥陀仏なのか、名号なのかということがひとつの議論となっている。すなわち、本願成就文には、「その名号を聞きて信心歓喜せん」と名号を所信とされ、「正信偈」には、「無量寿如来に帰命し、不可思議光に南無したてまつる」と阿弥陀仏を所帰とするなど、両様の説示があるが、結論としては名体不二(みょうたいふに)であるゆえ、阿弥陀仏に帰命するのであり名号に帰命するのではないとか、名号を信じるのであり阿弥陀仏を信じるのではないとか、一方に偏して他方を否定するのは誤りであるとされる[7]。名号を信の対象とする本願成就文の「その名号を聞きて信心歓喜せん」に関しても、親鸞は、「信文類」に、

然経言聞者、衆生、聞仏願生起本末無有疑心、是日聞也。(2-72)
しかるに『経』に「聞」といふは、衆生、仏願の生起本末を聞きて疑心あることなし、これを聞といふなり。

と述べ、信とは、法蔵菩薩の発願修行による名号成就についての無疑であると示す。それは、信・帰命とは、法蔵菩薩の発願修行を抜きにしては成り立たないことを明らかにするものであろう。

三

さて、大乗仏教において、迷悟は基本的には不二而二(ふににに)の関係にあるととらえられ、衆生と仏との両者の関係も不二而二である。

親鸞においても、『高僧和讃・曇鸞讃』に、

i　無礙光の利益より　　　　　威徳広大の信をえて
　かならず煩悩のこほりとけ　すなはち菩提のみづとなる（2-505）
ii　罪障功徳のとなる　　　　　こほりとみづのごとくにて
　こほりおほきにみづおほし　さはりおほきに徳おほし（2-506）

とうたわれ、煩悩と菩提、罪障と功徳とが氷と水との関係にたとえられる。氷と水との関係は、まさしく不二而二である。

氷と水との不二而二について、氷が融けると水になるのは不二に拠り、氷が融けないと水にならないのは而二であるからと説明される。迷悟染浄の不二而二が氷と水との不二而二にたとえられるが、迷いそのものの存在である衆生が悟りそのものの存在である仏になりうるのは、衆生と仏との同質性、すなわち迷いと悟りとの同質性、迷悟染浄の不二に拠り、迷いそのものの存在である衆生が、そのままで悟りそのものの存在である仏ということはできないということ、すなわち迷いというあり方を転換しないと悟りの仏になることができないということは、迷悟染浄が而二であるからである。iの和讃において氷が融けて水になるといわれるのは、氷と水とが而二であるとの関係を示し、iiの和讃において氷が多いので水が多いといわれるのは、氷と水とが不二であるとの関係を示している。すなわち、iの和讃では氷は融けないと水にならないという氷と水との相違性を示すことによって煩悩と菩提との而二がたとえられ、iiの和讃では氷が融けると水になる（多くの氷が融けて多くの水になる）という氷と水との同一性を示すことによって罪障と功徳との不二がたとえられていると考えることができよう。

親鸞の著作においては、『尊号真像銘文』に、

　真実と申すは如来の御ちかひの真実なるを至心と申すなり。煩悩具足の衆生は、もとより真実の心なし、清浄の心なし、濁悪邪見のゆゑなり。（2-577）

と、悟りの存在である阿弥陀仏と迷いの存在である衆生とを対極に位置づける説示、すなわち迷悟の而二の説示があり、一方

　証知生死即涅槃（「正信偈」2-45）
　本願円頓一乗は　逆悪摂すと信知して
　煩悩菩提体無二と　すみやかにとくさとらしむ（『高僧和讃』2-505）
　弥陀の智願海水に　他力の信水いりぬれば
　真実報土のならひにて　煩悩菩提一味なり（『正像末和讃』2-519）

とあるように、「生死即涅槃」、「煩悩菩提体無二」、「煩悩菩提一味」など、迷悟の不二の説示もある。

このように、両様の説示はあるものの、親鸞教義そのものは、救済者たる阿弥陀仏と被救済者たる衆生を対極に位置づける迷悟而二を中心とした場に立脚しているといえよう。それは、たとえば、『正像末和讃』に

　劫濁のときうつるには　有情やうやく身小なり
　五濁悪邪まさるゆゑ　毒蛇・悪竜のごとくなり（2-517）
　願力無窮にましませば　罪業深重もおもからず

仏智無辺にましませば　散乱放逸もすてられず（2-520）
浄土真宗に帰すれども　真実の心はありがたし
虚仮不実のわが身にて　清浄の心もさらになし（2-527）
蛇蝎奸詐のこころにて　自力修善はかなふまじ
如来の回向をたのまでは　無慚無愧にてはてぞせん（2-528）

とあるように、「毒蛇・悪竜のごとくなり」、「罪業深重」、「虚仮不実のわが身」、「蛇蝎奸詐のこころ」などと自己を含めた迷界の衆生を仏に背反する存在、仏と対極に位置づけられる存在とされることから明らかである。

また、このような姿勢は、ただ親鸞のみに見られるものではなく、浄土教の一般的な姿勢と見ることができよう。以下、いくつかを例示しよう。

曇鸞『往生論註』

有二種功徳。一者従有漏心生不順法性。所謂凡夫人天諸善、人天果報、若因若果、皆是顛倒、皆是虚偽。是故名不実功徳。（1-284）

二種の功徳あり。一には有漏の心より生じて法性に順ぜず。いはゆる凡夫人天の諸善、人天の果報、もしは因もしは果、みなこれ顛倒、みなこれ虚偽なり。このゆゑに不実の功徳と名づく。

仏本所以起此清浄功徳者、見三界是虚偽相是輪転相是無窮相、如蚇蠖循環、如蚕繭自縛。（1-285）

仏本この荘厳清浄功徳を起したまへる所以は、三界を見そなはすに、これ虚偽の相、これ輪転の相、これ無窮の相にして、蚇蠖の循環するがごとく、蚕繭の自縛するがごとし。あはれなるかな衆生、この三界に締られて、顛倒・不浄なり。

曇鸞『讃阿弥陀仏偈』

我従無始循三界　為虚妄輪所廻転
一念一時所造業　足繫六道滞三塗（1-365）

われ無始より三界に循りて、虚妄輪のために廻転せらる。
一念一時に造るところの業、足六道に繫がれ三塗に滞まる。

道綽『安楽集』

又復一切衆生都不自量。若拠大乗、真如実相第一義空曾未措心。若論小乗、修入見諦修道、乃至那含羅漢、断五下除五上、無問道俗、未有其分。縦有人天果報、皆為五戒十善能招此報。然持得者甚希。若論起悪造罪、何異暴風駛雨。（1-410）

また一切衆生すべてみづから量らず。もし大乗によらば、真如実相第一義空、かつていまだ心を措かず。もし小乗を論ぜば、見諦修道に修入し、すなはち那含・羅漢に至るまで、五下を断じ五上を除くこと、道俗を問ふことなく、いまだその分にあらず。たとひ人天の果報あれども、みな五戒・十善のためによくこの報を招く。しかるに持ち得るものは、はなはだ希なり。もし起悪造罪を論ぜば、なんぞ暴風駛雨に異ならんや。

善導『観経疏』「散善義」

言深心者即是深信之心也。亦有二種。一者決定深、信自身現是罪悪生死凡夫、曠劫已来常没常流転。無有出離之縁。(1–534)

深心といふはすなはちこれ深く信ずる心なり。また二種あり。一には決定して深く、自身は現にこれ罪悪生死の凡夫、曠劫よりこのかたつねに没しつねに流転して、出離の縁あることなしと信ず。

源信『往生要集』

但顕蜜教法、其文非一。事理業因、其行是多。利智精進之人、未為難。如予頑魯之者、豈敢矣。(1–729)

ただし顕密の教法、その文、一にあらず。事理の業因、その行これ多し。利智精進の人は、いまだ難しとなさず。予がごとき頑魯（かたくなで愚かなこと）のもの、あにあへてせんや。

源空『和語灯録』巻五、二四「諸人伝説の詞」

十悪の法然房が念仏して往生せんといひてゐたるなり。また愚癡の法然房が念仏して往生せんといふなり。(4–677)

かなしきかな、かなしきかな、いかがせん、いかがせん。ここにわがごときは、すでに戒・定・慧の三学のうつはものにあらず。(4–680)

中でも、『往生論註』の清浄功徳釈は、

哀哉衆生、締此三界、顛倒不浄。欲置衆生於不虚偽処、於不輪転処、於不無窮処、得畢竟安楽大清浄処。是故起此清浄荘厳功徳也。(1–285)

あはれなるかな衆生、この三界に締られて、顛倒・不浄なり。衆生を不虚偽の処、不輪転の処、不無窮の処に置きて、畢竟安楽の大清浄処を得しめんと欲しめす。このゆゑにこの清浄荘厳功徳を起したまへり。

と続けられ、迷界とは仏に背反し、仏と対極に位置づけられる世界であるゆえ、浄土が建立されたと説くのであり、迷悟而二・生仏而二こそが浄土教成立の基盤であることを示しているともいえよう[8]。

四

親鸞が七祖の第四祖と仰ぐ道綽の『安楽集』において、大乗無相の立場から有相の浄土への願生を否定する見解や、心の外に法無しとの立場から心外の浄土への願生を否定する見解に反論する場面等で、以下のように、二諦の語がよく用いられる。

今之行者無問緇素、但能知生無生不違二諦者、多応落在上輩生也。(1–387)

いまの行者緇素（僧と俗人）を問ふことなく、ただよく生・無生を知りて二諦に違せざるものは、多く上輩の生に落在すべし。

今体菩提、但能如此修行、即是不行而行。不行而行者、不違二諦大道理也。(1–390)

いま菩提を体るに、ただよくかくのごとく修行すれば、すなはちこれ不行にして行なり。不行にして行なれば、二諦の大道理に違せず。

菩薩行法功用有二。何者、一証空恵般若。二具大悲。一以修空慧般若力故、雖入六道生死、不為塵染所繫。二以大悲念衆生故不住涅槃。菩薩、雖処二諦、常能妙捨有無、取捨得中不違大道理也。(1-393)

菩薩の行法功用に二あり。なんとなれば、一には空慧般若を証る。二には大悲を具す。一には空慧般若を修する力をもつてのゆゑに、六道生死に入るといへども、塵染のために繫がれず。二には大悲をもつて衆生を念ずるがゆゑに涅槃に住せず。菩薩、二諦に処すといへども、つねによく妙に有無を捨て、取捨、中を得て大道理に違せず。

若摂縁従本、即是心外無法。若分二諦明義、浄土無妨是心外法也。(1-394)

もし縁を摂して本に従へば、すなはちこれ心外に法なし。もし二諦を分ちて義を明かさば、浄土はこれ心外の法なることを妨ぐることなし。

若欲会其二諦、但知念念不可得即是智恵門而、能繫念相続不断即是功徳門。(1-402)

もしその二諦を会せんと欲せば、ただ念々不可得なりと知るはすなはちこれ智慧門にして、よく繫念(けねん)相続して断えざるはすなはちこれ功徳門なり。

これらの二諦の語は、生仏迷悟の不二而二を意味し、生仏及び迷悟を実体的にとらえた二元論と、両者を観念的にとらえた一元論とのいずれをも否定するものであると考えられる。すなわち、生仏迷悟の而二に偏すると生仏及び迷悟を実体的にとらえる二元論に陥り、生仏迷悟の不二に偏すると、生仏及び迷悟を観念的にとらえる一元論に陥ってしまうので、二諦の語によって、生仏迷悟の不二而二を説示し、二元論・一元論の一方に偏することを否定するのである。

しかし、道綽が二諦の語を用いる場面を検討すると、二元論・一元論の一方に偏することを否定するというよりも、道綽の意図は、一元論への偏向の否定にあると考えられる。道綽は、大乗無相の妄執を破すとして、大乗は無相であるのに、彼此を念ずる浄土願生は取相であり、漏縛を増すのみであるから、用いるべきでないとの主張に対し、

一切諸仏説法要具二縁。一依法性実理。二須順其二諦。彼計大乗無念、但依法性、然謗無縁求。即是不順。二諦如此見者、堕滅空所収。(1-392)

一切諸仏の説法はかならず二縁を具す。一には法性の実理による。二にはすべからくその二諦に順ずべし。かれは、大乗は無念なり、ただ法性によると計して、しかも縁求(えんぐ)を謗り(そし)無(な)みす。すなはちこれ二諦に順ぜず。かくのごとき見は、滅空の所収に堕す。

と、無念に偏って、縁求を否定する見解を滅空として批判するのに際し、二諦の語を用い、また、

今勧行者理雖無生然二諦道理非無縁求一切得往生也

いま行者に勧む。理、無生なりといへども、しかも二諦の道理縁求なきにあら

ざれば、一切往生を得。

と述べ、娑婆と区別された浄土への願生を縁求として意義づける箇所においても、二諦の語を用いている。就中、注目するべきは、その中間に『無上依経』を取意して以下のように述べる文である。

仏、告阿難、一切衆生若起我見如須弥山、我所不懼。何以故。此人雖未即得出離、常不壊因果、不失果報故。若起空見如芥子、我即不許。何以故。此見者破喪因果多堕悪道。未来生処必背我化。(1-390)

仏、阿難に告げたまはく、「一切の衆生もし我見を起すこと須弥山のごとくならんも、われ懼(おそ)れざるところなり。なにをもつてのゆゑに。この人はいまだすなはち出離を得ずといへども、つねに因果を壊せず、果報を失はざるがゆゑなり。もし空見を起すこと芥子のごとくなるも、われすなはち許さず。なにをもつてのゆゑに。この見は因果を破り喪ひて多く悪道に堕す。未来の生処かならずわが化に背く」と。

すなわち、生仏及び迷悟を実体的にとらえた二元論と、両者を観念的にとらえた一元論とにおいて、後者の過誤は前者の過誤と比較できないほど大きいと示される。生仏迷悟の而二を基本とする浄土往生思想は、生仏及び迷悟を実体的にとらえる二元論に陥りやすい側面をもっているものの、生仏及び迷悟を実体的にとらえる二元論の危険性は、両者を観念的にとらえる一元論に陥ることの危険性に比較すれば、比較できないほど微々たるものであるとの主張である。その理由として、生仏及び迷悟を観念的にとらえる一元論は、迷いから悟りへの成仏道の成立すら危うくするものであることが挙げられよう。生仏及び迷悟を観念的にとらえる一元論は、生仏・迷悟に差異を認めないことになり、差異を認めないところには、衆生から仏へ、もしくは迷いから悟りへという方向性すら見失われてしまう。一方、生仏及び迷悟を実体的にとらえる二元論は、本来実体的な存在でないものを実体的にとらえるという過誤に陥っているのではあるが、そこでは、生仏・迷悟の差異が認められているのであり、差異の存在を認めるところでは、衆生から仏へ、もしくは迷いから悟りへという方向性が成立する。また、本来、実体的ならざるものを実体的にとらえることこそが迷いそのものであり、実体的ならざるものを実体的にとらえてはならないとは、迷妄の衆生には不可能なことといわなければならない。

五

ここで、阿弥陀仏乃至浄土について、先哲の上にどのような考察が見られるのかを、瞥見(べっけん)しておきたい[9]。

生仏迷悟浄穢(じょうえ)の不二而二について、甘露院慧海は、「不二融即の義は翁媼の領解に堪へがたきがために」(『真宗叢書』第2巻203頁上)と述べ、浄満院円月は、「迷界の所見は一如の理体を知らず、只染浄の差別相のみを見る」(同書207頁下)と述べる。また、専精院鮮妙は、「差別の一辺に着するの機に応ずるには無差別を以て応ずること能はざるのみならず、差無差不二を以て応ずるも猶ほ堪ふる所に非ず」(同書212頁下)と述べる。すなわち、先哲の指摘は、凡夫とは実体化した差別相に執着する存在であり、凡夫にとって、不二の認識は不可能であり、生仏迷悟浄穢而二の説示こそ、凡夫に最もよく適合するものであるということである。そして、生仏迷悟浄穢の不二而二とは、不二が真実であり、而二が方便であるということではない。法性法身においては生仏迷悟浄穢不二であり、生仏迷悟浄穢而二において方便法身が語られるのであるが、方便法身の方便とは、真実に対する方便ではない。真実に対する方便は暫用還廃といわれ、最終的には廃されるものと位置づけられる。しかし、不二も真実であれば、而二も真実である。『往生礼讃』に、

已成窮理聖　真有遍空威
在西時現小　但是暫随機（1−670）
　すでに窮理の聖となりて、まことに遍空の威あり。
　西にありて時に小を現ずるは、ただこれしばらく機に随（したが）ふのみ。

とある文について、西方極樂世界の阿弥陀仏と説かれる方便法身は暫用還廃の権仮方便であることを示しているのではないかとの疑問に対して、専精院鮮妙は

無辺及び不二に対して暫と云ふ。天台に所謂権とは暫用還廃と云ふが如き暫に非ず。得生者の情に応じて生と説くが如し。辺も実事、無辺も実理、理事常に相即するなり。（『真宗叢書』第2巻213頁上）

と論じ、願海院義山は、

其凡情に応じて故らに仏の実智（生仏迷悟浄穢不二とみる無分別智ー筆者註ー）を隠して、権智（生仏迷悟浄穢而二とみる分別後得智ー同前ー）の所照のみを以て引接する。是れ弥陀五劫思惟の善巧方便なり、この義に依るときは在西示現小は仏の権智、即ち後得智（ごとくち）の全現なれば、何の暫随機と云ふことあらん。尽未来際廃止すべからざる真実の法軌たるなり。（『真宗叢書』第2巻210頁）

と論じて、いずれも、暫用還廃の方便でないことを明らかにしている。

二種法身は、曇鸞の法性・方便の二種法身の思想を承けるものであるが、先に述べたように、一如宝海・法身においては、生仏迷悟浄穢不二であるが、「こころもおよばれず、ことばもたえたり」と、衆生の認識の対象ではないことが示されている。一方、方便法身とは因願酬報の仏と示され、その因願酬報においてこそ衆生の南無・帰命が成立するのも、すでに論じたところである。

さて、衆生の南無・帰命について考察をくわえれば、親鸞は、『末燈鈔』第六通において、

故法然聖人は、「浄土宗の人は愚者になりて往生す」と候ひしことを、たしかにうけたまはり候ひしうへに、ものもおぼえぬあさましきひとびとのまゐりたるを御覧じては、「往生必定すべし」とて、笑ませたまひしを、みまゐらせ候ひき。文沙汰して、さかさかしきひとのまゐりたるをば、「往生はいかがあらんずらん」と、たしかにうけたまはりき。（2−665）

と、浄土門が愚者の宗教であることを述べて、知的理解によらないことを明示し、道綽は、『安楽集』に、

唯有浄土一門、可以情稀趣入。(1-379)

ただ浄土の一門のみありて、情をもつて稀ひて趣入すべし。

と、浄土教においては、情的側面からのアプローチによることを明らかにしている[11]。浄土教の宗教性は、知的理解の上に成立するものではなく、情的把握のところに成立するということができよう。

親鸞は、「信文類」に、

一切群生海、自従無始以来乃至今日至今時、穢悪汚染無清浄心、虚仮諂偽無真実心。是以如来、悲憫一切苦悩衆生海、於不可思議兆載永劫、行菩薩行時、(2-59)

一切の群生海、無始よりこのかた乃至今日今時に至るまで、穢悪汚染にして清浄の心なし、虚仮諂偽にして真実の心なし。ここをもつて如来、一切苦悩の衆生海を悲憫して、不可思議兆載永劫において、菩薩の行を行じたまひし時、

と、法蔵菩薩の発願修行は、出離生死の能力を持たない衆生を救うためであると説いている。『歎異抄』に示される親鸞の述懐の言葉には、

弥陀の五劫思惟の願をよくよく案ずれば、ひとへに親鸞一人がためなりけり。さればそれほどの業をもちける身にてありけるを、たすけんとおぼしめしたちける本願のかたじけなさよ。(2-792)

とあり、これは「信文類」の文と同様の意趣であるが、この言葉には、親鸞の宗教感情のほとばしりがみられるであろう。阿弥陀仏とは、まさしく、この私を救うために発願・修行して成仏された仏であり、阿弥陀仏をこのように把握するところにこそ、阿弥陀仏を仰信し、阿弥陀仏に依憑するという南無・帰命が可能となる。

結

親鸞にとっての阿弥陀仏とは、まず、自己を救済する仏としての阿弥陀仏、自己が南無・帰命する仏としての阿弥陀仏であった。そして、『末燈鈔』第六通には、浄土門が愚者の宗教であると明示されるが、これは阿弥陀仏への知的アプローチを否定するものといえるであろう。親鸞においては、

よしあしの文字をもしらぬひとはみな　まことのこころなりけるを
善悪の字しりがほは　おほそらごとのかたちなり(『正像末和讃』2-531)

と、知的アプローチのできない(あるいは、しない)愚者にこそ真実があるとの説示も見られる[11]。

親鸞の主著『顕浄土真実教行証文類』は、まず、親鸞自身の言葉で明確に説示した後、経・論・釈によって引証するという整然とした論述がなされる中、時に、誠哉・慶哉・悲哉[12]などと親鸞自身の感情が吐露される。阿弥陀仏の救済の構造が論理的に述べられる背後には、親鸞自身の極めて情的な把握の有ることを見過ごしてはならないであろう。

自己を清浄・真実なる仏の対極の愚悪の存在として位置づけ、その自己を救うため

に発願修行し成仏した阿弥陀仏という而二の説示においてこそ、豊かな宗教感情の醸成が可能となるのであり、親鸞教義における被救済者たる衆生は、凡夫と位置づけられ、日常生活において、泣き、笑い、怒る、普通の人々である。そのような凡夫の素朴な感情に対応し、受容し、包みこむ思想としての真宗教義であることを没却して、阿弥陀仏を知的玩弄物としてとらえてはならないことを最後に強調しておきたい。

註）

1　なお、このパネルは、武蔵野大学教授のケネス田中氏、京都大学教授のカール・ベッカー氏、IBS専任講師のリサ・グランパック氏、大阪女学院大学・京都外国語大学の非常勤講師ダニエル・フリードリッヒ氏、そして筆者によって構成されていた。

2　その他、たとえば『阿弥陀経』には、

舎利弗、於汝意云何。彼仏何故号阿弥陀。舎利弗、彼仏光明無量、照十方国無所障碍。是故号為阿弥陀。又舎利弗、彼仏寿命及其人民無量無辺阿僧祇劫。故名阿弥陀。

舎利弗、なんぢが意においていかん。かの仏をなんがゆゑぞ阿弥陀と号する。舎利弗、かの仏の光明無量にして、十方の国を照らすに障礙するところなし。このゆゑに号して阿弥陀とす。また舎利弗、かの仏の寿命およびその人民も無量無辺阿僧祇劫なり。ゆゑに阿弥陀と名づく。

と、光明無量・寿命無量の仏であるゆえに阿弥陀仏と名づけるとの説示も見られる。

しかし、親鸞は阿弥陀仏を表現するのに多く光明をもってし（例、大行を称無碍光如来名とするもの、真仏・真土を不可思議光如来・無量光明土とするもの、名号本尊の八字・十字）、また、後出の「真仏土文類」には、第十二・十三願酬報の仏と示されるところから考えると、親鸞においては、光明無量・寿命無量の仏であるゆえに阿弥陀仏であるというよりも、光明無量の願（第十二願）・寿命無量の願（第十三願）酬報の仏であるゆえに阿弥陀仏であるという側面が強いように思われる。

すなわち、光明無量・寿命無量の仏としての阿弥陀仏は、イ、因願酬報の仏という範疇におさめられるべきものであると言えよう。

3　『真宗聖教全書』2巻495頁の意。以下出典の数字は、特に註記する場合を除いて、同様に表記する。

なお、引用に際して、漢字は、常用漢字を含む現在の通行体に統一し、仮名遣いは、歴史的仮名遣いに統一し、適宜漢字を仮名に、仮名を漢字に改めた。また、漢文の訓読は、必ずしも、『真宗聖教全書』の訓点に依らなかった。

4　阿弥陀仏が第十八願酬報の仏であることは、「真仏土文類」の真仮対弁における、

由選択本願之正因、成就真仏土。(2-141)

選択本願の正因によりて、真仏土を成就せり。

からも見ることができる。

なお、この「選択本願」を第十二願・十三願と見る説もあるが。筆者には首肯（しゅこう）できない。拙論「親鸞における「本願」の用語例―特に『教行信証』において―」（北畠典生教授還暦記念『日本の仏教と文化』所収）参照

5 その他、親鸞の依用した名号本尊（真筆の名号本尊）、すなわち南無阿弥陀仏の六字名号、南無不可思議光仏の八字名号、帰命尽十方無碍光如来の十字名号は、いずれも南無・帰命まで含めて本尊としている点にも、その意趣を見ることができる。

6 『尊号真像銘文』には、広・略二本があるが、本論文では、原則として広本を引用した。なお、文意の相違がなければ、広本と略本との文の相違について特に指摘しない。

7 以上は、安心論題「所帰人法」の論点の概要である。

8 『往生論註』上巻では、二十九荘厳の一々について、阿弥陀仏がその荘厳功徳を起こされた理由を示されるが、その説示にも、迷悟而二・生仏而二こそが浄土教成立の基盤であることを示す意趣を見ることができる。例示すれば以下のとおりである。

> 無垢光炎熾　明浄曜世間　此二句名荘厳妙色功徳成就。仏本何故起此荘厳。見有国土、優劣不同。以不同故高下以形。高下既形、是非以起。是非既起、長淪三有。是故興大悲心起平等願。(1-289)
>
> 無垢光炎熾　明浄曜世間　この二句は荘厳妙色功徳成就と名づく。仏本なんがゆゑぞこの荘厳をおこしたまへる。ある国土を見そなはすに、優劣不同なり。不同なるをもつてのゆゑに高下もつて形る。高下すでに形るれば、是非もつて起る。是非すでに起れば、長く三有に淪む。このゆゑに大悲心を興して平等の願を起したまへり。
>
> 仏恵明浄日　除世痴闇冥　此二句名荘厳光明功徳成就。仏本何故興此荘厳。見有国土、雖復項背日光而為愚痴所闇。是故願言、使我国土所有光明、能除痴闇入仏智恵、不為無記之事。亦云、安楽国土光明従如来智恵報起故、能除世闇冥。(1-293)
>
> 仏慧明浄日　除世痴闇冥　この二句は荘厳光明功徳成就と名づく。仏本なんがゆゑぞこの荘厳をおこしたまへる。ある国土を見そなはすに、また項背に日光ありといへども愚痴のために闇まさる。このゆゑに願じてのたまはく、「わが国土のあらゆる光明、よく痴闇を除きて仏の智慧に入り、無記の事をなさざらしめん」と。またいはく、安楽国土の光明は如来の智慧の報より起るがゆゑに、よく世の闇冥を除く。

9 以下の先哲の説は、真宗百論題中の「指方立相」の題の下に論じられているものである。「指方立相」であるから、もともとは西方の有相の浄土についての所論であるが、身土不二との立場からすれば、准じて仏身についての論と考えることもできる。親鸞においても「真仏土文類」の説相は、真仏と真土とについて、融通無碍に論じられているということもできる。

10 宗教における情的側面の重要性は、プロテスタント最大の思想家の一人といわれるシュライエルマッハー（1768～1834）が、宗教の本質を「直観と感情」（1799『宗教論』）、「超越的実在への絶対依憑感情」（1821-22『キリスト教信仰』）であるとしたことからも、うかがい知ることができる。

11 ちなみに、命終を契機としての往生が語られている言葉、『末燈鈔』第12通の「この身は、いまは、としきはまりて候へば、さだめてさきだちて往生し候はんずれば、浄土にてかならずかならずまちまゐらせ候ふべし。」(2-673) との親鸞の言葉について、「これは、有阿弥陀仏宛の手紙だから」と、あたかも、程度の低い相手への言葉だから、親鸞の本意とは考えられないとの口吻でしりぞけようとする研究者も存在するが、このような姿勢こそ、親鸞が「おほそらごとのかたち」と厳しく否定するものといえるであろう。

12 「総序」(2-1)、「信文類」(2-80)、「化身土文類」(2-203)

研究論文

親鸞にみる生死を超える道

村上速水

誤解はしばしば立場のちがいから起こる。それぞれの立場が理解されないとき誤解が起こる。子を思う愛情の答も単なる叱責の答とうけとられ、親を思う子の忠言も無礼な言葉としてしりぞけられる。

宗教においてもおなじである。宗教には宗教の立場があり、領域がある。その立場が理解されていないとき、宗教はあらぬ批判と誤解をうけとることとなる。宗教は科学や道徳と一線を画する立場に立つ。宗教も科学も道徳も人類の福祉に貢献するものでなくてはならないが、その間にはそれぞれ果たすべき独自の領域がある。人間の生活の上における一時的、部分的な問題の解決のために宗教があるのではない。科学や道徳の手の及ばないところに宗教の領域がある。いわば、生活苦ではなく、人間が人間であることの苦悩―人間苦のために宗教がある。たとえば老いてゆく悲しみ、別れてゆく淋しさのごときは、経済学や医学によって解消できるものではない。人間が人間であることの苦しみは、もはや人間自身の手によってはどうすることもできないものである。そこに必然的に人間を越えた絶対者の力が要請される。宗教の世界はそこに開ける。宗教は、人間と神、人間と仏との交渉する世界である。このような宗教の立場が理解されないで、科学や道徳の領域に属する問題を宗教に向かって尋ねても、宗教は決して満足すべき解答を与えてはくれないであろう。かりに解答を与えられたとするならば、むしろその宗教は似而非なる宗教といわざるをえないであろう。それは宗教の越権行為であり、宗教が他の領域を侵しているからである。だから、宗教に対して尋ねるときは、まず宗教に対する正しい問いが用意されなければならない。

さて親鸞聖人の著述は、概（おおむ）ねその晩年に書かれたものばかりである。それは言わば、聖人の人生探求の答えを記したものといってよいであろう。その答えをもっとも簡明に要約したものこそ、唯円の記した

> 煩悩具足の凡夫、火宅無常の世界は、よろづのこと、みなもて、そらごと、たわごと、まことあることなきに、ただ念仏のみぞまことにておはします、(『歎異抄』後序、註釈版聖典853~854頁)

という言葉のように思われる。

ところで答えの正しさは正しく問うことによってのみ証明される。ちょうど、どれほど美しい音色の秘めた鐘であっても、撞（つ）き方がわるかったならば、美しい音色ははねかえってこないのと同じである。われわれがこの言葉の真理性を知るためには、まずこの答えに対する聖人の問いが何であったかを知らねばならない。

いったい聖人の問いは何であったであろうか。それについて、幸いにも恵信尼公の消息がそれを伝えていてくれたことはありがたいことである。その第三通に

> 法然上人にあひまいらせて、生死出づべき道をばただ一すじにうけたまはりさだめてさふらひしかば(『恵信尼文書』第1通、註釈版聖典811頁)

と書きのこされている。聖人の求めたものは、「生死出づべき道」であった。それは

「この世をいかに巧みに生きるか」ということでもなければ、「いかに楽に死んでゆけるか」ということでもなかった。生死を出る道──生死を超える道であった。

いったい生死とは何か。人は生と死とをまったく相反する二つのことと考える。したがって生と死とは同居できないもののように考える。たしかに生きていることは死んでいないことであり、死んでいることは生きていないことである。

しかし善導大師は「自身は現にこれ罪悪生死の凡夫」(『観無量寿経疏』散善義、大正蔵 37 巻 271a)と説き、「無常念念に至る、恒に死王とともに居す」(『往生礼讃』大正蔵 47 巻 441a)とも説く。生と死とは同居しているというのである。それはいったいどういうことなのであろうか。

人はだれしも生きるために食べていることを疑わない。しかし食べてさえいれば生きられるかというと、そうではない。食べて食べて食べつくして人は確実に死んでゆくのである。したがって人は死ぬために食べているといっても少しもまちがいではない。しかし何故かこのことに気づいている人は意外に少ない。生きるために食べていることもほんとうであるが、死ぬために食べているのもほんとうである。とすれば、生と死とは別のことではない。だから一日生きたということは、一日死んでいったということである。生きるための努力は、実は死ぬための努力にほかならないのである。何という大きな矛盾であることか。

実はわれわれはそういう矛盾のなかに人生の出発をしているのである。生まれたということは死を背負って生まれたということである。生の裏側に死はぴったりとくっついているのである。生と死とは表裏一体となって同居しているのである。表があって裏のない紙はないように、生と死とは一つのいのちの両面にほかならない。

こういう風に説明することもできよう。われわれは寿命というものに固定した長さを考える。日本人の平均寿命が 70 歳を越えたといえば、そういう固定した長さがあるように思う。したがって、死はそのいのちの先端に横たわっているように考える。だから、若い間から仏法などきく必要はないと思う。しかし平均寿命というのは、過去に死んで逝った人の寿命の平均値にすぎない。今ここに生きている「私」という個人のいのちとは無関係である。日本人の寿命が一般的にそうであるからといって、私のいのちの長さを保証するものではない。長命できる可能性は増大したといっても、それは蓋然性(がいぜんせい)であって必然性ではない。明日をも知れぬ私の生命であることにかわりはない。その意味で、私の生は常に死と向かいあっている生である。「恒に死王とともに居す」である。それでは私の過去の生命はどうか。私の歩いた足跡はのこっているであろうが、昨日までのいのちもどこにもない。あるのは、今、ここにある「このいのち」でしかない。この生命の表が生であり、裏が死であるにすぎない。それが善導大師のいう「現にこれ罪悪生死の凡夫」という意味であろう。

しかも裏面に潜んでいる死は突如として表面にあらわれる。表面と裏面との交替は、間髪をいれず突如として行われる。「無常念々に至る」である。誰もあらかじめそれを予測することはできない。老少不定である。ゆえに善導大師は「灯の風の中にあって滅すること期しがたしがごとし」(『往生礼讃』大正蔵 47 巻 440c)と教える。

われわれは生きていることを当然と考え、死を関心の外におこうとする。しかし死こそ、突如として襲って来るわれわれの確実な終末である。「明日も必ず生きられる」という保証はどこにもないが、死の訪れは確実である。とすれば、われわれは「死ぬべきいのちを、いま生きている」とうけとるべきであろう。花は咲いたのちに散るのである。散ることが確実である以上、「散るべきいのちを、いま咲いている」というのが適切であるように。そううけとってこそ、この「いのち」がひとしおいとおしく、大切にされなければならぬこともわかるのではないだろうか。

生と死とは表裏一体であるということがわかれば、真に生ききれるということは、真に死にきれるということであることがわかるであろう。真に死にきれてこそ真に生ききれるのである。

人間とはそういう生死的存在であることが明らかになれば、人間の真実の救いは、生死ともに解決するものでなければならないことが頷(うなず)かれよう。生の一面がどれほど満たされても、死の前には空しいものでしかない。生の底に死が横たわり、死のために常に生が脅かされているかぎり、生の真の充実はありえない。死が乗りこえられてこそ、生が真に充実するのである。仏教が死の解決を説くのは、そういう意味からである。決して生と切り離された死の解決を説いているのではない。聖人が求めた「生死出づべき道」とは、そういう道であった。生死を超克する道であった。生死の枠外に出ることである。生と死にわずらわされない世界をもつということである。それは生死の帰依処を得ることにほかならないであろう。生死の帰依とは「生の依るところ、死の帰するところ」という意味である。それに依って生き、そこに帰るがごとく死んでゆけるものは何か。しかし生死という枠の中にある人間が、その生死の枠の外に出るということは、もはや人間の力では不可能なことである。生死の帰依処は人間の世界の中にあるはずはない。しかし聖人はそれを人間の世界の中に見つけ出そうとして、ついに挫折した。当然といえば当然のことであるが、神も仏も知らなかった聖人にとって、それは当然のことであったといわねばならない。われわれもまた安易に神や仏を持ち出してはならない。むしろ人間が仏の存在を信ずるには、どれほど大きな決断を要するかを学ぶべきであろう。絶望の極、吉水に辿りついた聖人に、法然上人は何を説いたのであろうか。『選択本願念仏集』の終わりの言葉は、そのときに聖人に教えたであろう法然上人の言葉をあざやかに示している。

> それ速やかに生死を離れんと欲はば、二種の勝法の中に、しばらく聖道門を閣いて選んで浄土門に入れ。……正定の業とはすなはちこれ仏名を称するなり。称名はかならず生を得、仏の本願によるが故に（大正蔵 83 巻 1b）

それは、聖人の苦闘にも増して、30 年の間同じ比叡山で苦闘をつづけてようやく辿りついた法然上人の結論であった。これによって聖人はようやくその目的を達成することができた。「建仁辛酉の暦、雑行を捨てて、本願に帰す」（化身土文類）と、聖人は感謝を以て告白する。聖人の問いに呼応したものこそ、法然上人のこの答えであり、阿弥陀仏の本願であった。「生死を過度して解脱せざることなけん」（『無量寿経』讃仏偈）と誓い、「諸の勤苦生死の本を抜かん」というのが、この仏の本願であったからである。

> 生死の苦海ほとりなし
> ひさしくしずめるわれらをば
> 弥陀弘誓の船のみぞ

のせてかならずわたしける（『高僧和讃』龍樹讃、註釈版聖典 579 頁）

という和讃は、聖人が本願（弘誓）に値遇した讃歌である。

「生死出づべき道」の前には、この世のものはすべて空しく無力なものでしかなかった。生死の帰依となるものは、念仏でしかなかった。それが

煩悩具足の凡夫、火宅無常の世界は、よろづのこと、みなもて、そらごと、たわごと、まことあることなきに、ただ念仏のみぞまことにておはします（『歎異抄』後序）

という述懐であった。これがあの問いに対する答えであった。したがって聖人の説く「まこと」とは、生死の帰依処を意味している。「念仏のみぞまこと」という念仏とは、単に死の解決のためにあるのではない。それに依って生き、そこに安らかに死んでゆけるものが、聖人における念仏なのである。

しかし、そのような問いをもたない者の前に、この『歎異抄』の言葉を提示したならば、人はどのような反応を示すであろうか。「親鸞聖人の宗教は、人間を煩悩具足の凡夫ときめつけ、この世を無常の世界とみなし、そらごとたわごとの無意味・無価値の世界と教えるもの」としてうけとってしまうであろう。聖人が文字通り血涙の結晶として発見した言葉は、そこではまことに惨憺（さんたん）たる結果に終ってしまうこととなる。

正しい答えも問い方をまちがえたならば、むなしい言葉と化してしまう。教えを説くものは、性急に答えを与える前に、まず正しい問いをもつことを促すことの大切さを思わざるをえない。

聖人がわれわれに代わって尋ねた人類普遍の、最も根源的なこの問いを発するときにのみ、聖人の説いた本願念仏の教えは、はじめてその正確さを発揮するであろう。

42 歳でその生涯を終えた私の友人の

生きてよし　死してまたよし　法の身は
今日の一日を　よろこびに生く

という遺詠がおもい出される。

以上によって理解されるように、親鸞教義が誤解され歪曲される大きな原因は、親鸞聖人にとって結論であったものが、しばしば前提として説かれ、ときにはそれを強制する形で説かれているということである。たしかに聖人の教義といわれるものは、聖人が到達した結論—たとえば、他力のすくい、悪人のすくい、往生のすくい—というものにちがいない。しかしその結論は突如として現われたものではない。文字通り彫骨鏤身（ちょうしんるこつ）の辛酸と苦悩と模索のなかから見出だされたものである。ある意味ではそのプロセスこそ重要である。しかるに、往々にして聖人の求めたものが語られず、その厳しい道程が語られないで、一挙に結論だけが語られる。真宗の教えをはじめて聞く人ならば、面喰うのがむしろ当然であろう。頭から他力でなくてはならぬと強制され、悪人であることを強いられ、浄土に往生を強制されるように考えてしまう。そこに大きなギャップが生まれるのは必然である。

かつて、「真宗学というのは、三階の屋上から〈すばらしい景観だよ。〉と叫んでい

るのに似ている。地上のものが〈どうしたらそこへ行けますか。〉とたずねると、〈とにかく昇ってごらん、すばらしいぞ。〉といっているようにおもわれる。地上の人はそこに上がる道を求めているのに、屋上の人は何らその道を教えようとしないで、とにかく来いといっているようだ」と皮肉をいわれたことを想い出す。人々は聖人の到達した世界への道を模索しているのに、その道を示そうとはしないで、結論だけを語っているのではないか、という批判も、その意味であたっているようにおもわれる。

またある人が、「寺院出身の龍大生にとって最も不幸であったことは、結論を先に教えられてしまったことにある」といった言葉も思い出される。親鸞聖人にとっては模索のなかから発見した念仏であったものが、寺院出身者において、何ら本人の模索なしに、はじめから念仏こそ真実であると教えこまれてきたことが不幸であるという意味であろう。

この二つの批判は、いずれも求道の過程が説かれないで、結論が先に与えられたことに対する批判といってよいであろう。もっとも第二の批判に対して、私は全面的には賛成しかねる。はたして白紙の状態で道を求めた場合、必ずしも聖人とおなじ結論に到達するとは思われないからである。求めたからといって、同じものが与えられるという保証はない。その意味で、聖人においては「求道」であったが、われわれにあるものは「聞法」しかないであろう。われわれもまた同じ求道の道を歩めというならば、聖人によって開顕されたその功は無に帰してしまう。われわれは「何が真実か」と求めるべきではなくて、「念仏はなぜ真実か」と問う以外にないであろう。

聖人にとって、その導き出された結論は、まさにその反対のものが求めつづけられた結果、あらわれたものであることが忘れられてはならない。他力のすくいは自力成仏を目指した結果の結論であり、悪人のすくいは善人になりきろうとしたあらわれであった。往生のすくいは此土成仏（しどじょうぶつ）を目指した結果の答えであり、その内容である現生正定聚（げんしょうしょうじょうじゅ）のよろこびは、未来のすくいを目指したところに開かれた世界であった。「自力で善人になり、此の世界で成仏すること」を願い、「自力で善人になり、浄土に往生して未来にすくわれること」を願いつづけ実践した結果が、「この悪人にとっては、他力によって往生するほかに道のない」ことが明らかとなり、「今、阿弥陀如来の光明の中に摂取されている」世界が開けたのである。聖人ほど、だれにもまして、自力・善人を願い、此土成仏を願い、また未来のすくいを願った人はなかった。その願いが熾烈（しれつ）であったからこそ、挫折があり、絶望があったことが忘れられてはならない。挫折を経ないで自力から他力へ、善人から悪人への安易な妥協や移行ではなかった。

すでにのべたように、われわれには求道はない。ただ聞法のみである。しかし聞法ということは、耳できくということにとどまるものではあるまい。「仏法は毛孔より入るものである」ならば、わたしの心身をあげて聴くべきものであろう。わたしの生活行動を通して、教えのまことを確認するという意味を含むであろう。はたして自分の力で何ができるのか、はたして私は善人であると自己主張できるかどうか、自分の行動を通して、そのことを実践する以外にない。そこに聞法の生活とは、聖人が追及したその姿勢を私の生活のなかに実践し、「他力によらなくては、どうしようもない自分」であることを確認してゆく生活といえるのではないであろうか。

（村上速水『親鸞教義の誤解と理解』永田文昌堂、1984年より編集転載）

現代と親鸞―生死を超える道の課題

田畑正久

大学を卒業後、技術の取得や知識を含めた経験の蓄積の時期、すなわち研修医や若い時期には見えなかったものが、一つの医療機関に続けて長く勤務したり医師としての経験が長くなると人間の全体像が見えてくることに気づかされます。私も消化器外科の専門医を目指した時期は種々の病院を1、2年で勤務移動しながら先輩から教えていただきながら仕事をしていました。しかし、経験と共に次第に責任ある立場を任されるようになり、一箇所の病院へ長く勤務するようになってからは患者さんとの長い付き合いが多くなってきたのです。

私の専門である外科は悪性腫瘍（癌）を扱うことの多い分野です。手術によってよくなる患者さんも多いのですが、根治手術ができなくて病状が進行していく患者さんや術後数年で再発したりする患者さんの死に対面せざるをえない場面を経験してきました。面識のできた患者さんの中には、いったん外科系の病気はよくなっても、しばらくの期間を置いて、違う病気で病院の中で再会することになることもしばしばです。そんなことを繰り返しながらお互いに歳を重ね、老病死を迎えるお互いであると知るのです。以前は自分との年齢差のある人の死が普通だったのですが、私自身が60歳を越えると年齢差が少なくなり、ときには年下の患者や縁のある人の死に出会うことが多くなっています。

40年近い医師としての経験を含めて見えてくることは「よくなる病気はよくなる。よくならない病気はよくならない」ということです。まさに老・病・死は避けることができないということであります。同時に、私も死すべき身であるという事実に気づかされるのです。確かに医学の分野で先進的な取り組みをされている医師たちは、よくならない病気の原因究明、診断、治療の研究に果敢に取り組んでおられる尊敬すべき存在であることは認めなければなりません。

医療が目指すところはキュア（cure、治癒）であり、その先にあるものは不老不死、すなわち老いること、病むことを克服して健康で長寿を全うすることを目標とするのであります。その背後に隠れている思いは、「病む」ことや「老いる」ことが本来の、あるべき「生の姿」ではないという思いであります。感染症や外傷などの疾病との闘いの医療の中では、病気に打ち克つための医療が、医学の目指すところであるようになっていました。確かに多くの感染症は医学の管理のなかに取り込むことができました。医学の進歩と豊かになった社会全体が公衆衛生、栄養状態の改善と向上に結びつき現在の日本の長寿社会が実現しています。しかし、この50年間に疾病構造が大きく変化してきたのです。今日の医療現場では生活習慣病（以前は成人病といわれていた）といわれる病気が大きな位置を占めています。その多くは老化現象に起因する病気ではないかと思われるものです。

老化現象の一つと思われる悪性腫瘍。老化に関係した血管の動脈硬化に由来する脳や心臓の血管障害等の疾病による死亡原因は、日本人の死亡の60％を占めるようになってきています。その多くは老化現象によるがゆえに根本的な治療は無理なため、病気と上手につきあい、体調を管理していくことの大切さが認識されてきています。

キュアに似た概念でケア（care、看護）という言葉があります。看護師さんに代表されるケア（看護・お世話）とは老・病・死すべき存在の人間をお世話するという考え方であります。日本では看護師はこれまでの医師の助手の仕事であったり、療養中の患者の身の回りのお世話をするというイメージが強かったのですが、西欧の考え方が移入され「病気や傷害で引き起こされる患者の人間的な反応」を診断して対応するというような定義づけがなされるようになってきています。聖路加病院の日野原先生は、日本の看護がよくなれば日本の医療がよくなるという信念のもとに積極的に活動をされています。その結果、各県に看護大学が作られ看護の質の向上が図られるようになりました。

確かに治癒を目指す医療は人類に大きな救いをこれまでもたらしてきました。社会生活の現場でも大いにその力を発揮しています。しかし、戦後の経済発展と共にもたらされた高齢社会、世界に誇る長寿の日本では国民の半分以上が 80 歳を越えるまで生きることが可能になりました。高齢社会を先取りした地方の地域医療の現場で見えてくる現状は、治癒できない病気や老化に関係した疾病をもつ高齢者の多さです。

高齢社会であらためて自然の流れである、老・病・死の受け取り方が課題になるのです。老病死は本来の「生」の姿ではないというキュア（治療）の概念によって不老不死を目指して対応するか、老病死は本来の「生」の姿である、あるがままの人間の生きざまであるというケア（看護）の概念を持って対応することが全人的な対応になるかという問題に発展しています。

「老いる」ということ確かに生物学的には衰えるという一面はありますが、質的な面（精神的・社会的・文化的）では人間として成長・成熟するという展開があるという症例が緩和ケアの医療現場において報告されています。「歳を取るのは楽しいことですね。今まで見えなかった世界が見えるようになるのですよ」の先達の智慧の眼での受け取りの言葉に教えられます。老病死をいかに受けとめるか、生死を超える道の課題こそ今日的な問題となってきているのです。

消化器外科の仕事をしていた時のことです。72 歳の患者さんで大腸癌が見つかり我々の外科チームで手術をしました。術後、外来通院で経過をみていき、5 年間が無事に過ぎて、「大腸癌の再発は心配ありません。これで完全治癒と判断していいです」と言って紹介元の前医へお返しをしました。病院との縁が切れたと思っていたら、その 2 年後、黄疸が出て来院。検査で膵臓癌が肝臓に多発転移を起こしての症状と判明しました。長生きすることで一つの癌を克服しても次なる癌が発症するということです。

また高齢者が老化等で体力が弱くなると、肺炎という病名での死亡が多くなります。高齢者の肺炎の治療を積極的にして平均寿命を延ばしても、そのことがより高齢者の肺炎の罹患率（りかんりつ）をより高くする結果になります。そして肺炎による死亡がより多くなるという大きなジレンマに気付きつつあるのであります。現代医学の進歩で種々の病気を一時的に克服したり、病状の進行を遅くしたり、先送りすることはかなりできるようになり、患者に一時的な希望を与えることが実現しています。しかし、老・病・死からはだれも完全に逃れることはできないのです。

「生死を超える道」こそ医療界に、そして一般の人々に理解してもらいたい世界であります。科学的合理主義をよりどころとする多くの同僚医師の考え方は、唯物論の色彩が濃いもので、いや私自身がそれでありました。いまだその名残りが意識に染み込んでいます。哲学・宗教は実学でないが故に軽んじていたという反省を今になってしている体たらくの私であります。医療界で働く医師の多くは「生死を超える道」なんてあるはずがない、死んでしまえば火葬されてみな「無」になるのだ、という思いを常識として持っている集団のように思われます。そして死に対しては無意識に眼をふさいで、ひたすら「健康で長生き」を追い求めて患者と共に見果てぬ夢を追いかけています。そして人間の生死の課題を含めて世の中のことはわかっているという傲慢さの中に陥っていることが多く、その無智さに気づくことは少ないのであります。

長年の仏教のお育ての中で自分の智慧のなさをやっとのことで知らされつつあります。親しい従兄弟の、49 歳、62 歳での癌での死亡、昨年暮れの知人の 54 歳、62 歳での急死。今年になって 50 歳の職員の急死に私は出会いました。普通、歳の順番に死んでいくと漠然と思っていたがそうではない。そして老・病・死を他人事にしていたことをいやと言うほど知らされ、教えられました。これらのことを通して、私という存在が「実体」としてあるのではなく、多くの因や縁によって「現象」としてあらしめられている、という縁起の法に目覚めさせられるのです。そしてその因や縁が一つでも欠ければゼロ（人なら死）となる可能性のある「あり方」を今、今日ここでしているのだと知らされます。今日、生まれた赤ん坊から百歳を越える老人まで、死に対しては皆同じ横一線に並んでいるのです。

仏説無量寿経の本願の第十五願には「たとい我、仏を得んに、国の中の人天、寿命能く限量なけん。その本願、修短自在ならんをば除く。もし爾(しか)らずんば、正覚を取らじ」があります。独りよがりの解釈かも知れませんが、この本願文の心は「浄土の世界に生まれる者は本当の長寿が実現します。ただし、命の長い、短いにとらわれる人は除きます」という意味でいただけるように思うのです。そして本当の長寿とは命の長い短いにとらわれない今、今日を念仏で受け取り生きていくことと教えてくれていると思うのです。今、今日、ここで仏のいのち、無量寿に通じる世界、「念仏もうさんとおもいたつこころのおこるとき」（歎異抄第一章）に永遠に通じる今が始まる。そして無量寿、永遠に通じる今にあり続ける世界を「南無阿弥陀仏」と念仏する存在としてたまわるのです。

科学的合理主義の思考では、数字や形で見える世界を事実として尊重して、生きている時間が量的に延びることを長寿であると考えて、その時間を延ばすことが医療の使命であると思って励んできました。明日こそ、明日こそと未来があると思って、明日が目的で、今、今日が明るい明日の為の手段・方法の位置になっていることに気づかなかったのです。目的ではなく手段、方法のような位置の「今」を、「今日」をいくら積み重ねても空しいものになると知らされるのです。気づいてみれば今、今日しかないのです。「今」は物理学的には極微の一瞬であるために現代の知性には「今」が受け取れないのです。お育ての中で「今」しかないと知らされる時、生死を越えた世界からの働きを感得するのです。その今が無限の拡がりのある永遠につながるという内観の世界に気づかされるのです。念仏もうさんとおもいたつ心のおこる今の一瞬に質的には永遠（無量寿）を生きる世界をたまわるのです。

医療者も患者も、そして一般の人々も「生死を超える道」に目覚める世界を共有することが出来るとどんなにかよいことでしょう。

研究論文

現代の人間と宗教―二河白道の真意

玉木興慈

一

現代は、「世俗化の時代」[1]「無宗教の時代」などと呼ばれるが、逆に、「第三次宗教ブーム」[2]の時代とも呼ばれ、多くの人が、新宗教に惹かれていることも事実である。

このような、一見矛盾するかのように見える、日本人の心を捉えている諸宗教と親鸞の仏教との相違の一端を明確にすることが、小論の課題である。

二

文化庁『宗教年鑑』(平成18年度版)によれば、日本の各宗教の信者の数は、神道系が107,247,522人、仏教系は91,260,273人、キリスト教系が2,575,399人、そして、その他諸教として9,917,555人となっている。数字的には、これらの総数211,020,749人が日本の宗教人口ということになる。『日本統計年鑑』平成18年度版によれば、日本の総人口が1億2,770万人であるから[3]、まさに、日本特有の重層信仰を表す数字である。日本の生活を想えば、一年の中に様々な年中行事があり、一生に視野をのばしてみれば、通過儀礼が想起される。年中行事とは、「特定の集団が一定の暦、季節の推移、生産活動の過程に従って、特定の目的のために、共通の価値観に基づいて行う儀礼」と定義され、calendar customとも訳される[4]。また通過儀礼とは、人間が一生の間に経過する各成長段階ごとに行われる一連の儀式をいう[5]。これには、生誕から幼年期に及ぶ産育儀礼を始めとし、成年式・結婚式を経過し、死に至るまでの間に展開する多くの儀礼が含まれ、一括して「冠婚葬祭」と呼ばれるが、こういった状況を指して、「日本は宗教の宝庫である」「日本は宗教の博物館である」などと指摘される。それを宗教であると意識するかしないかの詮索は今、置くとして、日常の生活空間に、様々な宗教施設・宗教行事が存在していると言うことである。

数字の上から見れば、日本は宗教王国とも言うことができるが、逆に「無信仰の信仰」と評することもできる[6]。重層信仰とは、己れの依ってたつ宗教が一つに定まらないということであり、人生の中で衝突する諸々の苦悩に対して、その時々に応じて、様々な宗教に頼るということであり、己れの生死の根本問題には眼が向けられていないと言わねばならない。これは、現代の人間の宗教観の特徴であるが、同時に、この傾向は、いわゆる伝統宗教についての説得力のある論理となる。すなわち、前掲書に[7]、

> 今日、人類そのものが危機に立っている……宗教自身も危機にあるのではないかと思います。もちろん、危機に対応して、新しい宗教が生まれ、既成宗教の改革運動や復興運動が見られることもあります。……なんといっても深刻なのは、ある程度の長さの歴史を持った教団や伝統がはなはだ大きな困難をかかえていることです。

と記される如きである。

しかし、その一方で、活発な活動を展開している宗教も存在している。ここにいわゆる〈新宗教〉の存在が想起される。〈新宗教〉とは、その概念や発生・展開について一様に述べることはできないが[8]、親鸞の『顕浄土真実教行証文類』（以下、『教行信証』と略す）に即して言うならば、偽の宗教ということが出来るであろう[9]。親鸞は、『教行信証』「信巻」真仏弟子釈において、「真の言は偽に対し仮に対するなり」[10]と記し、「仮といふは、すなはちこれ聖道の諸機、浄土の定散の機なり」「偽といふは、すなはち六十二見・九十五種の邪道これなり」[11]と記す。「仮」「偽」については、『教行信証』「化身土巻（けしんどのまき）」に、

『観経』の定散の諸機[12]
しかるに娑婆の化主、その請によるがゆゑに、すなはち広く浄土の要門を開く。安楽の能人は別意の弘願を顕彰す。その要門とはすなはちこの『観経』の定散二門これなり。定はすなはち慮り（おもんぱか）を息め（やす）てもつて心を凝らす。散はすなはち悪を廃してもつて善を修す。この二行を回して往生を求願せよとなり。弘願といふは『大経』の説のごとし[13]
聖道の諸教は在世・正法のためにして、まつたく像末・法滅の時機にあらず[14]
それもろもろの修多羅によつて、真偽を勘決して、外教邪偽の異執を教誡せば[15]

と記される。親鸞が明らかにした仏教を真実と位置づけ、『教行信証』の真実五巻に顕開し、それに異する立場を「化身土巻」に記すのである。

三

かつて、人類学者のマレットは「宗教は人間生活の危機に根ざす」と指摘したが、気多雅子氏は、宗教と苦悩について、次のように記している。

宗教は常に、時代・社会における最も先鋭的な苦しみに一つの焦点を当てるべきだと思います。宗教においては、最も先鋭的な苦しみが苦しみの典型とみなされるべきであると私は考えます。なぜなら、時代・社会の最も先鋭的な苦しみは、既成の宗教の救済の枠組みからはみ出すのであって、それゆえにいかなる類型化も許さない、ひりひりとしたむき出しの苦しさをたたえているからです。諸宗教はそのようなひりひりしたところに絶えず触れていないと、すぐに硬直化して生き生きした働きを失ってしまうでしょう[16]。

気多氏の言葉を借りれば、「ひりひりとしたむき出しの苦しさ」に触れることのできる宗教が、宗教の生き生きした働きを果たすと言うことになるが、かつての新宗教は、「貧・病・争」という時代・社会の苦しみに対して、そこからの離脱・解放が求められたために、現世利益が中心に説かれた。科学技術のめざましい進歩は、戦後日本の高度経済成長をもたらし、新宗教と共に、「貧・病・争」の解決に大きく寄与した点は高く評価すべきであろう。同時に、極端な科学的思考の侵略によって、「生きる意味の喪失」を増長させた点も看過することはできない[17]。このような「生きることへの意味の喪失」「空しさ」「孤独」という苦しみを和らげることが、現代の新宗教に求められているということができる。

「空しさ」や「孤独」の状態にある人にとって、優しくわかりやすい言葉は非常に魅力的に聞こえるものである。わかりやすい言葉とは、甘い言葉とも受け取ることができる。現代の新宗教の特徴として、甘い言葉による勧誘・布教が挙げられる[18]。

今、孤独な状態にいる者と、彼にかけられる甘い言葉との関係について、浄土教において有名な二河白道の比喩を取り上げ、現代の宗教と親鸞の仏教との相違について考える一助としたい。

四

二河白道の比喩とは、もと、善導の『観経四帖疏』「散善義」に記されるが[19]、これを親鸞は『教行信証』「信巻」に引用する[20]。概ね、以下のような内容である。

ある旅人が百千里の道を西に向かっていこうとすると、突然、目の前に火の河と水の河が現れる。その間に細い白道が通っているが、白道は常に波におおわれ炎に焼かれており、到底、渡れる状態ではない。しかも果てしない荒野に、他に人影は見られない。そこに多くの盗賊や猛獣が現れ、この旅人が独りでいるのを見て、襲いかかろうとしている。先に進んでも、その場に留まっても、後ろへ引き返しても、死以外にはない、死が定まった三定死の状態である。ここで旅人は、一つの決断をする。この白道は私を渡すための道であるから、安心してこの道を前に進もう、そう決断をした時に、東の岸から〈きみただ決定してこの道を尋ねて行け〉と勧める釈尊の発遣の声が、西の岸からは〈なんぢ一心に正念にしてただちに来れ〉と喚ぶ弥陀の招喚の声が聞こえ、〈きみ回り来れ。この道嶮悪なり。過ぐることを得じ。かならず死せんこと疑はず。われらすべて悪心あつてあひ向かふことなし〉という群賊の甘い誘いの声に惑わされることなく、西の岸にいたり着く。

この比喩における〈群賊・悪獣〉〈無人空迥の沢〉の内容について、『教行信証』「信巻」では[21]、

> 〈群賊・悪獣詐り親しむ〉といふは、すなはち衆生の六根・六識・六塵・五陰・四大に喩ふ。〈無人空迥の沢〉といふは、すなはちつねに悪友に随ひて真の善知識に値はざるに喩ふ。
> 別解・別行・悪見の人等、妄りに見解をもつてたがひにあひ惑乱し、およびみづから罪を造りて退失すと説くに喩ふるなり。

と記され、また『愚禿鈔』では[22]、

> 「群賊・悪獣」とは、「群賊」とは、別解・別行・異見・異執・悪見・邪心・定散・自力の心なり。
> 「悪獣」とは、六根・六識・六塵・五陰・四大なり。「つねに悪友に随ふ」といふは、「悪友」とは、善友に対す、雑毒虚仮の人なり。「〈無人空迥の沢〉といふは、悪友なり。真の善知識に値はざるなり」となり。

と記されている。

「無人」「単独」ということについて、梯実圓氏は「人それぞれが身勝手な生き方をしている」と解説をしている[23]。また、岡亮二氏は、「私たちは常に多くの人々と親しく交わって生活しているのですが、そのすべては悪友であって、真の善知識に会う

ことができない」と説明される[24]。自己の欲望を満たすための人や事物は全て、自己を真実に至らしめる因にはならないということである。

蓮如（1415~1499）の『蓮如上人御一代記聞書』第195条に、「人のわろきことはよくよくみゆるなり。わが身のわろきことはおぼえざるものなり」とある如く[25]、自身の悪業についてはなかなか気付くことができず、逆に、他者の悪業についてはよく目につくというのである。しかし、他者が私に私の悪業を指摘することは容易なことではない。仮に指摘されたとしても、その指摘をそのまま首肯することは難しいと言わねばならない。自身の悪を指摘されると瞋恚の炎が一気に燃えさかり、それを避けるために、他者は私の悪を指摘することは少なく、甘い言葉をささやくのである。つまり、自己の悪業に気付くことが本願との出遇いであるにもかかわらず、そのことは難しいのである。岡氏の解釈のように、日頃慣れ親しむ者は多くとも、真の善知識に出遇うことは決して多いとは言えないのである。

『蓮如上人御一代記聞書』第153条には「仏説に信・謗あるべきよし説きおきたまへり。信ずるものばかりにて謗ずる人なくは、説きおきたまふこといかがとも思ふべき」とあり[26]、『歎異抄』第12条に、「故聖人の仰せには、この法をば信ずる衆生もあり、そしる衆生もあるべしと、仏説きおかせたまひたる……」とある[27]。間近に直面した悩みを解決したいという人間の欲をくすぐる甘い言葉には、多くの者が心惹かれ、謗る者は多くはない。しかし逆に、親鸞や蓮如の言葉からは、謗る者がいないということは、訝るべきであると受け取ることができる。己れの認めたくない悪業煩悩を厳しく指摘する言葉に、耳を傾けるべきであるとの指摘であろう。

五

親鸞が真実と見なした仏教と、現代の新宗教との相違点を、厳しい言葉であるか、「甘い言葉」であるかの相違であると指摘したが、二河白道の譬喩において、もう一点、考えるべき点がある。それは、善導と親鸞との間に見られる読みの相違とも重なる[28]。善導『観経疏』の原漢文「我今廻亦死住亦死去亦死一種不勉死者我寧尋此道向前而去既有此道必応可度」[29]に対する、通常の読み（すなわち善導の意図した読み）と親鸞の訓点とが異なるのである。通常は、次のように読まれるべきである[30]。

> われいま回らばまた死せん。住まらばまた死せん。去かばまた死せん。一種として死を勉れずは、われむしろこの道を尋ねて前に向かひて去かん。すでにこの道あり。かならず度るべし。（傍点引用者）

親鸞は次のように訓読をするのである[31]。

> われいま回らばまた死せん、住まらばまた死せん、去かばまた死せん。一種として死を勉れざれば、われ寧くこの道を尋ねて前に向かひて去かん。すでにこの道あり、かならず可度すべし。（傍点引用者）

「むしろこの道を尋ねていく」という通常の読みに従えば、道を進むことが一つの「賭け」であるかの印象を受ける。三定死を脱するためにやむなく選んだ道を進むかの如きである。しかし、親鸞は、発遣と招喚の声によって「安心して」「安らかに」道を進むというのである。切羽詰まった状態において、冷静な判断が欠如したまま下

された決断と、他者の呼び声を冷静に聞いて下された決断との決定的な差異を見ることができる。

六

二河譬を題材として、親鸞が真実と見なした仏教と現代の新宗教の特徴を概観したが、二河譬における旅人と重層信仰を特徴とする現代人の宗教性とについて、一言述べて、小論を閉じたいと思う。

荒野に一人でいる旅人が、釈迦・弥陀の声を聞いて決断したということは、宗教が自分の力で解決すべき問題であるということでは勿論なく、宗教とは他ならぬ自分自身の問題であることを意味していると考えられる。

アメリカの宗教心理学者ウィリアム・ジェイムズ（William James 1842～1910）は、「宗教とは、個々の人間が孤独の状態にあって、いかなるものであれ神的な存在と考えられるものと自分が関係していることを悟る場合だけに生じる感情、行為、経験である」と定義している[32]。

宗教の定義は宗教学者の数ほどあるといわれ、ジェイムズの定義が全てではないが、「孤独の状態」という言葉は、宗教の学びの基本的立場を示すものである。「孤独の状態」とは、「宗教の学びが自己の学び」であることを示しているということである。これは、生老病死という四苦を他人事として傍観するのではなく、自己の避けられない問題として生老病死を見つめるということである。『仏説無量寿経』にある「人、世間愛欲のなかにありて、独り生れ独り死し、独り去り独り来る」「代るものあることなし」や[33]、「たれも代わるものなし」[34]などの文言にもうかがうことができる。

二河白道の譬喩の直前に「解学」と「行学」という学びについて述べられる語があるが、解学とは、知的に学問として学ぶことであり、行学とは、有縁の法、つまり、自分に最もふさわしい縁となる法に出遇うということである。この解学・行学の語の直後に二河白道の譬喩が記されることを考え合わせれば、旅人が独りでいるということは、弥陀の本願を「己れの有縁の行」として聞信すべきことを示唆するものと感ぜられる[35]。

人間が苦悩・危機に直面し、その苦悩・危機が全ての人の避けることができない苦悩・危機であると知り、同時に、それがまさに己れの苦悩・危機であると気付くことに於いて、人が真に宗教と向き合うことになるのである。そこには悠長な求めや他人事としての態度とは全く無縁な、ぴりぴりとした緊張感のある宗教との出遇いがあると考えるのである。

註）

1　石田慶和（よしかず）氏は『教行信証の思想』334頁（法蔵館、2005年）において、「浄土真宗と現代」について、「現代の特色を一つの言葉で言うとすれば、「世俗化」ということであろう」と記す。また、コルモス・大谷光真（こうしん）・中川秀恭（ひでやす）編『現代における宗教の役割』（東京堂出版、2002年）

には、コルモス三十周年記念シンポジウム「世俗社会への挑戦」の内容が記載されている。

2 第一次宗教ブームは、江戸時代末から明治期にかけて発生した天理教・金光教・黒住教・大本教などを指す。また、第二次宗教ブームは、第二次世界大戦後に発生した創価学会・立正佼成会・霊友会などを指す。そして、第三次宗教ブームとは、1970年代以降に展開する統一協会・真光系の諸教団（崇教真光、世界救世教など）・幸福の科学などを指す。

3 『日本統計年鑑』平成18年度版による。因(ちな)みに、男性・女性の内訳は、それぞれ6,230万人、6,544万人とある。

4 『宗教学辞典』595頁（東京大学出版会、1973年）。日本の年中行事として、人日・上巳・端午・七夕・重陽の五節句や、彼岸・盆、春秋の祭礼などがある。

5 『宗教学辞典』552頁（東京大学出版会、1973年）。通過儀礼の実相として、誕生祝・七五三・成人式・結婚式・厄年・長寿の祝・葬送・供養儀礼などが紹介されている。

6 佐々木聲著『生と死の日本思想―現代の死生観と中世仏教の思想―』58頁以下（トランスビュー、2002年）。

7 『現代における宗教の役割』69頁。

8 『新宗教事典』（弘文堂、1994年）では、新宗教の発生と展開については、「新宗教を指す用語」「新宗教の範囲」「新宗教の発生時期」「伝統の継承と革新」が、新宗教の展開については、「時代ごとの特徴」「地域的広がり」「社会階層とのかかわり」「運動展開のパターン」の項目にわけて、説明されている。

9 親鸞の仏教に即してこのように述べるのであって、筆者の価値判断を極力、無にして論じるものである。

10 『真聖全Ⅱ』75頁。『真聖全』は『真宗聖教全書』の略称。

11 『真聖全Ⅱ』80頁。

12 『真聖全Ⅱ』147頁。

13 『真聖全Ⅱ』148頁。

14 『真聖全Ⅱ』166頁。

15 『真聖全Ⅱ』175頁。

16 『現代における宗教の役割』154頁。

17 2005年12月2日、龍谷大学 人間・科学・宗教オープン・リサーチ・センター UNIT1主催の公開講座「科学的なものの見方と宗教的なものの見方―『教行信証』の視座を中心に―」において、科学には功と罪があるが、科学の罪の方向として、「生きる意味の喪失」を増長させている点を指摘した。そこでは、科学の均一・均質ということが代替可能な人間観を形成し、「社会の歯車」という言葉が示すように、人間が機械の部品のように取り扱われることによって、「生きる意味の喪失」につながることから、科学と宗教を二者択一で見るのではなく、科学と宗教の立場の相違について考察を進めた。武田龍精編『核の時代における宗教と平和』（人間・科学・宗教ORC研究叢書9、法蔵館、2010年）参照。

18 井上順孝著『新宗教の解読』（ちくまライブラリー、1992年）では、新宗教に対して社会が猜疑心を擁く理由として、「情報の閉鎖性」「運動の展開上のアンバランス」「強引な布教」の3点を指摘している。

19 『真聖全Ⅰ』539頁。

20 『真聖全Ⅱ』55頁。

21 『真聖全Ⅱ』55頁。

22 『真聖全Ⅱ』55 頁。

23 梯実円著『白道をゆく—善導大師の生涯と信仰—』62 頁（永田文昌堂、1978 年）。

24 岡亮二著『教行信証口述 50 講—信の巻〈上〉—』189 頁（教育新潮社、1997 年）。

25 『真聖全Ⅲ』579 頁。

26 『真聖全Ⅲ』569 頁。

27 『真聖全Ⅱ』841 頁。

28 このように述べるからといって、善導大師の教えを現代の新宗教に重ねるつもりは毛頭ない。

29 『真聖全Ⅰ』356 頁。

30 『浄土真宗聖典 七祖篇（註釈版）』467 頁。

31 『浄土真宗聖典（註釈版）』224 頁。

32 『宗教的経験の諸相』52 頁（原題：The Varieties of Religious Experience　桝田啓三郎訳、岩波書店、1969 年）。原文は次の通り。
"Religion means the feelings, acts, and experiences of individual men in their solitude, so far as they apprehend themselves to stand in relation to whatever they may consider the divine."

33 『真聖全Ⅰ』32 頁。

34 『真聖全Ⅰ』40 頁。

35 拙稿「親鸞思想における善知識の意義—宗教の学びの中で—」（『中央仏教学院研究紀要』第 12・13 合併号、2001 年）参照。
※初出は『龍谷大学佛教文化研究所所報』第 31 号（2007 年）であるが、今回の掲載にあたって副題を付した。

研究論文執筆者

鍋島直樹　龍谷大学文学部教授。真宗学。
岡崎秀麿　龍谷大学 CHSR 博士研究員（平成 22 年度）。真宗学。
内藤知康　龍谷大学文学部教授。真宗学。
村上速水　龍谷大学名誉教授。真宗学。1919 年-2000 年。
田畑正久　龍谷大学文学部教授。医師。医療と宗教の学際的研究。
玉木興慈　龍谷大学短期大学部教授。真宗学。

この龍谷大学 人間・科学・宗教オープン・リサーチ・センターの研究書は、文部科学省私立大学戦略的
研究基盤形成支援事業（平成22年度〜平成24年度）の研究成果である。

『仏教死生観デジタルアーカイブ研究
—生きる意味の省察』

2011年10月30日　初版第一刷発行

編者：鍋島直樹・那須英勝・玉木興慈・井上善幸
研究機関：龍谷大学 人間・科学・宗教オープン・リサーチ・センター

発行：**方丈堂出版**
本　社　〒601-1422　京都府京都市伏見区日野不動講町38−25
電話：075−572−7508　FAX：075−571−4373
東京支社 〒112-0002　東京都文京区小石川2−23−12　エスティビル小石川4F
電話：03−5842−5196　FAX：03−5842−5197

発売：**オクターブ**
〒112-0002　東京都文京区小石川2−23−12　エスティビル小石川4F
電話：03−3815−8312　FAX：03−5842−5197

装丁・デザイン：(有)ジェイアイアルテ
編集：編集工房キャパ

印刷・製本：株式会社シナノ

ISBN　978-4-89231-088-1　C1015
落丁・乱丁本はお取替えいたします。